新型城市化和城乡一体化丛书

新市民

北京市农民工市民化研究

THE NEW CITIZEN

A STUDY ON BEIJING MIGRANT WORKERS'
CITIZENIZATION

张英洪 等 著

社会科学文献出版社
SOCIAL SCIENCES ACADEMIC PRESS (CHINA)

目　录

附　录

前　言

2012年11月，党的十八大报告明确提出"有序推进农业转移人口市民化"。实现农民工市民化已成为党和国家公共政策的基本取向，但在有关农民工市民化问题上，存在几个方面的认识偏差和误区。

一是只强调农民工市民化的成本，而忽视农民工进城务工的贡献。应该说，改革开放以来，亿万农民为城市的发展做出了巨大贡献，但由于长期受城乡二元体制的影响，进城务工的农民工没有获得城市居民身份，没有享受与城市居民平等的基本公共服务，这是极不公平的政策制度。各个城市为农民工提供的公共服务，远远低于农民工为城市建设所做出的贡献。如果说测算农民工市民化的成本只是出于财政预算的技术考虑，这是可以理解的，但如果以农民工市民化成本为借口阻止农民工市民化进程，那就陷入误区了。其实，所谓农民工市民化的成本，就是农民工应当享有的基本公共服务，而这些基本公共服务，即使农民工没有进入城市而在农村生活，也应当平等享有。农民工市民化的成本，其实是政府对农民社会保障的长期欠债。为农民工提供基本公共服务，是政府的重大职责，是坚持"以工哺农""城市支持农村"的重要体现。农民无论是进城务工还是不进城务农，都应当公平享有社会保障等基本公共服务，政府对此责无旁贷。其实，从社会文明进步的角度来看，农民工市民化的收益远远大于其市民化的成本。如果我们要走向文明的话，那么我们的整个民族和国家都将从实现农民工市民化中获益。

二是只强调中小城市农民工市民化，而忽视大城市和特大城市农民工的市民化。这种观点几乎是政学两界的共识。其实这种观点是有问题的。大量农民工就业生活在大城市和特大城市，这是基本的事实。城市化的过程本来就是农民进城的过程。越是大城市，就越具有吸引人口的集聚力。像深圳这座人口上千万的特大城市，完全是在改革开放政策的号召下由成百上千万的外来人口共同劳动创造出来的。"城市，让生活更美好。"如果我们的城市对包括农民工在内的外来人口应当享有的公民权利视而不见，这绝不是现代城市应当具有的基本观念。许多人还以大城市面临的环境、资源承载压力以及"城市病"为由，拒绝给农民工等外来流动人口以市民身份和基本权利，其实这也是一种误识。一方面，不能认为大城市的资源、环境压力以及"城市病"是农民工群体造成的；另一方面，要解决大城市存在的资源、环境压力以及"城市病"，也不能只找农民工这个群体出气，将之赶出城门，或拒绝给予公民权利。有人还主张提高大城市和特大城市的生活成本，以此抬高大城市和特大城市的门槛，迫使农民工离开。这种人为增加农民工生活成本的"行政性市场调节"手段，并不是以人为本、关怀弱势阶层基本权利的善政。长期以来，大城市和特大城市就一直实行最严格的户籍控制政策，严格限制农民进城。时至今日，北京、上海等特大城市的户籍制度改革仍然没有迈开实质性步伐。我们的核心观点是，应充分尊重农民工的自由选择权，农民工愿意选择在哪个城市就业和生活，那完全是农民工的自由，政府和学者都要给予尊重。无论是中小城市还是大城市、特大城市，凡是有农民工就业和生活居住的地方，都要建立平等开放的制度，给予农民工以市民身份和基本公共服务，实现农民工的市民化。任何城市都不能超越宪法规则之外而成为剥夺农民工公民权利的特权城市。

三是不尊重农民和农民工意愿，强制推行农民工市民化。有的地方，把转变农民身份当作政绩，以行政手段强行改变农民身份，强制推行农民及农民工市民化。这就陷入了另外一种误区。我们看到，一些地方强制改变农民户籍身份的出发点，不是赋予农民以平等的户籍身份，不是为了让农民和农民工享有平等的基本公共服务，而是为了掠夺农民的土地财产权益。这种损害农民土地财产权益的"假市民化"现象必须予以制止。户籍制度改革必须与农民的财产权利脱钩，不得借改变农民户籍身份之名剥夺农民和农民工在农村的财产权利。户籍制度改革的真正目标是消除城乡二元户籍歧视，使农民与城镇居民一样在户籍身份上完全平等，最终实现公民的自由迁徙。在实现农民工市民化上，国家应当加快建立社会保障的全国转移接续，确保社会保障跟着公民个人走，公民自由迁徙到哪里，社会保障就跟着转移和接续到哪里。

2001年，笔者发表《试论打工仔基本权利的保护》一文，这是笔者第一次思考农民工问题。在该文中，笔者提出改革后我国工人阶级出现了两种类型：一种是国有企业和集体企业中的传统工人，一种是改革后出现的打工群体。"打工仔"就是新兴的工人，"打工族"就是新兴的工人阶级，要以新兴的工人阶级这一视角来看待"打工仔"，切实保障"打工仔"的基本权利。

2006 年 3 月，国务院发布《关于解决农民工问题的若干意见》，正式将农民工定位于产业工人的重要组成部分，并提出对农民工"公平对待，一视同仁"的原则，要求各地"尊重和维护农民工的合法权益，消除对农民进城务工的歧视性规定和体制性障碍，使他们和城市职工享有同等的权利和义务"。从此，国家对农民工的公共政策出现了重大转机。

多年来，在对待农民工问题上，笔者除了写过几篇小文外，一直没有对农民工问题进行过专门的研究。2010 年，笔者在研究城市化问题中提出破除"双重二元结构"，认为"以农民工为主体的流动人口是移居北京的新市民，是北京发展的重要力量，是拥有人力资本的新市民"。2012 年初，笔者开始组织课题组对北京市农民工市民化问题进行专题研究。经过一年多的调查研究，笔者和笔者的团队完成了课题研究报告。本书就是这一课题研究的最终成果。

很显然，我们的研究还只是初步的探索，我们对农民工市民化的基本观点只是一家之言。但我们确信，新型城镇化的核心是人的城镇化，是农民工的市民化。农民工市民化就是农民工及其家庭成员成为城市新市民的过程，这个新市民化的过程才是真正的中国社会文明进步的过程。

张英洪

2013 年 10 月 20 日

总 报 告

1. 北京市农民工市民化研究 [*]

农民工是指身份是农业户籍、职业是从事非农产业的工人。农民工市民化是指农民进入城市就业并逐步融入城市成为城市新市民的过程。农民工市民化是以农民工整体融入城市公共服务体系为核心，使农民工个人融入企业、子女融入学校、家庭融入社区，实现农民工真正成为城市的新市民。农民工市民化是推进新型城市化、加快城乡一体化和解决"三农"问题的战略任务。

2011 年 10 月 11 日，北京市召开优秀来京务工人员代表座谈会。北京市市委书记刘淇在会上强调，要把来京务工人员作为北京的新市民，在政治上尊重、生活上关心、工作上支持，解决好他们普遍关心的问题，努力为广大来京务工群众创造良好的工作生活环境。北京市市委副书记、市长郭金龙在讲话中指出，广大来京务工人员为首都发展做出了重要贡献，已成为首都发展不可缺少的重要力量。首都经济社会发展各领域取得的成绩，无不凝聚着他们的智慧和汗水。北京市市委、市政府一直高度重视来京务工人员工作，把对来京务工人员的服务与管理工作纳入首都经济社会发展大局统筹考虑，着力解决来京务

---

* 课题负责人：郭光磊、张秋锦；课题组组长：张英洪；执笔：张英洪、赵金望、齐振家、刘妮娜。

工人员最关心、最直接、最现实的利益问题，积极创造良好的就业和生活环境，在就业服务、维护权益、社会保障、公共服务等方面先后出台了一系列政策措施，取得了明显成效。① 2012 年 11 月，党的十八大明确提出要"有序推进农业转移人口市民化，努力实现城镇基本公共服务常住人口全覆盖"②。北京市作为外来人口主要流入地，农民工有数百万之多。加强农民工市民化研究，实现农民工市民化，是北京建设世界城市、率先形成城乡一体化新格局的必然要求，也是走以人为本的新型城镇化道路的必由之路。

一　北京市农民工基本情况

根据 2010 年全国第六次人口普查结果，北京市外来人口为 704.5 万人，占常住人口的 35.9%。其中，外地来京农民工约为 380 万人，比 5 年前的第五次人口普查时净增了 100 万人，占北京市外来人口的 53.9%，占北京市全部常住人口的 19.4%。另据不完全统计，自 2007 年以来，北京市共有 48 万本市农村劳动力实现转移就业。北京市外地农民工的具体情况如下：

1. 性别结构：女性农民工比例略有降低

截至 2011 年底，北京外地农民工中，男性为 217.6 万人，女性为 162.4 万人，男女性别比为 1.34:1；同时期的外地来京人员男女性别比为 1.19:1。2005 年，北京外地农民工男女性别比为 1.32:1（见图 1）。女性外地农民工比例的降低，使北京市保洁、家政、餐饮等服务业用工缺口进一步加大。

2. 年龄结构：新生代农民工成为主体

调查数据显示，2011 年外地来京农民工以 80 后新生代农民工为主，其数量占农民工总数的 70% 左右。其中，16～30 岁的青年农民工占 53.5%，其次是 31～50 岁的中年人，占 42.5%（见图 2）。与 2005 年相比，北京市外来农民工的年龄结构更加趋于年轻化。近年来，北京市老龄化加速发展，2010 年，老年抚养系数达 26%③，远远高于全国平均水平。以新生代劳动力为主的外来

---

① 王涛：《刘淇、郭金龙出席优秀来京务工人员代表座谈会》，中央政府门户网站，http://www.gov.cn/gzdt/2011-10/12/content_1966794.htm。

② 胡锦涛：《坚定不移沿着中国特色社会主义道路前进，为全面建成小康社会而奋斗——在中国共产党第十八次全国代表大会上的报告》，人民出版社，2012，第 23 页。

③ 北京市老龄工作委员会办公室：《北京市 2010 年老年人口信息和老龄事业发展状况报告》。

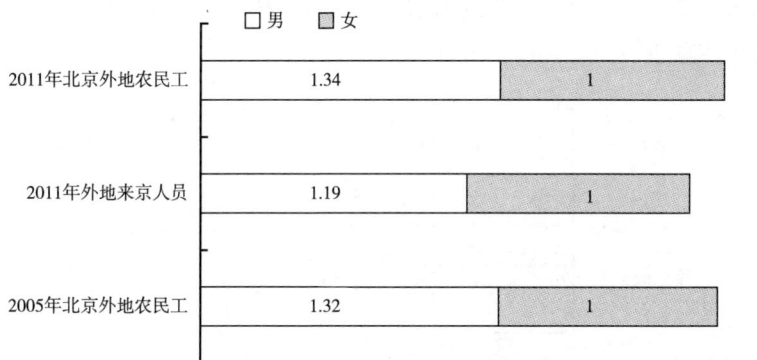

图1 北京外地农民工性别结构

注：数据来自北京市流动人口和出租房屋管理委员会办公室 2011 年底的调查统计。以下如无说明，数据出处相同。

人口延缓了北京市老龄化进程压力，在"用工荒"背景下，外地青壮年人口红利的重要性得以凸显。

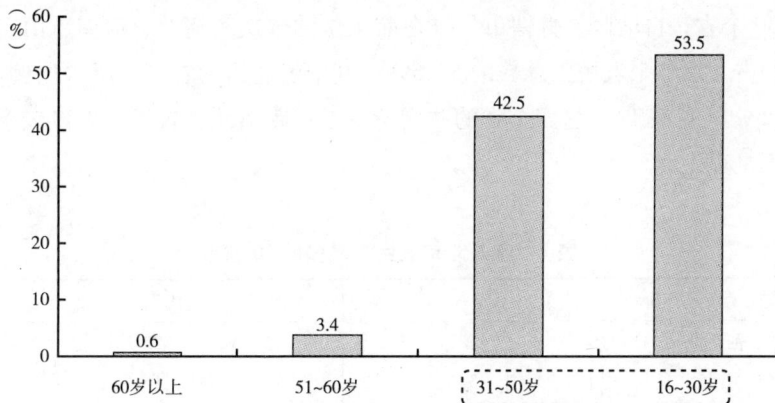

图2 北京外地农民工年龄结构

3. 学历结构：初中文化农民工居多

调查数据显示，外地农民工以"初中"学历居多，占 51.7%，其次是"高中"学历（中专、技校），占 25.1%（见图3）。与 2005 年相比，高中及以上学历人员逐渐增长，农民工文化素质逐步提高。随着教育大众化的发展，农村剩余劳动力人力资本投资逐渐增加，这有利于提升北京农民工在劳动力市场上的求职竞争能力。

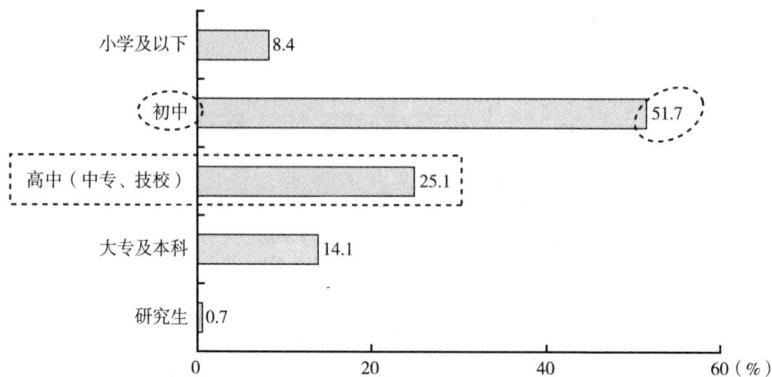

图3　北京外地农民工学历结构

4. 来源结构：冀、豫、鲁、皖四省农民工比例较高

作为首都，北京市的农民工来源非常广泛。调查显示，北京市农民工来自全国30个省、自治区、直辖市。排在前4位的依次为河北、河南、山东、安徽，约占北京外来农民工总数的55.6%，其中河北籍的农民工所占比例最高，占22.5%（见表1）。这四个省的共同特点是：距离北京较近，人口较多，且经济不是很发达。

表1　流入北京农民工最多的10省市

农民工来源省份	数量（人）	比例（%）
河　北	4502	22.5
河　南	3335	16.6
山　东	1829	9.1
安　徽	1486	7.4
四　川	1114	5.6
湖　北	1010	5.0
黑龙江	936	4.7
山　西	823	4.1
内蒙古	563	2.8
江　西	486	2.4

5. 行业分布结构：服务业吸纳多数农民工

整体来看，北京外地农民工从业范围较广。服务业吸纳了多数农民工，其中批发和零售业所占比重最高，达12.9%，其次为制造业，占11.6%。值得关注的是，居民服务和其他服务业占11.2%，基本和制造业持平；住宿和餐饮业占9.4%，超过建筑业的农民工就业比例（7.2%）（见图4）。这一方面体现出与长三角、珠三角地区相比，北京服务业较为发达，未来可能会进一步超出制造业的用工需求；另一方面也反映了新生代农民工逐渐对脏、重、累和简单重复的体力工作失去兴趣。

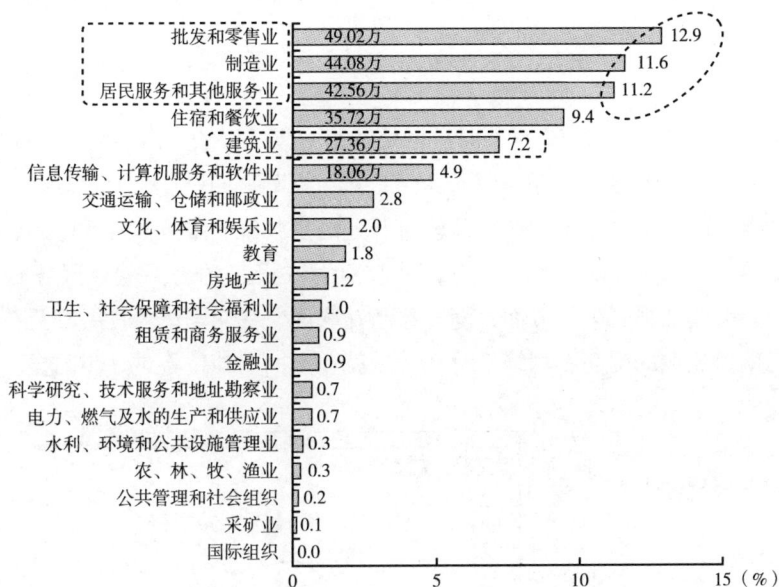

图4 北京外地农民工在京从业结构分布

6. 收入水平：远低于预期

尽管外来农民工收入同北京市人均工资相比仍处于较低水平，但和流出地相比，相对较高的收入仍是外地农民工选择进京打工的重要因素。不过，面对用工短缺和城市间的务工政策竞争，农民工工资期望逐步提升。调查数据显示，在京外来农民工的工资期望达到了4880元（见图5），和北京市职工平均工资基本保持一致，超出农民工目前实际工资水平近2000元。

7. 进城务工渠道：熟人介绍仍是农民工就业主渠道，网络平台地位日益凸显

在来京务工的农民工中，42.4%的人是通过熟人介绍，16.6%的人是通过

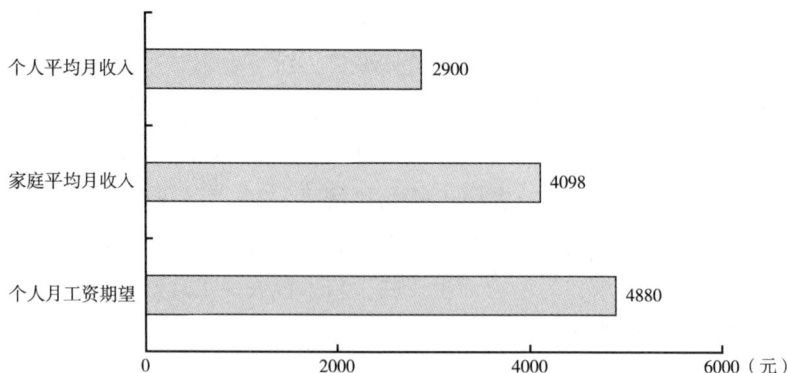

图5 北京外地农民工收入水平及期望

用人单位直接招聘，5.8%的人通过网络求职（见图6）。"亲帮亲，邻帮邻，老乡帮老乡"的传统熟人介绍方式（42.4%）仍是农民工就业主渠道。通过劳务输出、政府举办的招聘会以及政府开办的公共就业服务机构就业的途径分别占1.0%、0.6%和0.3%。一方面，政府对农民工的公共就业服务较为不足，需要继续加强；另一方面，随着移动互联网、社交媒体的发展以及新生代农民工网民比例的提高，网络平台在促进就业方面的地位将进一步凸显。

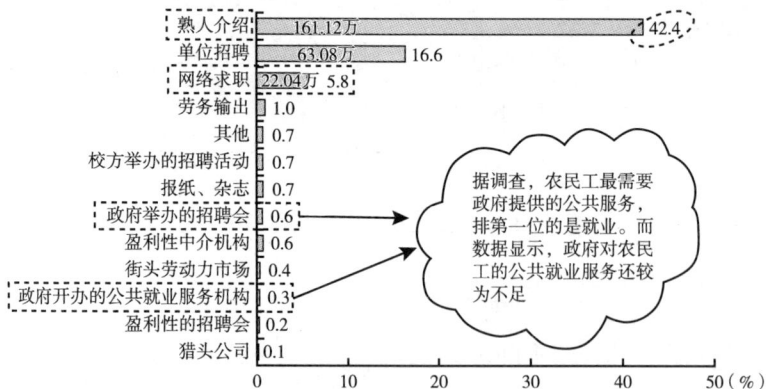

图6 北京外地农民工就业渠道分布

8. 就业关注因素：自愿失业现象较多，未来成长和工作环境更受重视

目前招工难和就业难并存。调查发现，29.0%的暂时未就业外地农民工是因薪酬和福利水平太低而自愿失业（见图7）。值得关注的是，超过半数的农民工求职时最关注用人单位的背景和发展规划、工作辛苦程度、工作生活环境、上班路程远近、是否签订规范的合同、是否提供社会保障等未来成长和工作环境。与老一代农民工不同，新生代农民工绝大多数未做过农活，他们的参照系是城市同龄人，渴望市民身份认同、待遇平等及融入城市。

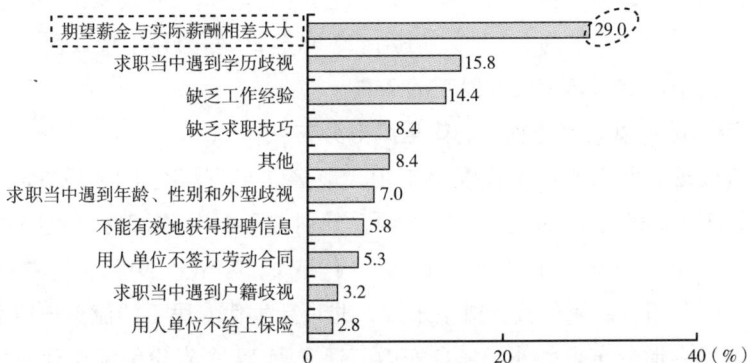

图7　北京外地农民工求职时关注的信息

9. 稳定居住状况：在京就业三年以上农民工过半数

调查数据显示，57.5%的农民工在京累计工作时间超过3年（见图8）。农民工长期在京务工已经适应了首都的工作、生活和文化环境，即便暂时就业遇到困难或对城市环境还存在诸多不满意之处，也不愿返乡。

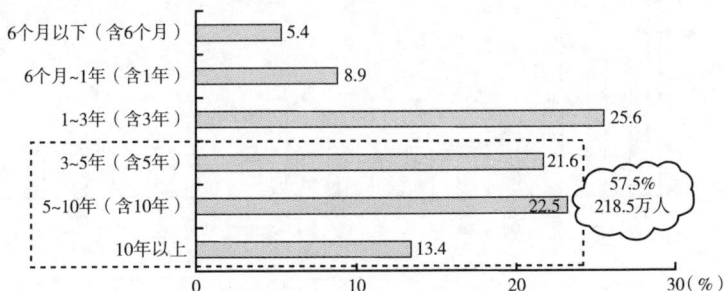

图8　北京外地农民工在京就业时间

二　北京市新生代农民工情况调查

新生代农民工是指出生于1980年以后、年龄在16岁以上、从外地来北京、以非农业就业为主的青年群体。新生代农民工已经成为农民工的主体。根据 2012 年共青团北京市委研究室联合北京市青英研究中心开展的北京新生代农民工专题调查，① 北京市新生代农民工的基本情况如下：

1. 性别与年龄

就性别而言，被访新生代农民工男女比例基本平衡，年龄从 16 岁至 32 岁呈正态分布，平均年龄为 25.2 岁，其中 22 岁至 30 岁的新生代农民工所占比例最高，占全部被访新生代农民工的 73%。

2. 流出地：以北京为轴心向南呈扇形分布

调查发现，北京的新生代农民工中，最多的来自河北，占 29.5%；其次是河南，占 13.8%，随后是山东与山西，分别占 9.4% 与 6.2%（见图 9）。来自河北、河南、山东、山西四省的新生代农民工占全部新生代农民工的 58.9%。结合四省区域位置，概括来说，北京新生代农民工的流出地以北京为轴心向南呈扇形分布。另外，来自安徽、辽宁等 12 个省份的新生代农民工所占比重超过 1%，而云南、重庆、天津、浙江、福建等 15 个省份的北京新生代农民工比例之和为 6%，差异巨大。

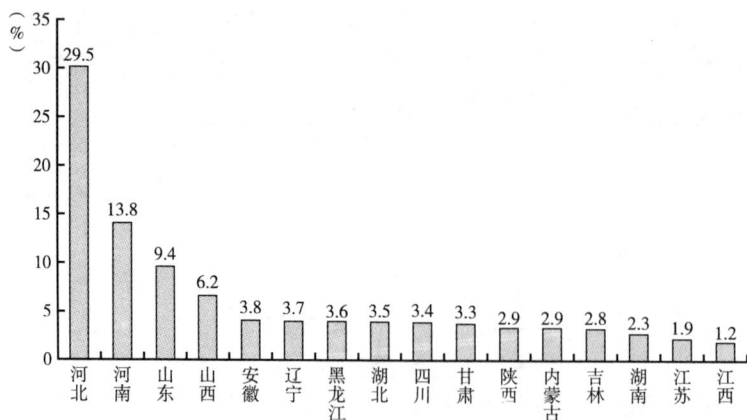

图 9 来京新生代农民工流出地占比前 16 位的省份分布

可以看出，新生代农民工仍会选择经济发展水平较高且距家乡所在地较近的地区作为流入目的地，北京对华北地区新生代农民工来说是最具吸引力的流入

---

① 本部分数据来源于共青团北京市委研究室联合北京市青英研究中心于 2012 年进行的新生代农民工专题调查。这次调查共发放问卷 10000 份，有效问卷 9206 份，有效填答率 92.5%。

选择地。

3. 受教育水平：以高中及以上学历为主

来京新生代农民工绝大多数接受过基础教育，其中"小学及以下"的被访农民工仅占2.3%，初中学历的农民工占31.5%，高中学历的农民工最多，占35.9%，大专学历的农民工占18.7%，本科学历的农民工占10.3%，研究生及以上学历者占1.2%（见图10）。与前文所述北京农民工相比，新生代农民工受教育水平明显提高，高中以上学历者占60%以上。

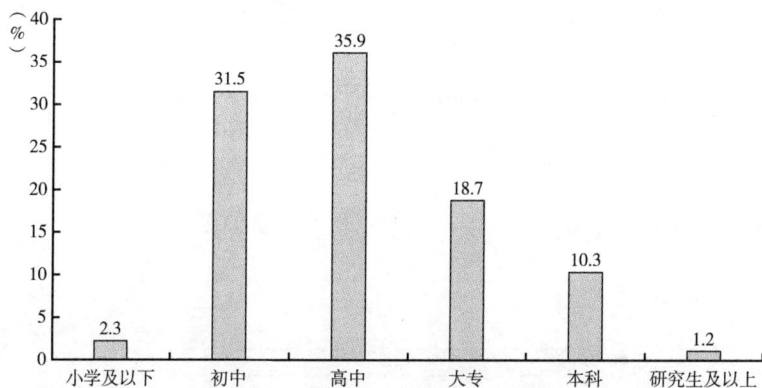

图10　来京新生代农民工受教育水平

4. 婚姻与家庭：多出自多子女家庭，未婚者居多

被访新生代农民工中，大部分出身于多子女家庭，独生子女的农民工所占比例为18.7%；两个孩子的家庭最多，比例为51.6%；三个孩子的次之，为21.7%；四个及以上的最少，为8.0%（见图11）。可以看出，出身于独生子女家庭的农民工数量并不多，这与媒体和其他相关研究认为该群体多为独生子女，存在独生子女娇生惯养问题的论断并不相符。

在被访的新生代农民工中，有37.0%的人已婚，62.1%的人未婚。其中，30.7%的被访者为未婚且没有男（女）朋友，有男（女）朋友的被访者比例为31.4%，离异和丧偶的被访者所占比例分别为0.8%和0.1%（见图12）。在平均年龄为25.3岁、拥有高中及以上学历占主体的该群体中，大量被访者在工作、生活压力下面临着"适龄未婚"的现状。

在37%的已婚被访者中，配偶在同一城市工作的占71.9%，在同一城市、无业的占7.6%，在家务农的占12.6%，不在同一城市工作的占7.4%，由此可以

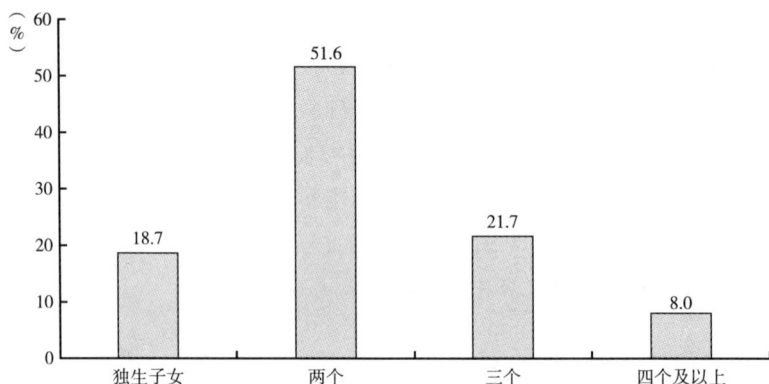

图11 来京新生代农民工家庭的子女数量

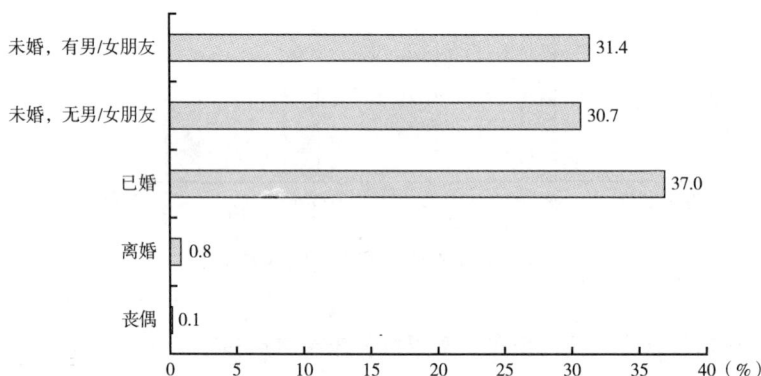

图12 来京新生代农民工婚姻状况

看出，已经有八成的被访者与配偶在北京共同工作生活，与老一代农民工相比，他们许多人在北京有一个小家，对家乡的牵挂比独自在城市漂泊的老一代农民工要弱，从这个意义上讲，新生代农民工市民化的心理条件和家庭条件更具优势。

5. 务工时间：在京务工时间平均接近5年

调查结果显示，新生代农民工外出务工时间平均为68个月，即达到5年半，最长时间为197个月，最短的不到1个月。而在京务工时间平均为59个月，将近5年，其中最长的为197个月，最短的不到1个月。也就是说多数北京新生代农民工主要的流入地即是北京，且在京时间较长，稳定性较强。

6. 就业状况：从事行业仍以低端服务业为主

从调查结果可以看出，北京新生代农民工仍主要从事低端服务业，包括住宿餐饮业（25.2%）、批发零售业（13.8%）、其他居民生活服务业（9.3%）等，其次从事制造业和建筑业的农民工所占比例也较高，仅这五个行业就吸纳了70%的被调查新生代农民工就业（见图13）。与老一代农民工相比，虽然新生代农民工的受教育程度高，但行业分布差距并不大。

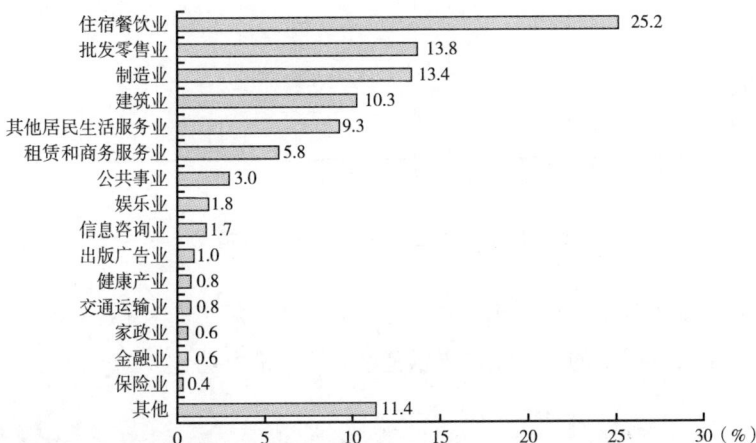

图13　来京新生代农民工行业分布

7. 收支情况

调查显示，北京新生代农民工的平均月收入为2558元，高于全国平均水平（1748元），却远低于北京市最新（2011年度）的职工平均工资4672元。①

其中，被访者月收入在1001~2000元的占46.0%，月收入为2001~3000元的占35.9%，月收入在1000元及以下的占1.6%，月收入为5001元及以上的占1.9%（见图14）。可以看出，新生代农民工中高收入者和极低收入者都相对较少，多数为中低收入者，在整体上呈现出"两头小中间大，平均水平偏低"的特点。

在支出方面，有45.7%的被访者表示自己在日常最大的支出是"吃饭日用品开支"，而另有26.1%的人表示自己最大的支出是"支付房租水电费用"，只有极少数的个体认为"购置衣物（化妆品）等"（8.6%）、"手机充值"（2.4%）、"社交应酬娱乐"（5.6%）等是日常最大支出，而认为"学习培

① 《北京市人力资源和社会保障局、北京市统计局关于公布2011年度北京市职工平均工资的通知》，http：//www.bjstats.gov.cn/tjzn/mcjs/201204/t20120409_224159.htm。

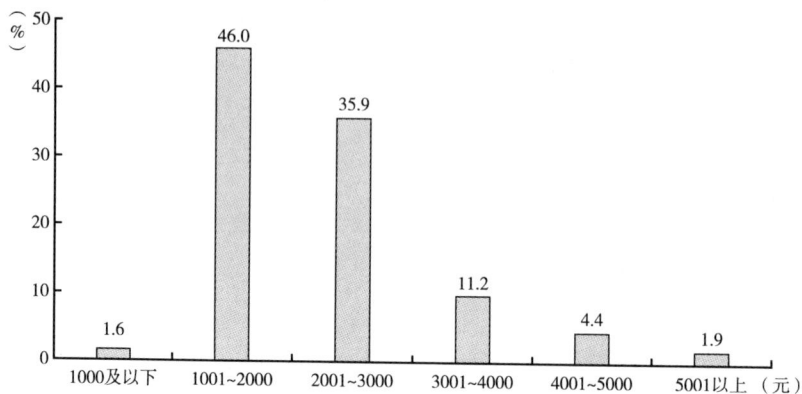

图 14　来京新生代农民工月收入情况

训"是日常最大的支出的人则更为稀少，仅占 1.8%（见图 15）。这表明，多数在京新生代农民工的日常支出仍以基本生活开销为主。

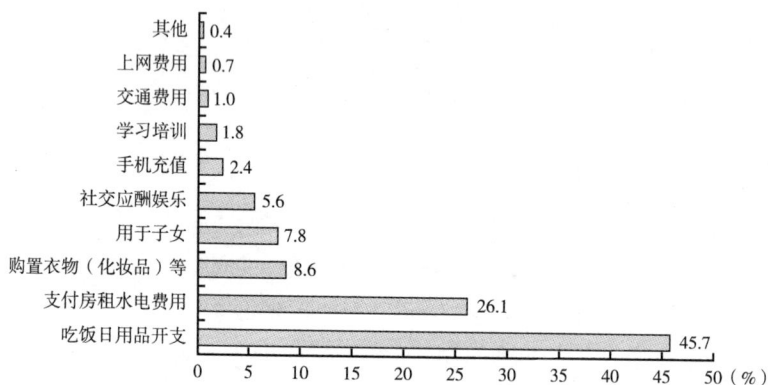

图 15　来京新生代农民工月支出情况

8. 职业培训：政府社会方面培训严重不足

所有被访新生代农民工中，参加过职业培训的人所占比例为 59.8%，有超过 1/3 的被访者从未接受过任何形式的培训。进一步对职业培训进行分析可知，单位培训是主体，在接受过培训的被访者中，近 80% 的人接受的是单位培训；"自费参与培训"的人所占比例接近 20%，说明北京新生代农民工已经开始认识到学历和能力，特别是职业技能已经成为个体发展的核心与关键，在闲暇时间有 10.9% 的被访者会选择"参加学习培训"；但政府社会方面培训严重不足，"政府""社区""职业介绍所"三个机构的培训所占比例仅为 10.0%（见图 16）。

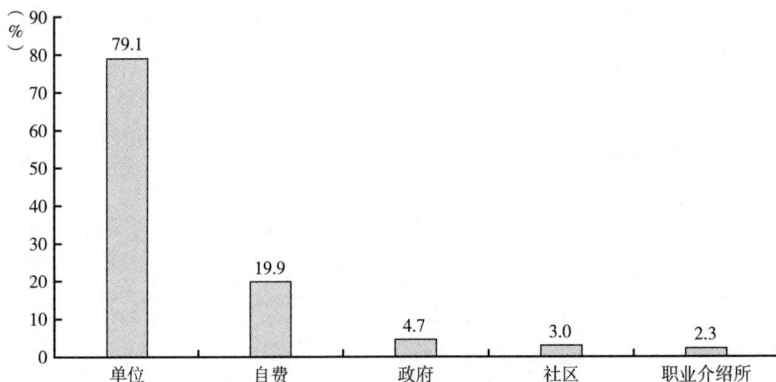

图16　来京新生代农民工接受培训情况

9. 居住情况：以集体宿舍和租房为主

被访新生代农民工住宿类型呈现多样化，但仍以集体宿舍和自己租房为主，分别占被访者的48.5%与42.0%（见图17）。自购住房的人所占比例很小，仅占4.3%。老一代农民工几乎都是居住在集体宿舍，新生代农民工从事行业的多样性催生了住宿类型的多样化，也往往会因为集体宿舍条件不好，不愿凑合而选择外出租房，这反映出新生代农民工对住宿条件的要求在逐步提高。

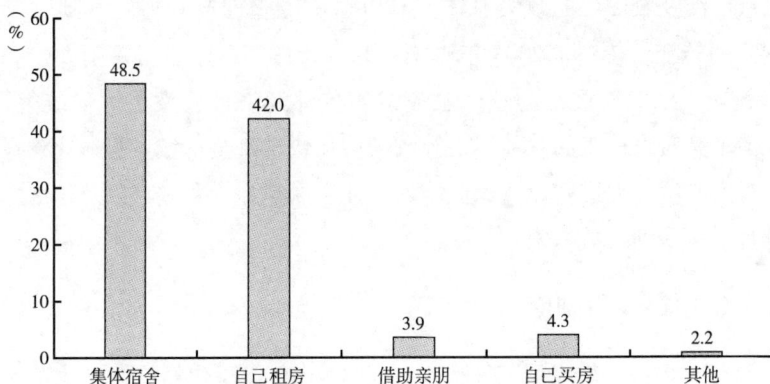

图17　来京新生代农民工居住情况

调查显示，新生代农民工在住房上最期望获得的帮助是"提供廉租房"，占48.4%；其次是期望"稳定房租"，占27.7%；再次是期望能够得到"提供经济适用房或两限房购房机会"，占24.9%；希望"取消商品房限购"占

5.3%（见图 18）。可以看出，新生代农民工最需要的是获得住房上的保障和房屋租赁市场的规范化。

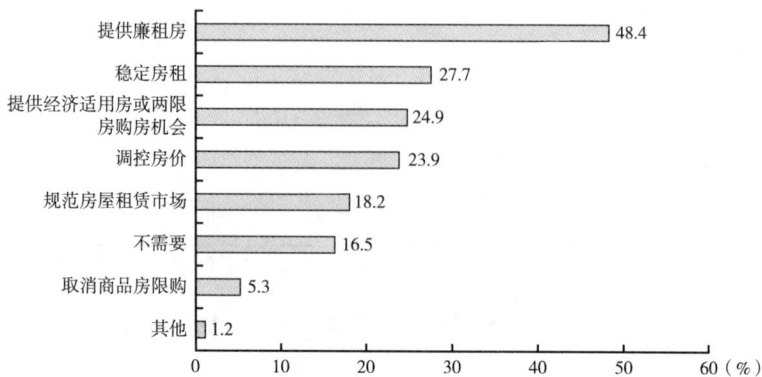

图 18　来京新生代农民工住房诉求

三　北京市解决农民工问题的主要政策及成效

北京市涉及农民工的政策总体上经历了从"管理控制为主"到"管理服务并重"的转变。特别是 2003 年以来，北京市按照科学发展观的要求，坚持"以人为本"，把对农民工的管理服务纳入首都经济社会发展大局统筹考虑，逐步取消了针对农民工的各种不平等政策，加快推进全市城乡一体化建设，在农民工身份制度、促进就业、职业培训、社会保障、子女教育以及住房保障等方面进行了一系列有益探索。

（一）户籍身份制度

2010 年，国务院转发国家发改委《关于 2010 年深化经济体制改革重点工作的意见》，提出加快落实放宽中小城市、小城镇特别是县城和中心镇落户条件的政策，逐步在全国范围内实行居住证制度。就北京这样人口过度集聚的特大城市来说，现阶段完全放开户籍制度并不可行，居住证制度是逐步推进户籍制度改革的内容之一，具有过渡性和公平性双重属性，它不仅是名称的变化，也体现着附着在户籍上的一系列公共服务等权益的剥离。

就目前来说，北京市主要为本市流动人口办理暂住证和工作居住证两类证明。暂住证制度自 1986 年开始实施。1995 年北京规定，外来人员未取得暂住证，不予办理营业执照等。2005 年这一规定取消。但在北京居住仍要办理暂住证，公安部门协同社区会定时进行检查，与公共服务没有挂钩。北京工作居住证原则是总量控制，市民待遇，柔性流动，依法管理。一般认为，北京市工作居住证相当于一张在京居住的"绿卡"，可以买房等。但工作居住证办理资格要求比较严格，需要单位统一办理。其中资格要求包括所学专业或岗位属于本市急需专业或岗位；在符合规定条件的申报单位连续聘用满 6 个月以上；具有 2 年以上工作经历并取得学士（含）以上学位或具有中级（含）以上专业技术职称或相当资格、资质；在本市有固定住所等。

据了解，北京市居住证将在 2013 年底出台，居住证类似于身份证，收录个人基本信息，将普遍实行而非专门针对外来务工人员。有关部门称会引导有稳定就业居住的流动人口办理居住证。流动人口办理居住证后，有望根据居住年限、社会保险参保年限以及纳税情况等，享受阶梯式公共服务。

（二）促进就业政策

2002 年以来，北京市认真落实"公平对待，合理引导，完善管理，搞好服务"的方针，不断出台完善就业政策，强化农民工就业服务，确保劳动者平等获得就业机会的权利。

1. 本地农民工

自 2003 年起，北京市进入了统筹城乡就业的新时期，此后不断将城镇促进就业政策和服务向农村延伸，初步形成了城乡一体化的促进就业格局，建立了城乡平等的就业制度。

在管理制度上。2003 年，北京市劳动保障局、北京市农委下发《北京市加强农村富余劳动力就业工作的意见》（京劳社就发〔2003〕29 号），建立了农村富余劳动力就业登记制度，将农村转移劳动力纳入就业管理和服务范围（见表2）；2006 年，北京市劳动保障局下发《关于印发〈北京市农村劳动力转移就业管理办法〉的通知》（京劳社就发〔2006〕86 号），进一步完善农村劳动力转移就业管理制度，通过管理下沉、就业分类、动态跟踪和信息采集等措施，随时掌握有转移就业要求的农民的就业状况和就业需求；2009 年，北京市依托人力资源市场信息系统，扩充农村劳动力转移就业管理功能，实现了日常工作信息化、动态管理经常化、业务操作标准化。2011 年，北京市适应城市化发展的需求，加快构建城乡统一的就业失业管理制度，北京市人力社保局发布《关于印发〈关于城市化建设地区农村劳动力纳入就业失业管理制度有关问题〉的通知》（京人社就发〔2011〕233 号），将建设征地、土地储备或腾退、整建制农转非、山区搬迁、绿化隔离建设等地区的农村劳动力纳入城镇失业登记范围，享受城镇促进就业帮扶政策。截至 2012 年 9 月底，已将城市化建设地区的 2.52 万名农村劳动力纳入城镇促进就业帮扶范围，海淀区、朝阳区完成农村劳动力转移就业管理制度与就业失业管理制度并轨，率先实现就业管理城乡统一。

表 2　北京市促进农民工就业政策一览表

时间	文件	主要内容
本地农民工		
1998 年	《北京市农村劳动力就业管理办法》	根据"先城镇，后农村；先本市，后外地"的就业原则，对用人单位招用本市农村劳动力建立审批制度，用人单位招用本市农村劳动力需经市、区（县）劳动局批准，并按规定向劳动力输出地的区、县劳动局缴纳使用农村劳动力的管理费
2003 年	《北京市加强农村富余劳动力就业工作的意见》	建立农村富余劳动力就业登记制度，将农村转移劳动力纳入就业管理和服务范围
	《关于贯彻〈北京市加强农村富余劳动力就业工作的意见〉的有关问题的通知》	规定北京市所有乡镇都要成立以社会保障所为依托的职业介绍所，有条件的中心村要建立就业服务站或明确专人负责，形成区县、乡镇、村三级就业服务组织管理网络
	《关于建立"4050"就业困难人员再就业援助制度的通知》	将城乡"4050"人员、低保人员、残疾劳动力以及绿化隔离矿山关闭保护性限制地区农村劳动力纳入困难群体援助范围
	《关于印发〈鼓励用人单位招用本市农村就业困难人员岗位补贴试行办法〉的通知》	规定招用本市农村就业困难人员且签订一年以上劳动合同的可申请享受一次性岗位补贴，补贴标准每人不低于 200 元。岗位补贴由市、区县两级就业再就业资金分别负担、共同拨付

时间	文件	主要内容
2006 年	《关于印发〈北京市农村劳动力转移就业管理办法〉的通知》	规定通过管理下沉、就业分类、动态跟踪和信息采集等措施,随时掌握有转移就业要求的农民的就业状况和就业需求
	《北京市人民政府贯彻落实国务院关于进一步加强就业再就业工作文件的通知》	规定用 2 年左右的时间,在有条件的行政村建立就业服务站,配备专(兼)职工作人员,为农村劳动力转移就业提供岗位和培训信息、政策咨询、职业指导、劳务输出及动态跟踪等服务
	《关于进一步推动农村基层就业服务组织建设工作的通知》	规定 2006 年底前,在全市 80% 的行政村建立起就业服务组织,2007 年底前,全市 100% 的行政村具备就业管理服务功能
2007 年	《关于转发劳动和社会保障部〈关于全面推进零就业家庭援助工作的通知〉的通知》	建立"零就业家庭"就业援助制度
2008 年	《北京市人民政府办公厅转发市劳动保障局关于促进农村劳动力转移就业工作指导意见的通知》	鼓励用人单位招用农村就业困难人员的岗位补贴和社会保险补贴政策;实行鼓励农村劳动力自谋职业自主创业的减免行政事业性收费和小额担保贷款政策;实行鼓励农村劳动力增强就业竞争能力的职业培训补贴政策;实行帮助农村劳动力稳定就业的城乡平等的社会保险政策
2010 年	《关于印发〈北京市"纯农就业家庭"转移就业援助工作意见〉的通知》	建立"纯农就业家庭"转移就业援助制度
2011 年	《关于印发〈关于城市化建设地区农村劳动力纳入就业失业管理制度有关问题〉的通知》	将建设征地、土地储备或腾退、整建制农转非、山区搬迁、绿化隔离建设等地区的农村劳动力纳入到城镇失业登记范围,享受城镇促进就业帮扶政策

续表

时间	文件	主要内容
2012 年	《北京市就业援助规定》	明确将六大类城乡困难就业人员纳入援助范围,进一步健全城乡就业困难群体长效帮扶机制
外地农民工		
1989 年	《北京市外地人员务工管理办法》(第 37 号令)	采取《外地来京人员做工证》的方式,对外地来京务工人员进行严格管理控制
1995 年	《北京市外地来京务工经商人员管理条例》	对外地来京务工人员实行《外来人员就业证》制度,对使用外地来京务工人员的行业、工种进行限制,并对外来务工经商人员收取管理服务费,单位或个人禁止私自招用外来务工人员
1996 年	《关于用人单位招用外地务工人员有关问题的通知》	规定应严格坚持"先城镇、后农村,先本市、后外地"的原则,下岗待工人员较为集中的系统,严格控制外地务工人员的使用数量,属于限制使用外地人员的行业、工种,必须招用本市人员;对未经明确的行业、工种需招用外地务工人员,必须首先招用本市常住户口的劳动力,如招用不足,经批准后,方可招用外地人员
2003 年	《关于加强外地来京务工人员就业服务工作的通知》	取消了用人单位使用外地来京务工人员计划审批和岗位(工种)限制
2004 年 2005 年	—	2004 年 5 月,北京市人大常委会第十二次会议取消了"外来人员就业证";北京市政府第二十四次常务会议废止了《北京市外地来京人员务工管理规定》。2005 年 3 月,市十二届人大常委会第十九次会议审议废止了《北京市外地来京务工经商人员管理条例》
2011 年	《关于鼓励发展家政服务业的意见》	在鼓励实行员工制管理、加大扶持力度、维护从业人员合法权益等七个方面提出政策和鼓励措施
2012 年	《关于鼓励家政服务企业实行员工制管理的试点意见》	择优认定一批具有典型示范作用的家政服务企业作为员工制家政服务试点企业,进一步加大对员工制家政服务企业支持力度

在就业政策上。2006 年，北京市劳动保障局、北京市财政局下发《关于印发〈鼓励用人单位招用本市农村就业困难人员岗位补贴试行办法〉的通知》（京劳社就发〔2006〕53 号）规定，招用本市农村就业困难人员且签订一年以上劳动合同的可申请享受一次性岗位补贴①。岗位补贴由市、区县两级就业再就业资金分别负担、共同拨付。各区县应根据实际情况并按照本办法的要求，制定鼓励用人单位招用本区县户籍农村就业困难人员的岗位补贴办法，补贴金额按照每人不低于 200 元的标准，由各区县自行确定。在此基础上，北京市就业再就业资金再按照每人 200 元的标准给予一次性的补贴。2008 年《北京市人民政府办公厅转发市劳动保障局关于促进农村劳动力转移就业工作指导意见的通知》（京政办发〔2008〕57 号）规定，从 2009 年 1 月 1 日起，北京市实施四项促进农村劳动力转移就业政策：一是实行鼓励用人单位招用农村就业困难人员的岗位补贴和社会保险补贴政策。各类用人单位招用"4050"、残疾、低保等农村就业困难人员以及绿化隔离地区、矿山关闭地区、资源枯竭地区和保护性限制地区的农村劳动力，并按规定缴纳社会保险费的，可申请享受岗位补贴和社会保险补贴②。二是实行鼓励农村劳动力自谋职业自主创业的减免行政事业性收费和小额担保贷款政策。对从事个体经营的农村劳动力三年内免收管理类、登记类和证照类行政事业性收费。对从事个体经营和创办小企业的，分别给予不超过 8 万元、50 万元的小额担保贷款，对符合贷款贴息条件的给予财政贴息，在农村建立小额担保贷款信用社区，简化反担保手续。三是实行鼓励农村劳动力增强就业竞争能力的职业培训补贴政策。有转移就业愿望的农村劳动力可享受与城镇失业人员同等的职业技能培训、职业技能鉴定和创业培训补贴政策③。

---

① 农村就业困难人员是指具有本市农业户口、进行了求职登记且属于下列情况之一的人员：因绿化隔离地区建设导致闲置的农村劳动力；因地区资源枯竭导致闲置的农村劳动力；因矿山关闭或受到保护性限制导致闲置的农村劳动力；享受农村最低生活保障待遇的农村劳动力；由市政府确认的其他农村劳动力。

② 2009 年北京市劳动保障局、北京市财政局下发的《关于印发〈鼓励用人单位招用本市农村就业困难人员的岗位补贴和社会保险补贴办法〉的通知》和《关于鼓励用人单位吸纳就业有关问题的通知》，对补贴标准作出规定：可申请享受的岗位补贴和社会保险补贴最长不超过 3~5 年，岗位补贴：每人每年 3000 元；社会保险补贴：以北京市上一年度职工月平均工资的 60% 为基数，城镇基本养老保险补贴 20%，城镇基本医疗保险补贴 9%，失业保险补贴 1%。

③ 2009 年《关于印发北京市职业培训补贴管理办法的通知》（京人社办发〔2009〕5 号）规定，职业技能培训补贴根据实际培训人数，按照人均 1100 元的标准给予补助。本市农村转移就业劳动力与城镇失业人员在享受培训补贴标准、培训服务等方面实现了城乡"并轨"。

四是实行帮助农村劳动力稳定就业的城乡平等的社会保险政策。农村劳动力实现转移就业并履行了与城镇职工同样的缴纳社会保险费义务的，可享受与城镇职工同等的养老、医疗等社会保险待遇。四项政策的实施标志着北京市城乡就业政策基本实现了统一。各区县、乡镇也结合本地实际，制定实施了社会保险补贴、自谋职业补贴、交通补贴、单位招工奖励、外出就业奖励等扶持政策。目前，全市已经形成了以市级政策为主体，区县、乡镇政策为补充，统筹城乡的促进就业政策体系。

在就业服务上。2003 年以来，北京市在强化乡镇社保所建设的基础上，着力推动村级就业服务站建设。2003 年，北京市劳动保障局、北京市农委《北京市加强农村富余劳动力就业工作的意见》（京劳社就发〔2003〕29 号）和北京市劳动保障局下发的《关于贯彻〈北京市加强农村富余劳动力就业工作的意见〉的有关问题的通知》（京劳社就发〔2003〕38 号）规定，截至2003 年底以前，本市所有乡镇都要成立以社会保障所为依托的职业介绍所，有条件的中心村要建立就业服务站或明确专人负责，形成区县、乡镇、村三级就业服务组织管理网络。2006 年《北京市人民政府贯彻落实国务院关于进一步加强就业再就业工作文件的通知》（京政发〔2006〕4 号）规定，用 2 年左右的时间，在有条件的行政村建立就业服务站，配备专（兼）职工作人员，为农村劳动力转移就业提供岗位和培训信息、政策咨询、职业指导、劳务输出及动态跟踪等服务。同年，北京市劳动保障局下发《关于进一步推动农村基层就业服务组织建设工作的通知》规定，2006 年底前，在全市 80% 的行政村建立起就业服务组织，2007 年底前，全市 100% 的行政村具备就业管理服务功能。截至 2007 年，全市所有行政村全部建立了就业服务站，形成了"三级管理、四级服务"的公共就业服务体系。截至 2012 年 8 月底，全市 3846 个村就业服务站聘用劳动保障专（兼）职协管员 4470 人，还有 1394 名大学生"村官"从事基层人力社保工作。

为加大对困难群体扶持力度，2003 年，北京市劳动保障局下发《关于建立"4050"就业困难人员再就业援助制度的通知》（京劳社就发〔2003〕19 号），建立城镇"4050"就业困难人员再就业援助制度，在此基础上，逐步将城乡"4050"人员、低保人员、残疾劳动力以及绿化隔离矿山关闭保护性限制地区农村劳动力纳入困难群体援助范围。2007 年，北京市劳动保障局下发《关于转发劳动和社会保障部〈关于全面推进零就业家庭援助工作的通知〉的通知》（劳社就发〔2007〕24 号），建立了"零就业家庭"就业援助制度。2010 年，北京市人力社保局、北京市财政局下发《关于印发〈北京市"纯农就业家庭"转移就业援助工作意见〉的通知》（京人社就发〔2010〕97号），建立了"纯农就业家庭"转移就业援助制度。2012年5月，北京市第十三届人大第二十九次会议通过了《北京市就业援助规定》，明确将六大类城乡困难就业人员纳入援助范围①。通过实施动态跟踪管理，制定个性化援助方案，强化"一对一"指导，开展就业帮扶工作，进一步健全了城乡就业困难群体长效帮扶机制。同时，为缓解地区就业矛盾，2006年，北京建立了城乡"手拉手"就业协作机制，在区县之间、街乡之间、乡企之间三个层面搭建起就业互助平台，以组织下乡招聘和上门应聘，开展对口技能培训和职业指导，实行就业信息网络沟通等形式，把城区的岗位资源优势与郊区的劳动力资源优势进行对接，促进了农民跨地区流动就业。2011年以来，北京市以推广"一产员工制"用工模式为抓手，大力推进绿色就业，为农民"签合同、上保险、保工资"，促进了农民就近就业、稳定就业，截至2012年9月底，全市共开发绿色岗位2.54万个，帮助2.03万名城乡劳动力实现了绿色就业。经过多年艰苦努力，北京市农村劳动力转移就业工作取得明显成效，形成了城乡平等的就业制度和一体化的公共就业服务体系，自2007年以来，共帮扶48.4万名农村劳动力实现了转移就业。

2. 外地农民工

20世纪90年代，随着流动人口大量涌入北京，给首都资源、环境以及城市建设和运行管理带来很大的压力。1989年，北京市政府颁发《北京市外地人员务工管理办法》（第37号令），采取发放《外地来京人员做工证》（以下简称做工证）的方式，对外地来京务工人员进行严格管理控制。文件规定以本市城乡劳动力不能满足用工需求为原则，制定允许雇用外地人员务工的行业、工种范围。用工单位雇用外地人员，必须申报雇用外地人员劳动力计划，经批准后，申领雇用人员《暂住证》；并凭《暂住证》和雇用外地人员计划批准证明申领雇用人员《外来做工证》，禁止任何单位使用无《做工证》的外地人员。②

为进一步加强对外地农民工的管理和控制，1995年北京市人大颁布《北

---

① 援助范围为：1. 属于零就业家庭成员的；2. 享受城乡居民最低生活保障待遇的；3. 女满40周岁以上、男满50周岁以上的；4. 经残疾评定机构评定为残疾的；5. 连续失业一年以上的；6. 市人民政府规定的其他情形。此外，本市绿化隔离、矿山关闭、资源枯竭或者受保护性限制等地区的农村劳动力，进行转移就业登记后，纳入本市就业困难人员范围。

② 1990年北京市劳动局印发的《关于发放外地北京人员做工证的暂行规定》（京劳计发〔1990〕9号）规定，市、区、县劳动局每签一个《做工证》，在按照市政府第37号令规定的收取管理费的标准未确定以前，暂收务工人员本人证件工本费和服务管理费5元，每年年检收取手续服务费1元。

京市外地来京务工经商人员管理条例》，明确规定，"本市对务工经商人员实行规模控制，严格管理，加强服务，依法保护的方针"。北京市人民政府提出务工经商人员总量控制要求，地方负责采取措施落实。北京市对外地来京务工人员实行《外来人员就业证》制度，对使用外地来京务工人员的行业、工种进行限制，并对外来务工经商人员收取管理服务费①。单位或者个人招用外地来京务工人员，必须经过劳动行政机关指定的职业介绍机构办理手续，禁止私自招用外地来京务工人员。同年，北京市政府颁布《北京市外地来京人员务工管理规定》（北京市政府第 14 号令），对《条例》的有关规定做了进一步细化，对用人单位和个人招用外地人员条件、招用手续办理、申领《外来人员就业证》所需文件、证件和证明材料等做了详细的规定。1996年，北京市劳动局颁布《关于用人单位招用外地务工人员有关问题的通知》（京劳就发〔1996〕74 号）规定，用人单位招用外地人员应严格坚持"先城镇、后农村，先本市、后外地"的原则。下岗待业人员较为集中的系统，严格控制外地务工人员的使用数量，属于限制使用外地人员的行业、工种，必须招用本市人员；对未经明确的行业、工种需招用外地务工人员，必须首先招用本市常住户籍的劳动力，如招用不足，经批准后，方可招用外地人员。

"十五"期间，北京市逐步清理和取消外地农民工就业管理限制、收费和歧视性政策。2002 年 3 月，北京市修改《北京市外地来京务工经商人员管理条例》部分条款的议案，删除了原条例中"务工经商人员应当向基层外来人员管理机构或者劳动行政管理机关缴纳管理服务费"的条款。2003 年 7 月，北京市劳动和社会保障局下发《关于加强外地来京务工人员就业服务工作的通知》（京劳社就发〔2003〕121 号），取消了用人单位使用外地来京务工人员计划审批和岗位（工种）限制。2004 年 5 月，北京市人大常委会第十二次会议取消了《外来人员就业证》；北京市政府第二十四次常务会议废止了《北京市外地来京人员务工管理规定》。2005 年 3 月，北京市十二届人大常委会第十九次会议审议废止了《北京市外地来京务工经商人员管理条例》。在此基础上，以"输入有基地、岗前有培训、劳动有合同、工作有保险、维权有保障"

① 1995 年，北京市政府办公厅《关于印发〈北京市外地北京务工经商人员管理服务费征收规定〉的通知》（京政办发〔1995〕101 号）规定，城近郊区管理服务费的征收标准为每人每月 15 元；远郊区、县管理服务费的征收标准由区、县人民政府根据本地区实际情况制定。对从事家庭服务工作的外地来京务工人员免收管理服务费。对经批准成建制、有组织进京的外地来京务工人员，减半征收管理服务费。

的目标，以促进农民工有序流动为重点，不断健全职业培训、就业服务、劳动维权三位一体的工作机制，通过开展"春风行动"等专项服务活动，为农民工提供岗位信息、就业推荐、职业指导、政策咨询、招聘洽谈等免费就业服务，大力促进农民工就业。北京市加强来京务工人员流动情况监测，及时了解掌握春节前后外来农民工进出京情况，搭建农民工求职绿色通道，在农民工进出京的火车站、长途汽车站设立就业服务站，为来京务工人员第一时间送上服务并及时引导，利用宣传海报、公交站台广告、移动传媒、广播电视等媒介，广泛宣传农民工求职务工常识、岗位信息以及劳动维权知识等内容。同时，大规模开展清理拖欠农民工工资行动，建立了最低工资制度、最低工资标准正常调整机制和农民工工资支付保障机制，切实维护农民工合法权益。据调查，北京市外来农民工合同签订率达69%，基本实现"无拖欠工资"目标。

近年来，北京市家政服务业快速发展，吸引了大量劳动力特别是外地农民工就业。在40万从业人员中，90%的人员是外来农民工（主要来自甘肃、四川、安徽、山东及河北等地）①。为促进全市家政服务企业健康发展，2011年，北京市出台了《关于鼓励发展家政服务业的意见》（京政办发〔2011〕23号）（简称"家七条"），分别从鼓励实行员工制管理、加大扶持力度、维护从业人员合法权益等七个方面提出了政策和鼓励措施。对符合条件的员工制家政服务企业，给予必要的资金扶持、税收减免优惠、培训补贴和社会保险补贴；完善政府间劳务协作机制，通过政府间签订协议、给予适当支持的方式，在全国劳动力主要输出省份和北京市对口援助地区，建立一批家政服务员输入基地；同时，建立家政服务人员持证上岗制度，提高家政服务人员服务水平；采取多种措施，加强家政服务人员权益维护。为切实加大对家政服务人员的权益维护力度，推动企业为家政服务人员"签合同、上保险、保工资"，2012年，北京市人力资源和社会保障局出台《关于鼓励家政服务企业实行员工制管理的试点意见》（京人社农工发〔2010〕23号），择优认定一批具有典型示范作用的家政服务企业作为员工制家政服务试点企业，进一步加大对员工制家政服务企业支持力度。比如，加大社会保险补贴力度，第一年为全额补贴，此后逐年降低，分别为80%、60%、50%、50%；优先为员工制企业开展免费的职业技能培训和鉴定；与企业共建劳务输出基地；建立"绿色通道"，提供政策咨询、人才引进、技能鉴定、职称评审等全方位

① 《北京市关于鼓励发展家政服务业的意见》新闻发布会，搜狐资讯，2011年5月。

的上门服务；加大对员工制服务企业的宣传推荐力度等，鼓励员工制家政服务企业做大做强。

3. 加强职业培训

为提高农村劳动力转移就业能力，北京市建立并不断调整完善针对农民工的职业培训政策，目前已经建立了面向全体城乡劳动者的职业培训制度。其中，本市转移就业的农民劳动力，每年可参加一次免费职业培训；实施外地农民工职业技能特别培训计划，培训的职业工种范围为：家政服务员、护理员（护工）、养老护理员，外地农民工在被用人单位招用后，可由单位统一组织参加一次免费培训。

（1）本市农民工

1995 年，《北京市关于就业、转业（转岗）训练实施办法的通知》（京劳培发〔1995〕8 号）明确提出，为农村劳动力向非农产业转移提供职业技术培训（见表3）。2003 年《关于印发北京市"三年百万"职业技能培训计划实施方案的通知》（京劳社培发〔2003〕40 号）规定，在全市启动实施"三年百万"职业技能培训计划，加大对失业人员、企业在职职工、城镇新成长劳动力和农村富余劳动力的职业技能培训力度。其中，农村富余劳动力培训的主要任务是紧密结合京郊经济发展和本地区城市化进程，在农村积极开展形式多样、内容广泛的实用技术培训工作。2004 年《关于做好 2004 ～ 2010 年北京市农村富余劳动力转移培训工作的意见》（京政农发〔2004〕1 号）明确要求，各区县、乡镇应根据自身经济发展状况和本地企业用工需求，针对不同行业、不同工种、不同岗位，大力开展定向、定岗职业技能培训，对培训经费采取市、区县、个人共同负担的原则予以支持。用人单位开展农民工培训所需经费从职工培训经费中列支，职工培训经费按职工工资总额的 1.5% 提取。2004 年《关于进一步加强农村富余劳动力转移培训的意见》（京政农发〔2004〕51 号）明确要求加大公共财政支持力度，建立农村富余劳动力转移培训补助机制。2004 年《关于开展农村富余劳动力职业技能培训工作的指导意见》（京劳社培发〔2004〕75 号）对加强农村富余劳动力职业技能培训提出组织实施、培训费用、表彰奖励等政策措施。农村富余劳动力参加职业技能培训的培训、鉴定费用实行市、区县、街道镇、乡、村集体经济组织和个人共同负担的原则。各区县对在开展农村富余劳动力职业技能培训过程中表现突出的单位和个人，应当及时予以表彰，有条件的区县可以自行制定奖励办法。2006 年，北京市政府颁发《北京市人民政府贯彻落实国务院关于进一步加强就业再就业工作文件的通知》（京政发〔2006〕4 号），要求实施农村劳动力转移就业培训工程。按照分类培训、注重实效的原则，以转移就业为目标，突出农村劳动力实际操作能力的培养，不断提高技能培训的针对性、有效性、实用性，消除农村劳动力向二、三产业转移就业的技能障碍。

表3　北京市农民工职业培训政策一览表

时间	文件	主要内容
本地农民工		
1995 年	《北京市关于就业、转业（转岗）训练实施办法的通知》	明确提出为农村劳动力向非农产业转移提供职业技术培训
2003 年	《关于印发北京市"三年百万"职业技能培训计划实施方案的通知》	在全市启动实施"三年百万"职业技能培训计划,加大对失业人员、企业在职职工、城镇新成长劳动力和农村富余劳动力的职业技能培训力度
2004 年	《关于做好 2004～2010 年北京市农村富余劳动力转移培训工作的意见》	明确要求各区县、乡镇应根据自身经济发展状况和本地企业用工需求,针对不同行业、不同工种、不同岗位,大力开展定向、定岗职业技能培训
	《关于进一步加强农村富余劳动力转移培训的意见》	明确要求加大公共财政支持力度,建立农村富余劳动力转移培训补助机制
	《关于开展农村富余劳动力职业技能培训工作的指导意见》	对加强农村富余劳动力职业技能培训提出组织实施、培训费用、表彰奖励等政策措施,农村富余劳动力参加职业技能培训的培训、鉴定费用实行市、区县、街道镇、乡、村集体经济组织和个人共同负担的原则,各区县对在开展农村富余劳动力职业技能培训过程中表现突出的单位和个人,需及时予以表彰,有条件的区县可自行制定奖励办法
2006 年	《北京市人民政府贯彻落实国务院关于进一步加强就业再就业工作文件的通知》	实施农村劳动力转移就业培训工程,按照分类培训、注重实效的原则,以转移就业为目标,突出农村劳动力实际操作能力的培养,不断提高技能培训的针对性、有效性、实用性,消除农村劳动力向二、三产业转移就业的技能障碍
	《关于印发北京市农村劳动力职业培训补贴管理办法有关问题的通知》	实现了本市农村劳动力转移培训专项补贴政策"零"的突破。规定在全市建立起本市农村劳动力职业技能培训与就业挂钩的培训补贴制度,市支农资金、市就业再就业资金分别为参加转移培训的本市农村劳动力提供每人 100 元的一次性培训和技能鉴定补贴,各区县按照不低于 1∶1 的比例提供相应的配套资金

续表

时间	文件	主要内容
2008 年	《北京市人民政府办公厅转发北京市劳动保障局关于促进农村劳动力转移就业工作指导意见的通知》	统一培训制度,提高农村劳动力转移就业能力;有转移就业要求、参加转移就业培训的农村劳动力可以享受与城镇失业人员同等的职业技能培训、职业技能鉴定和创业培训补贴政策;技能培训补贴和鉴定补贴标准按照不同职业(工种)、培训等级由人均 400 元提高到 550 元
2009 年	《关于印发北京市职业培训补贴管理办法的通知》	本市农村劳动力和城镇失业人员每年都可以选择参加一次免费职业技能培训,补贴标准也由人均 550 元调整为 1100 元
2011 年	《关于调整本市城镇失业人员、农村劳动力职业技能培训补贴标准的通知》	进一步完善职业培训补贴制度,制定新的《北京市职业技能培训职业(工种)补贴标准目录》,将人均 1100 元的标准提高到 1500 元
外地农民工		
1995 年	《关于对外地来京务工经商、从事家庭服务工作人员进行职业技能培训和就业资格认定的通知》	在本市允许使用外地人员的行业、工种范围内,从事技术性工种岗位的务工人员、家庭服务员均需经过相应专业(工种)的职业技能培训,取得《北京市就业、转业训练结业证书》后,方可办理《北京市外来人员就业证》
2001 年	《关于大力推进社区就业培训有关问题的通知》	建立社区服务从业人员持证上岗制度。凡从事社区服务的失业人员、下岗职工、本市其他从业人员以及外地来京务工人员,均须接受社区就业培训,实行持证上岗
2003 年	《关于做好外地进京务工人员职业培训服务工作的通知》	企业、事业单位已招用的未取得国家《职业资格证书》的农民工,用人单位应利用本单位、本行业的职业培训机构或委托经劳动保障部门资质认定的职业技能培训机构对使用的农民工进行职业技能培训,取得相应《职业资格证书》后,方可上岗
2006 年	《北京市人民政府贯彻落实国务院关于进一步加强就业再就业工作文件的通知》	实施农村劳动力转移就业培训工程。按照分类培训、注重实效的原则,以转移就业为目标,突出农村劳动力实际操作能力的培养,不断提高技能培训的针对性、有效性、实用性,消除农村劳动力向二、三产业转移就业的技能障碍
2006 年	《关于加强外来农民工职业技能培训工作有关问题的通知》	正式启动外来农民工技能提升培训工程,利用中央财政补助资金,建立起外来农民工职业技能培训补贴制度
2007 年	《关于加强外来农民工培训补贴政策工作有关问题的补充通知》	规定了培训机构资质认定、培训层次、工作标准、补贴标准、享受补贴的条件、资金申请等环节

时间	文件	主要内容
2009 年	《关于实施外来农民工职业技能特别培训计划的通知》	家政、护理等行业启动外来农民工职业技能特别培训计划
2011 年	《关于调整本市城镇失业人员、农村劳动力职业技能培训补贴标准的通知》	不断提高培训补贴标准,规定初级培训补贴标准为 1500 元/人,中级为 1800 元/人;岗前培训、家政服务员为 650 元/人,护理员为 900 元/人

2006 年,《关于印发北京市农村劳动力职业培训补贴管理办法有关问题的通知》(京社就办发〔2006〕6 号)提出,在全市建立起本市农村劳动力职业技能培训与就业挂钩的培训补贴制度,市支农资金、市就业再就业资金分别为参加转移培训的本市农村劳动力提供每人 100 元的一次性培训和技能鉴定补贴,各区县按照不低于 1∶1 的比例提供相应的配套资金,实现了本市农村劳动力转移培训专项补贴政策“零”的突破。2008 年《北京市人民政府办公厅转发北京市劳动保障局关于促进农村劳动力转移就业工作指导意见的通知》(京政办发〔2008〕57 号)提出,“统一培训制度,提高农村劳动力转移就业能力。有转移就业要求、参加转移就业培训的农村劳动力可以享受与城镇失业人员同等的职业技能培训、职业技能鉴定和创业培训补贴政策。技能培训补贴和鉴定补贴标准按照不同职业(工种)、培训等级由人均 400 元提高到 550 元”。2009 年,北京市劳动局颁布《关于印发北京市职业培训补贴管理办法的通知》(京人社办发〔2009〕5 号),统一了城乡职业培训政策,增加了享受免费培训的次数,提高了培训补贴标准,使本市农村劳动力和城镇失业人员每年都可以选择参加一次免费职业技能培训,补贴标准也由人均 550 元调整为 1100 元。2011 年,北京市印发的《关于调整本市城镇失业人员、农村劳动力职业技能培训补贴标准的通知》进一步完善了职业培训补贴制度,同时,新的《北京市职业技能培训职业(工种)补贴标准目录》将人均 1100 元的补贴标准提高到 1500 元。北京市本地农民工职业培训补贴政策及标准如表 4 所示。

(2)外地农民工

1995 年,北京市下发《关于对外地来京务工经商、从事家庭服务工作人

表4　北京市本地农民工职业培训补贴政策及标准

出台时间	文件	适用人员范围	补贴标准	资金来源
2003 年	《关于印发北京市再就业培训资金管理实施办法的通知》(京劳社培发〔2003〕100号)	本市城镇	A 类:600 元/人	70% 失业保险金;30% 区县财政
		失业人员	B 类:500 元/人	
			C 类:400 元/人 非等级:200 元/人	
2006 年	《关于印发北京市农村劳动力职业培训补贴管理办法有关问题的通知》(京社就办发〔2006〕6 号)	本市农村转移就业劳动力	市级 200 元/人	市支农资金 100 元,市再就业资金 100 元;区县财政不少于 1:1 配套
2009 年	《关于印发北京市职业培训补贴管理办法的通知》(京人社办发〔2009〕5 号)	本市城镇失业人员、农村转移就业劳动力	A 类:1200 元/人; B 类:1000 元/人; C 类:800 元/人; 非等级:400 元/人	失业保险金
2010 年	《关于印发北京市职业培训补贴资金管理办法(试行)的通知》(京人社能发〔2010〕233 号)	本市城镇失业人员、农村转移就业劳动力、外来农民工	A 类:1200 元/人; B 类:1000 元/人; C 类:800 元/人; 非等级:400 元/人	失业保险金;中央财政金
2010 年	《关于做好职业培训补贴资金管理有关工作的通知》(京人社能发〔2010〕267 号)	本市城镇失业人员、农村转移就业劳动力、外来农民工	A 类:1200 元/人; B 类:1000 元/人; C 类:800 元/人; 非等级:400 元/人	失业保险金;中央财政金
2011 年	《关于调整本市城镇失业人员、农村劳动力职业技能培训补贴标准的通知》(京人社能发〔2011〕253 号)	本市城镇失业人员、农村转移就业劳动力、外来农民工	初级	失业保险金;中央财政金

员进行职业技能培训和就业资格认定的通知》（京劳培发〔1995〕208 号）
提出，"在本市允许使用外地人员的行业、工种范围内，从事技术性工种岗

位的务工人员、家庭服务人员均需经过相应专业（工种）的职业技能培训，取得《北京市就业、转业训练结业证书》后，方可办理《北京市外来人员就业证》"。2001 年，《关于大力推进社区就业培训有关问题的通知》（京劳社培发〔2001〕111 号）要求，"建立社区服务从业人员持证上岗制度，凡从事社区服务的失业人员、下岗职工、本市其他从业人员以及外地来京务工人员，均须接受社区就业培训，实行持证上岗"。2003 年，《关于做好外地进京务工人员职业培训服务工作的通知》（京劳社培发〔2003〕137 号）要求，"企业、事业单位已招用的未取得国家《职业资格证书》的农民工，用人单位应利用本单位、本行业的职业培训机构或委托经劳动保障部门资质认定的职业技能培训机构对使用的农民工进行职业技能培训，取得相应《职业资格证书》后，方可上岗"。2006 年，《北京市人民政府贯彻落实国务院关于进一步加强就业再就业工作文件的通知》（京政发〔2006〕4 号）要求，"实施农村劳动力转移就业培训工程。按照分类培训、注重实效的原则，以转移就业为目标，突出农村劳动力实际操作能力的培养，不断提高技能培训的针对性、有效性、实用性，消除农村劳动力向二、三产业转移就业的技能障碍"。

2006 年，北京市印发《关于加强外来农民工职业技能培训工作有关问题的通知》（京劳社培发〔2006〕117 号），正式启动外来农民工技能提升培训工程，利用中央财政补助资金，建立起外来农民工职业技能培训补贴制度（见表 4）。2007 年，《关于加强外来农民工培训补贴政策工作有关问题的补充通知》（京劳社培发〔2007〕56 号）进一步对培训机构资质认定、培训层次、工作标准、补贴标准、享受补贴的条件、资金申请等各环节都提出了要求。2009 年，北京市印发《关于实施外来农民工职业技能特别培训计划的通知》（京人社办发〔2009〕16 号），在家政、护理等行业启动了外来农民工职业技能特别培训计划。此后，北京市又不断提高培训补贴标准，《关于调整本市城镇失业人员、农村劳动力职业技能培训补贴标准的通知》（京人社能发〔2011〕253 号）明确规定了补贴标准：初级培训为 1500 元/人，中级为 1800 元/人；岗前培训、家政服务员为 650 元/人，护理员为 900 元/人（见表 5）。

同时，北京市也积极探索家政服务培训工作的新模式。员工制企业与非员工制企业的政策区别如表 6 所示。

表5　北京市外来农民工职业培训补贴政策及标准

出台时间	文件	适用人员范围	补贴标准	资金来源
2006年	《关于加强外来农民工职业技能培训工作有关问题的通知》(京劳社培发〔2006〕117号)	外来农民工	高级:600元/人 中级:500元/人 初级:400元/人	中央财政资金
2007年	《关于加强外来农民工职业技能培训工作有关问题的补充通知》(京劳社培发〔2007〕56号)	外来农民工	高级:600元/人 中级:500元/人 初级:400元/人	中央财政资金
2009年	《关于实施外来农民工职业技能特别培训计划的通知》(京人社办发〔2009〕16号)	外来农民工(家政服务员、护理员)	岗前培训:400元/人;资格培训:800元/人	中央财政资金
2010年	《关于印发北京市职业培训补贴资金管理办法(试行)的通知》(京人社能发〔2010〕233号)	本市城镇失业人员、农村转移就业劳动力、外来农民工	A类:1200元/人 B类:1000元/人 C类:800元/人 非等级:400元/人	失业保险金 中央财政资金
2010年	《关于做好职业培训补贴资金管理有关工作的通知》(京人社能发〔2010〕267号)	本市城镇失业人员、农村转移就业劳动力、外来农民工	A类:1200元/人 B类:1000元/人 C类:800元/人 非等级:400元/人	失业保险金 中央财政资金
2011年	《关于调整本市城镇失业人员、农村劳动力职业技能培训补贴标准的通知》(京人社能发〔2011〕253号)	本市城镇失业人员、农村转移就业劳动力、外来农民工	初级:1500/人 中级:1800/人 岗前培训:650元/人 护理员:900元/人	失业保险金 中央财政资金

表6　外来农民工家政服务培训政策

区别	普惠政策	员工制政策
人员范围	外来农民工	外省市来京务工人员
培训机构认定	区县认定	市级认定
培训机构范围	各级各类职业院校、职业技能培训机构	各级各类职业院校、职业技能培训机构、员工制家政企业

续表

区别	普惠政策	员工制政策
鉴定机构认定	社会化鉴定	市级认定（2 所、24 所）
培训类型	岗前、等级（初级、中级）	员工制培训（初级、中级）
补贴标准	岗前 650 元/人、初级 1500 元/人、中级 1800 元/人	初级 1500 元/人、中级 1800 元/人
考核标准	合格率 90%，全额补	取证全额补，未取证 70% 补
培训补贴申请	学校垫付，学校申请	员工制家政企业申请
鉴定补贴申请	学校垫付，学校申请	鉴定机构申请
教材、证书	国家统一教材、结业证书、职业资格证书	员工制家政培训教材、《北京市家政服务员资格证书》

通过开展职业培训，农民工的就业技能和薪酬水平得到有效提升。根据调查，取得职业资格证书的外地农民工月均收入为 3894 元，没有相关证书的仅为 2752 元（见图 19），两者差距千元以上。职业技能对薪酬的显著影响带动了农民工参加各类培训。

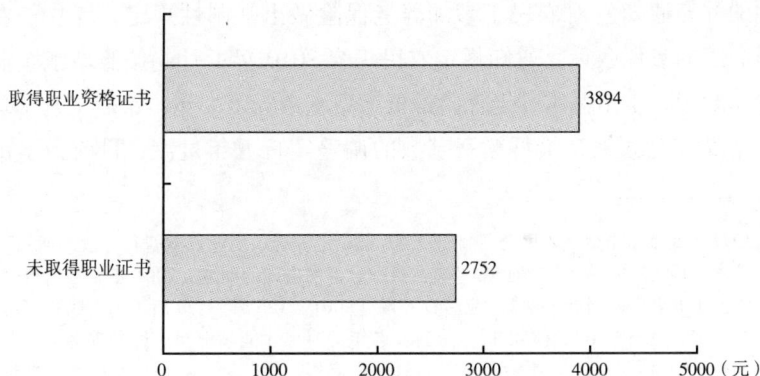

图 19 不同类型外地农民工月均收入

4. 完善社会保障

在农民工社会保障方面，北京市主要按照"低门槛、低缴费、保大病、保当期"的原则，采取优先推进工伤保险和医疗保险的政策，并在此基础上逐步消除保险待遇差别，使农民工享受与城镇职工同等的待遇水平。特别是2011 年 7 月 1 日起施行《社会保险法》后，为落实打破"身份、户籍、地域"

界限的要求，北京市稳步推进农民工参保工作，目前除失业保险外，农民工其他各项社会保险都已经实现了与本市城镇职工平等待遇。整体而言，北京市农民工的社会保障政策经历了从无到有、从自愿参保到强制参保、从制度单设到城乡一体的转变。

在养老保障方面。1998 年，北京市出台《北京市企业城镇劳动者养老保险规定》（北京市人民政府令 1998 年第 2 号），没有对农民工参保做出规定。1999 年，北京市建立农民工养老保险制度，① 农民工以上年度本市职工最低工资标准为缴费基数，按照城镇职工的缴费比例（28%）缴纳养老保险费，但只享受一次性养老待遇。待遇由两部分组成：第一部分是把个人账户储存额及利息一次性支付给本人；第二部分是按缴费年限，每满一个缴费年限，发给一个月相应缴费年份的本市职工最低工资。其特点为：低门槛进入、低待遇享受。2009 年，北京市又出台了《关于本市转移就业的农村劳动力参加养老保险有关问题的通知》（京劳社养发〔2009〕24 号）（见表 7），规定本市农村劳动力可以选择按照城镇职工的缴费基数参保，符合条件的可以按月领取基本养老金。2010 年 1 月，北京市根据《城镇企业职工基本养老保险关系转移接续暂行办法》（国办发〔2009〕66 号）文件出台了《关于农民工养老保险参保有关问题的补充通知》对农民工参加养老保险做出强制性规定，统一了农民工与城镇职工的参保政策，通知规定农民工自 2010 年 1 月起按照城镇企业养老保险规定缴费，本市基本养老保险最低缴费基数为上一年本市职工月平均工资的 60%，为平稳过渡，最低缴费基数的调整实行五年过渡，目前为本市上一

---

① 1999 年北京市出台《农民合同制职工参加北京市养老、失业保险暂行办法的通知》（京劳险发〔1999〕99 号），针对 99 号文在执行过程中出现的问题，2001 年 8 月出台《北京市农民工养老保险暂行办法》（京劳社养发〔2001〕125 号），取消了个人账户可提前领取的规定，重新规定只有在农民工达到养老年龄时，才能领取个人账户存储额；若是回到农村，则将其个人账户封存，待重新就业后启用。同时，对农民工享受的一次性养老待遇组成部分中的第二部分进行了修订，提高了这部分待遇水平，除个人账户存储额及利息一次性全额支付给本人外，按其累计缴费年限，累计缴费满 12 个月（第 1 个缴费年度），发给 1 个月相应缴费年度的本市职工最低工资的平均数，以后累计缴费年限每满一年（按满 12 个月计），以此为基数，增发 0.1 个月相应缴费年度的本市职工最低工资的平均数。125 号文出台不到两个月，又发布了《关于〈北京市农民工养老保险暂行办法〉的补充通知》（京劳社养发〔2001〕156 号），156 号文只补充了一处说明："农民工参加本市养老保险社会统筹后，与用人单位终止、解决劳动关系时，经本人申请，单位同意，可以一次性领取养老保险费，终止其养老保险关系。今后再次参加本市养老保险社会统筹的，按新参加人员办理。" 156 号文的出台，又放开了个人账户存储额提前领取的条件，允许提前领取。

年社会平均工资的 40%（1490 元），上限为本市上一年社会平均工资的 300%（目前为 11178 元）。这意味着社会保险首次打破了职工的城乡身份界限，实现了城乡职工"同保险、同待遇"。

《社会保险法》实施后，北京市大力推进农民工参保的扩面工作，截至2012 年 9 月底，北京市已有 172.3 万农民工纳入本市城镇职工养老保险体系，其中外地农民工 127.3 万人。

表 7　北京市历年农民工社会保险政策一览表

出台时间	文件	主要内容
2001 年	《北京市农民工养老保险暂行办法》	农民工以上年本市职工最低工资标准为缴费基数，按照城镇职工的缴费比例（28%）缴纳养老保险费，但只享受一次性养老待遇。特点为低门槛进入、低待遇享受
2009 年	《关于本市转移就业的农村劳动力参加养老保险有关问题的通知》	规定本市农村劳动力（本地农民工）可以选择按照城镇职工的缴费基数参保，符合条件的，可以按月领取基本养老金
2009 年	《城镇企业职工基本养老保险关系转移接续暂行办法》	规定了城镇企业职工基本养老保险关系转移接续办法，适用于农民工
2010 年	《关于农民工养老保险参保有关问题的补充通知》	将农民工纳入城镇企业职工养老保险范围内，规定本市基本养老保险最低缴费基数为上一年本市职工月平均工资的 60%，为平稳过渡，最低缴费基数的调整实行五年过渡，目前为本市上一年社平工资的 40%（1490 元），上限为本市上一年社平工资的 300%（目前为11178 元）

在医疗保障方面。2004 年，北京市颁布《北京市外地农民工参加基本医疗保险暂行办法》（京劳社办发〔2004〕101 号），按照"低门槛、保大病、保当期"的原则，在全国率先建立了农民工大病医疗保险制度，要求外地农民工参加基本医疗保险和大额医疗互助保险（见表 8）。用人单位以上年本市职工月平均工资的 60% 为缴费基数，按 2%① 的比例缴纳保险费，其中 1.8%

---

① 为应对国际金融危机的影响，2009 年起，北京市劳动和社会保障局实施"一升一降、一统一分，一抓一放"六大措施，其中"一降"为：为五项社保费率集体减负，农民工大病医疗保险费率由 2% 调整到 1%。

表8　北京市历年农民工医疗保险政策一览表

时间	文件	主要内容	
		本地农民工	外来农民工
2004 年	《北京市外地农民工参加基本医疗保险暂行办法》	—	建立农民工大病医疗保险制度,要求外地农民工参加基本医疗保险和大额医疗互助保险。用人单位以上年本市职工月平均工资的60%为缴费基数,按2%的比例缴纳保险费,其中1.8%划入基本医疗保险统筹基金,0.2%划入大额医疗互助资金,外地农民工个人不缴费,不建个人账户
2005 年	《关于加快本市农民工参加工伤保险和医疗保险有关问题的通知》	将本市农民工纳入基本医疗保险和大额医疗互助保险范围。并规定,用人单位在通知实施前已按《北京市基本医疗保险规定》为本市农民工办理参保手续和缴纳费用的,本通知实施后可继续按《北京市基本医疗保险规定》规定的标准缴纳费用并享受待遇;通知实施后用人单位要求按照《北京市基本医疗保险规定》为本市农民工办理参保手续和缴纳费用的,区、县社会保险经办机构应当予以办理	—
	《关于简化农民工参加工伤保险和医疗保险有关管理问题的通知》	简化用人单位办理参保手续,加快农民工参保工作进度,农民工参加基本医疗保险原则上实行单位集中选择两家定点医疗机构的定点就医管理办法	
2012 年	《关于本市职工基本医疗保险有关问题的通知》　《关于农民工参加基本医疗保险有关问题的通知》	规定自4月1日起,按照《北京市外地农民工参加基本医疗保险暂行办法》(京劳社办发〔2004〕101 号)和《关于加快本市农民工参加工伤保险和医疗保险有关问题的通知》(京劳社办发〔2005〕99 号)参加医疗保险的农民工,统一按照城镇职工缴费标准缴费。即医疗保险费由用人单位和个人共同缴纳,其中用人单位按全部职工缴费工资基数之和的10%缴纳;农民工个人按本人上一年月平均工资的2%和每人每月3元缴纳	

划入基本医疗保险统筹基金，0.2% 划入大额医疗互助资金，外地农民工个人不缴费，不建个人账户。报销范围是住院治疗的医疗费用和恶性肿瘤放射治疗、化学治疗、肾透析、肾移植后服抗排异药的门诊医疗费用；在起付标准 1300 元以上的医疗费用，由统筹基金和农民工按比例分担，超过统筹基金最高支付限额 5 万元以上的医疗费用，由大额医疗互助基金负担 70%，农民工负担 30%；大额医疗互助基金最高支付限额为 10 万元。外地农民工就医可以选择四家本市基本医疗保险定点医疗机构作为本人就医的定点医疗机构，另外还可以直接到本市定点中医医疗机构和定点专科医疗机构就医。

2005 年 7 月，北京市发布《关于加快本市农民工参加工伤保险和医疗保险有关问题的通知》（京劳社办发〔2005〕99 号），将本市农民工纳入基本医疗保险和大额医疗互助保险范围。并规定，用人单位在通知实施前已按《北京市基本医疗保险规定》为本市农民工办理参保手续和缴纳费用的，本通知实施后可继续按《北京市基本医疗保险规定》规定的标准缴纳费用并享受待遇；通知实施后用人单位要求按照《北京市基本医疗保险规定》为本市农民工办理参保手续和缴纳费用的，区、县社会保险经办机构应当予以办理。2005 年 10 月，北京市又发布《关于简化农民工参加工伤保险和医疗保险有关管理问题的通知》（京劳社办发〔2005〕136 号），简化用人单位办理参保手续，加快农民工参保工作进度，农民工参加基本医疗保险原则上实行单位集中选择两家定点医疗机构的定点就医管理办法。

2012 年，为落实《社会保险法》的要求，北京市出台了《关于本市职工基本医疗保险有关问题的通知》（京人社医发〔2012〕48 号）和《关于农民工参加基本医疗保险有关问题的通知》（京社保发〔2012〕17 号），规定自 2012 年 4 月 1 日起，按照《北京市外地农民工参加基本医疗保险暂行办法》（京劳社办发〔2004〕101 号）和《关于加快本市农民工参加工伤保险和医疗保险有关问题的通知》要求（京劳社办发〔2005〕99 号）参加医疗保险的农民工，统一按照城镇职工缴费标准缴费，即医疗保险费由用人单位和个人共同缴纳，其中用人单位按全部职工缴费工资基数之和的 10% 缴纳；农民工个人按本人上一年月平均工资的 2% 和每人每月 3 元缴纳。将农民工大病医保制度与城镇职工医保制度相统一，实现了农民工与城镇职工在缴费标准、个人账户、计算年限、享受待遇等方面的统一。截至 2012 年 9 月底，北京市按 12% 比例缴费（单位 9%＋1%，个人 2%＋3 元）的农民工达 178.6 万人，其中外地农民工达 132.8 万人。

在工伤保险方面。1999 年，北京市政府颁布了《北京市企业劳动者工伤保险规定》（市政府令第 48 号），自 2000 年 4 月 1 日起进行工伤保险制度改革，建立企业职工工伤保险费用社会统筹制度。2004 年 7 月，北京市颁布《北京市外地农民工工伤保险暂行办法》（见表 9）（同年 9 月与外地农民工医疗保险暂行办法同步实施），将农民工纳入工伤保险体系。用人单位以农民工上年度平均工资为缴费基数，按照一定费率缴费，农民工个人不缴费，工伤待遇享受与城镇职工完全相同。2005 年 7 月和 10 月，北京市相继发布《关于加快本市农民工参加工伤保险和医疗保险有关问题的通知》（京劳社办发〔2005〕99 号）和《关于简化农民工参加工伤保险和医疗保险有关管理问题的通知》（京劳社办发〔2005〕136 号），推动农民工尤其是本市农民工参保。2006 年，为促进企业参加工伤保险，切实维护来京务工人员的合法权益，北京市以来京务工人员相对集中、工作风险性比较大的建筑行业为突破口，率先实行以工程项目为单位的整体参保办法。该办法规定，新开工项目，如总包企业不为农民工上工伤保险，不提交《社保登记证》和工伤险缴费凭证及证明，市住建委就不予核发《建筑工程施工许可证》，这些措施有效推动了建设施工企业的农民工参加工伤保险。2007 年以来新开工建设项目的农民工已经全部参加了工伤保险。截至 2012 年 9 月底，参加工伤保险的农民工达 178.1 万人，其中外地农民工 132.3 万人。

表 9　北京市历年农民工工伤保险政策一览表

时间	文件	主要内容	
		本地农民工	外来农民工
2004 年	《北京市外地农民工工伤保险暂行办法》	—	用人单位以农民工上年度平均工资为缴费基数，按照一定费率缴费，农民工个人不缴费，工伤待遇享受与城镇职工完全相同
2005 年	《关于加快本市农民工参加工伤保险和医疗保险有关问题的通知》	用人单位以农民工上年度平均工资为缴费基数，按照一定费率缴费，农民工个人不缴费，工伤待遇享受与城镇职工完全相同	—

续表

时间	文件	主要内容	
		本地农民工	外来农民工
2006 年	《关于简化农民工参加工伤保险和基本医疗保险有关管理问题的通知》	1. 建筑企业下属项目工程经理部受企业法人委托后可作为农民工办理参加工伤保险和基本医疗保险的参保单位。项目工程经理部办理参加工伤保险和基本医疗保险手续，由单位所在区县社会保险经办机构办理，并同时递交《企业法人授权书》和用于缴费的银行账号 2. 以项目工程经理部为参保单位参加工伤保险的农民工，受到事故伤害或患职业病后，由单位到办理参保手续的区县劳动保障行政部门、劳动能力鉴定机构、社会保险经办机构办理申请工伤认定、劳动能力鉴定、核定工伤待遇的手续	

在失业保险方面。根据国家《失业保险条例》的要求，1999 年 11 月实行的《北京市失业保险规定》将农民工纳入失业保险范围内，农民工本人无须缴纳失业保险费，但其失业保险待遇则由一次性补助替代按月领取的失业保险金，其标准为本市职工最低工资的 40%。截至 2012 年 9 月底，参加失业保险的农民工达164.6 万人，其中外地农民工 120.9 万人。北京市城镇户口及外国籍人员（不含港澳台）、农业户口参保人员社会保险缴费基数及标准如表 10 所示。

表 10　2012 年北京市各类参保人员社会保险缴费基数及标准

缴费人员类别	参加险种	缴费工资基数		缴费比例	
				单位缴费比例	个人缴费比例
城镇户口及外国籍人员（不含港澳台）	养老保险	1869~14016 元		20%	8%
	失业保险			1%	0.2%
	工伤保险	2803~14016 元		按行业性质确定缴费比例	不缴费
	生育保险			0.8%	不缴费
	医疗保险			9%+1%	2%+3 元
农业户口	养老保险	1869~14016 元		20%	8%
	失业保险	农村劳动力	1869~14016 元	1%	不缴费
		本市农村劳动力（按 24 号文参保）		1%	0.2%
	工伤保险	2803~14016 元		按行业性质确定缴费比例	不缴费
	生育保险			0.8%	不缴费
	医疗保险			9%+1%	2%+3 元

5. 保障子女教育

2002 年《北京市对流动人口中适龄儿童少年实施义务教育的暂行办法》首次对农民工子女教育做出正式规定（见表 11）。该办法规定，"流动儿童少年中凡在户籍所在地有监护条件的，应当回户籍所在地接受义务教育；户籍所在地没有监护条件，且其父母在北京居住半年以上并已取得暂住证的，可以申请在本市中小学借读，接受义务教育"；"流动儿童少年可持在京借读批准书和原就读学校出具的学籍证明，到暂住地附近学校联系借读，经学校同意后即可入学"；"流动儿童少年在本市公办中小学借读，学校可按照有关规定向其收取借读费和相应的杂费"。

表 11　北京市历年农民工子女教育政策一览表

时间	文件	主要内容
2002 年	《北京市对流动人口中适龄儿童少年实施义务教育的暂行办法》	流动儿童少年中凡在户籍所在地有监护条件的,应当回户籍所在地接受义务教育;户籍所在地没有监护条件,且其父母在北京居住半年以上并已取得暂住证的,可以申请在本市中小学借读,接受义务教育;流动儿童少年可持在京借读批准书和原就读学校出具的学籍证明,到暂住地附近学校联系借读,经学校同意后即可入学;流动儿童少年在本市公办中小学借读,学校可按照有关规定向其收取借读费和相应的杂费
2004 年	《北京市人民政府办公厅转发市教委等部门关于贯彻国务院办公厅进一步做好进城务工就业农民子女义务教育工作文件意见的通知》	免除了全市实施义务教育的公办小学和初中对符合来京务工就业农民子女条件的借读生收取的借读费。同时规定各区县政府负责保证公办中小学办学所需正常经费,区县财政要按学校实际在校学生人数和定额标准划拨生均经费
2008 年	《北京市教育委员会北京市财政局关于进一步做好来京务工人员随迁子女在京接受义务教育工作的意见》	一是规定坚持属地管理和公办学校接收"两为主"的原则,进一步强化了区县政府对农民工子女接受义务教育负主要责任,同时规定将富余且安全的公办学校校舍优先用于接收农民工子女就读。二是切实保障按公办学校实际在校人数核拨公用经费和核定教师编制,并规定在年度预算中安排专项经费对接收农民工子女比较集中的区县给予重点倾斜,调动公办学校接收农民工子女就读的积极性
2009 年	《北京市人民政府办公厅关于贯彻国务院做好免除城市义务教育阶段学生学杂费工作文件精神的意见》	免除民办学校、审批合格自办学校中持有相关证明材料的农民工子女学杂费和借读费

续表

时间	文件	主要内容
2010 年	《北京市教育委员会关于认真做好来京务工人员随迁子女入学登记和宣传工作的通知》	要求各区县教委做好《来京务工人员随迁子女在京接受义务教育政策宣传卡》和《来京务工人员随迁子女入学登记卡》的组织填写工作,登记卡编号与《来京务工人员随迁子女临时学籍登记表》中编号一致
	《北京市中长期教育改革和发展规划纲要(2010~2020 年)》	一是将农民工子女接受义务教育工作纳入公共财政体系保障范畴;二是加强农民工子女融入首都生活的教育,注重他们的学习能力、心理素质、生活习惯的培养
	《北京市教育委员会关于 2010 年义务教育阶段入学工作的意见》	规定本市户籍学生和来京务工人员随迁子女均按照"免试、就近入学"原则开展,并要求各区县负责解决外来子女入学
2012 年	《随迁子女在京参加升学考试工作方案》	自 2013 年起,凡进城务工人员持有有效北京市居住证明,有合法稳定的住所,合法稳定职业已满 3 年,在京连续缴纳社会保险已满 3 年,其随迁子女具有本市学籍且已在京连续就读初中 3 年学习年限的,可以参加北京市中等职业学校的考试录取;自 2014 年起,凡进城务工人员持有有效北京市居住证明,有合法稳定的住所,合法稳定职业已满 6 年,在京连续缴纳社会保险已满 6 年,其随迁子女具有本市学籍且已在京连续就读高中阶段教育 3 年学习年限的,可以在北京参加高等职业学校的考试录取;学生从高等职业学校毕业后,可以参加优秀应届毕业生升入本科阶段学习的推荐与考试录取。自 2014 年起,凡进城务工人员持有有效北京市居住证明,具有合法稳定职业及合法稳定住所,其随迁子女具有本市学籍且已在京连续就读高中阶段教育 3 年学习年限的,可选择在京借考高考,北京市按教育部相关文件规定、经学生户籍所在省同意后为学生提供高考文化课在京借考服务,学生回户籍所在省参加高校招生录取

2004 年,北京市教委、市发展改革委等 10 家单位共同发布了《关于贯彻国务院办公厅进一步做好进城务工就业农民子女义务教育工作文件的意见》,免除了全市实施义务教育的公办小学和初中对符合来京务工就业农民子女条件的借读生收取的借读费,同时规定各区县政府负责保证公办中小学办学所需正常经费,区县财政要按学校实际在校学生人数和定额标准划拨学生人均经费。这较 2002 年的暂行办法有了一些改变,但农民工仍需自己到暂住地附近的公办小学、初中或经批准的民办学校联系子女就读,这意味着决定权仍然掌握在

所联系的学校手里，农民工子女虽然名义上有学上，但实质上可能没学校收。

针对这些不足，2008年《北京市教育委员会北京市财政局关于进一步做好来京务工人员随迁子女在京接受义务教育工作的意见》着重明确了对农民工子女接受义务教育工作的管理责任和财政投入力度：一是规定坚持属地管理和公办学校接收"两为主"的原则，进一步强化了区县政府对农民工子女接受义务教育负主要责任，同时规定将富余且安全的公办学校校舍优先用于接收农民工子女就读。二是切实保障按公办学校实际在校人数核拨公用经费和核定教师编制，并规定在年度预算中安排专项经费对接收农民工子女比较集中的区县给予重点倾斜，调动公办学校接收农民工子女就读的积极性。2009年《北京市人民政府办公厅关于贯彻国务院做好免除城市义务教育阶段学生学杂费工作文件精神的意见》进一步规定，免除民办学校、审批合格自办学校中持有相关证明材料的农民工子女学杂费和借读费。2010年，北京市下发《北京市教育委员会关于认真做好来京务工人员随迁子女入学登记和宣传工作的通知》，要求各区县教委做好《来京务工人员随迁子女在京接受义务教育政策宣传卡》和《来京务工人员随迁子女入学登记卡》的组织填写工作，登记卡编号与《来京务工人员随迁子女临时学籍登记表》中编号一致。登记卡编号为8位，其中前两位为区县代码，按照北京市教育事业统计规定的区县代码编排，后6位按照自然顺序依次排列。登记卡编号即学生编号（临时学籍卡号），编号具有唯一性，学生在本区县内学校间转学，编号不变。跨区县转学，须在新转入区县的学校按照该区学生自然顺序重新编号，原号码作废。

《北京市中长期教育改革和发展规划纲要（2010～2020年）》进一步阐述了今后10年北京市政府将如何增强农民工子女接受教育的能力，包括将农民工子女接受义务教育工作纳入公共财政体系保障范畴，加强农民工子女融入首都生活的教育，注重他们的学习能力、心理素质、生活习惯的培养等。

在子女升学方面，2010年北京市教委发布小升初及小学入学政策，规定本市户籍学生和来京务工人员随迁子女均按照"免试、就近入学"原则开展，并要求各区县负责解决外来子女入学。2012年《北京市随迁子女升学考试工作方案》将其扩展到了初中毕业后的升学及后续学习问题，其中规定了近期实行的过渡期升学考试措施，可谓新的突破。该方案规定，自2013年起，凡进城务工人员持有有效北京市居住证明，有合法稳定的住所，合法稳定职业已满3年，在京连续缴纳社会保险已满3年，其随迁子女具有本市学籍且已在京连续就读初中3年学习年限的，可以参加北京市中等职业学校的考试录取；自

2014 年起，凡进城务工人员持有有效北京市居住证明，有合法稳定的住所，合法稳定职业已满 6 年，在京连续缴纳社会保险已满 6 年，其随迁子女具有本市学籍且已在京连续就读高中阶段教育 3 年学习年限的，可以在北京参加高等职业学校的考试录取；学生从高等职业学校毕业后，可以参加优秀应届毕业生升入本科阶段学习的推荐与考试录取。自 2014 年起，凡进城务工人员持有有效北京市居住证明，具有合法稳定职业及合法稳定住所，其随迁子女具有本市学籍且已在京连续就读高中阶段教育 3 年学习年限的，可选择在京借考高考，北京市按教育部相关文件规定、经学生户籍所在省同意后为学生提供高考文化课在京借考服务，学生回户籍所在省参加高校招生录取。

6. 探索住房保障

2011 年 10 月，北京市建委正式公布《关于加强本市公共租赁住房建设和管理的通知》，通知规定外来人员持续稳定工作一定年限且无住房的可申请公租房。首先，由于对流动人口主要体现对他们解决暂时居住问题的支持，故无租金补贴政策；其次，没有设定统一收入标准和工作时限，由各区县确定。原因是各区县实际情况不同。如旧城区本身就要疏散人口，标准可能会定高一些；新城由于有产业园区，希望吸引外来人才，标准可能会宽一些。这样各自制定标准会更符合实际要求①。2012 年 8 月，石景山区首次正式受理外地人租房申请，但保障对象规定为在石景山区行政区域内连续稳定工作 5 年以上，或经相关部门认定的专业人才，并符合北京市公共租赁住房标准的家庭。实际上这一规定将一大批层次较低的从事体力劳动的农民工排除在外，且到目前为止，除石景山区外仍无其他区给出农民工等外来人口申请公租房的具体政策。

2012 年，北京市民政局等六部门发布的《关于推进城乡社区自治组织全覆盖的指导意见》提出，流动人口聚居区，指居住一年以上的流动人口占全体居民 20% 以上的新建住宅区。1000 户以上的流动人口聚居区，应及时设立社区居委会。居委会下可增设流动人口管理服务委员会，加强对流动人口信息的采集更新，在治安管理、计划生育、医疗卫生等方面为流动人口提供便捷优质的服务；同时还有责任鼓励和引导流动人口参与社区的建设和管理。

---

① 新浪房产专题，http://bj. house. sina. com. cn/zhuanti/wlrysqgzf/；腾讯房产专题，http://house. qq. com/zt2011/gongzufang/。

附录一：北京义务教育阶段随迁子女
已达约47.8万人①

海淀区把随迁子女纳入"电脑派位"，开展自办学校教师课堂教学竞赛和"优秀教师"、"优秀学生"评选。在安置因城乡一体化进程中腾退自办校学生的过程中，坚持分流到公办中小学就读。

丰台区积极挖掘公办学校潜力接收随迁子女，公办学校接收比例达到76%。通州区专门指定永顺小学、司空小学、南关小学、北关小学、东关小学、民族小学（均为公办学校）接收随迁子女。

朝阳区结合城市化建设推进，在来京务工人员相对聚集的东坝乡、金盏乡、崔各庄乡等地区通过整合公办资源，采取政府主导下的委托民办模式，选派有办学经验和优秀退休干部担任校长，政府无偿提供校舍，并按全区统一标准拨付学生人均经费。此外，教委还给予50%的保险补贴以及报销取暖费等经费支持。

石景山区所有学校均接收外来务工人员子女就读，为保证入学效果，还确定4所公办中小学重点接收外来务工人员子女接受义务教育。

大兴区合理调配教育资源，最大限度地扩大公办学校的接收能力，2011年，公办小学一年级共接收新生7473人，其中随迁子女达3267人，占一年级新生总数的43.7%，集中在来京务工人员子女较多的黄村镇、西红门镇、瀛海镇、旧宫镇、亦庄镇等城乡接合部地区。

昌平区采取"批办一批、保留扶持一批（待批）、撤销一批和建专门学校"四项措施，大力扶持流动人口子女学校发展。截至目前，全区已经审批自办学校16所，累计投资4523.22万元，用于昌平区流动人口学校办学条件的改善。

附录二：北京石景山率先出台外地人
申请公租房细则②

● 准入条件：3口之家年收入须低于10万

根据准入标准，主申请人需具有完全民事行为能力，在石景山行政区域内原则上连续稳定工作5年以上，或相关部门引进的专业人才，能够提供同期暂住证明、缴纳公积金证明、社会保险证明和纳税证明；公租房申请家庭成员包

---

① 中国广播网2011年11月7日。

② 张然、孙雪梅：《北京石景山率先出台外地人申请公租房细则》，《京华时报》2012年8月9日。

括申请人、配偶、未成年子女及已成年单身子女；家庭年可支配收入：3 口及以下家庭年收入 10 万元（含）以下、4 口及以上家庭年收入 13 万元（含）以下；此外，申请人及申请家庭成员在北京应均无住房。

● 配租家庭不享受公共租赁补贴

根据房源情况，每年年初制定外省市来石景山区工作人员申请公共租赁住房的摇号配租计划，配租采取单独摇号的方式进行。配租家庭不享受本市公共租赁住房补贴政策。

● 后期管理：拒不退出记入信用档案

后期管理工作参照 25 号文件执行，外省市到石景山区工作人员配租公共租赁住房后如租赁合同期满不在石景山区继续工作，需按程序退出所承租的公共租赁住房。

如承租家庭已不在石景山区工作或虽在石景山区工作但已不符合准入标准的，租赁合同期满后不再续租，如暂时不能腾退承租住房的，租赁合同期满后给予两个月过渡期，过渡期内按同类地段类似房屋市场租金收取租金。过渡期届满后承租家庭仍不退出承租住房的，按房屋产权单位规定的标准收取租金，具体在租赁合同中约定；拒不退出行为记入信用档案。

四 北京市农民工市民化存在的主要问题

北京市在为农民工提供管理和服务上做了大量工作，也取得了明显成效，但在实现农民工尤其是外来农民工市民化上仍然存在许多突出的问题。

1. 至今没有出台居住证制度，户籍制度改革还没有提上公共政策日程

长期以来，北京是全国户籍控制最严的城市。目前，全国已有 20 多个省市开始实行城乡统一登记的居民户口制度。近年来，上海、广州、深圳、重庆、成都等特大城市也纷纷推出户籍制度改革政策。但北京对户籍制度的改革却显得相当谨慎，从总体上看北京还没有户籍制度改革的总体规划和政策设计。农民工市民化的实际意义在于农民工公共服务的均等化，也即农民工与当地城镇居民享受均等的公共服务，虽然它并不一定要求完全按照与城市居民同等标准来解决，但应允许不同水平的存在和选择权。然而，目前北京市的公共服务供给、资源配置、利益分配等仍将户籍作为最重要的分配标准。没有北京户籍，农民工就不可能实现市民化。可以说，户籍身份是北京市农民工尤其是外来农民工市民化最根本的制度阻碍。

目前，我国对特大城市的城镇化路径规划是"合理设定特大城市落户条件，逐步把符合条件的农业转移人口转为城镇居民"①。作为首都以及特大城市，北京市常住人口已突破 2000 万人，人口、环境、资源的矛盾比较突出。北京短时间内可能难以放开户籍制度。但建立权利公平、机会公平、制度公平的社会和构建城乡一体化新格局，对北京的户籍制度改革又提出了内在的要求。

从 2011 年起北京市就提出探讨建立居住证制度，设想持有居住证的居民（包括当地户籍人口、来京务工人员）可以根据居住年限、社会保险参保年限、纳税情况等享受阶梯式公共服务，但到目前为止，北京并没有正式出台居住证制度。北京的户籍制度改革至今还没有提上公共政策日程。就本市户籍的农民工来说，北京的户籍改革尚停留在传统的征地"农转非"政策上。对外来农民工的户籍制度改革，北京还没有系统的思路和政策。2011 年，北京开始对优秀农民工给予落户鼓励政策，当年获得落户的优秀农民工不过 20 多人，况且这样的奖励政策初定每 5 年实行一次。这对数百万农民工来说，仍是杯水车薪。

2. 尚未完全建立起城乡平等的就业制度，外地农民工与本地农民工就业服务差异较大

首先，北京市没有完全建立起城乡平等的就业制度。虽然目前北京市在鼓励用人单位招用补贴政策、鼓励用人单位招用城乡就业困难人员的补贴政策上实现了城乡统一，在就业困难人员的社会保险补贴以及特困人员的托底安置两个方面，北京市先后出台了《北京市鼓励城镇就业困难人员自谋职业（自主创业）社会保险补贴办法》《北京市城镇失业人员灵活就业社会保险补贴办法》以及《北京市社区公益性就业组织安置就业特困人员专项补贴管理办法》，鼓励城镇就业困难人员自谋职业、灵活就业，解决城镇就业困难人员的就业问题，但缺乏针对本地农民工的政策安排。

其次，本地与外地农民工的就业政策及服务存在较大差异。自 1998 年至

① 2013 年 6 月 26 日，在第十二届全国人大常委会第三次会议上，国家发改委主任徐绍史作了《国务院关于城镇化建设工作情况的报告》，报告称，我国将全面放开小城镇和小城市落户限制，有序放开中等城市落户限制，逐步放宽大城市落户条件，合理设定特大城市落户条件，逐步把符合条件的农业转移人口转为城镇居民。这是我国第一次明确提出各类城市具体的城镇化路径。

今，北京市下发的有关促进当地农民工就业及就业失业管理援助的文件共计12份，包括建立农村富余劳动力就业登记制度；形成区县、乡镇、村三级就业服务组织管理网络；将绿化隔离矿山关闭保护性限制地区农村劳动力纳入困难群体援助范围；建立"零就业家庭"就业援助制度；建立"纯农就业家庭"转移就业援助制度；将建设征地、土地储备或腾退、整建制农转非、山区搬迁、绿化隔离建设等地区的农村劳动力纳入城镇失业登记范围，享受城镇促进就业帮扶政策；鼓励用人单位招用农村就业困难人员的相关优惠政策等。而对外地农民工，自2003年取消用人单位使用外地来京务工人员计划审批和岗位（工种）限制后，北京市只在2011年和2012年为发展家政服务业出台了鼓励实行员工制管理、维护外地农民工合法权益的政策和措施。由此也可看出，北京市对当地农民工与外地农民工在管理服务理念上存在差别，对本地农民工是从农民工自身权利保护出发的重视和保护，对外地农民工则是从北京市经济发展与行业繁荣角度出发的使用和培训。

3. 外地农民工参保率低，缴费标准低，缺乏失业保险

首先，外地农民工的参保率、缴费标准较低。从参保率来看，外地农民工养老、医疗、工伤保险的参保率在35%左右，其中养老保险参保率最低，相比较而言，本地农民工的养老、医疗、工伤保险参保率均超过90%，差距明显。外地农民工参保率低的原因主要有四个：一是用人单位不愿为农民工参保。北京市的外地农民工所在单位多为民营、外资、乡镇企业或个体工商户，主要集中在建筑、餐饮、服装等技术含量较低的劳动密集型行业。这些用人单位为追求利润，千方百计减少人工成本，主观上不愿为农民工缴纳社会保险。二是流动性高给农民工参保造成障碍。对于就业稳定性不高的农民工而言，由于从事工作技术含量不高，工资低、劳动强度大，且受到不平等对待，为寻找更好工作机会，多数人频繁流动，不能被有效纳入社会保障。三是农民工对现行社会保险制度缺乏信任。由于现行养老保险制度规定按月享受基本养老金的最低缴费年限为15年，而农民工流动频繁，如果不能及时有效转移接续，多数很难达到该年限标准，所以农民工在离开参保地时普遍不愿将钱放在社保机构，一般都选择退保。四是政策宣传投入不到位。由于对于相关政策的宣传投入不足，宣传的形式、范围缺乏广泛性、针对性和现实性，宣传的效果也不够理想。目前，在农民工中并没有形成一个参加社会保险的舆论氛围，不利于各有关方面和农民工自身运用法律手段和相关的政策规定进行维权。

从缴费标准来看，虽然目前北京市在养老、医疗、工伤和生育保险上已经实现了农民工与城镇职工的统筹，但在缴费标准上仍然存在较大差距。以养老保险为例，2012 年北京市各类参保人员养老保险缴费系数下限是 1869 元，上限是 14016 元，二者相差 6.5 倍，而与养老保险缴费额密切相关的是达到法定退休年龄后领取养老保险的金额，也即这在一定程度上决定了农民工与城镇职工在老年生活保障上的差距。

其次，北京市的失业保险制度未实现统一。目前，北京市农民工失业保险制度与城镇职工失业保险制度还未实现统一，其他"四险"都是同城待遇，唯独农民工不能享受与城镇职工同等的待遇，主要原因是受《失业保险条例》限制。1990 年颁布的《失业保险条例》规定，农民工参加失业保险由单位缴费，农民工个人不缴费，其失业保险待遇由一次性补助替代按月领取的失业保险金，一直沿用至今。

4. 农民工子女实际上没有与北京孩子平等的就学条件

主要体现在三个方面：一是学校仍掌握着农民工子女能否就学的决定权。虽然北京市在农民工子女教育方面出台了多项政策，并在不断更新政府的服务管理思路，改善农民工子女的就学环境，包括免收借读费、学杂费，并将随迁子女接受义务教育纳入公共财政保障等。但从根本上来讲，2002 年出台的《北京市对流动人口中适龄儿童少年实施义务教育的暂行办法》中"流动儿童少年可持在京借读批准书和原就读学校出具的学籍证明，到暂住地附近学校联系借读，经学校同意后即可入学"的政策并未动摇，也就是说，农民工子女是否可以到所联系学校就读的决定权仍掌握在学校手中，农民工子女与北京孩子享受的就学机会并不完全平等。

二是外地农民工子女学习环境相对较差、教学质量不高，尤其是就读于民办学校和打工子弟学校的孩子。2012 年，北京市义务教育阶段来京务工人员随迁子女达 49 万人，其中公办学校接收比例达 74.7%。北京市各区县积极采取措施，挖掘公办学校资源，扩大公办学校接收数量，这些举措取得了积极成效。但不可忽视的是，由于来京务工人员所处的社会地位低、拥有的社会资源少，因此来京务工人员随迁子女公办学校接收比例可能与外地农民工子女的公办学校就学率相去甚远（目前尚没有外地农民工子女就学率的确切数字）。同时，北京的大多数农民工都居住在城乡接合部，工作地点经常发生变化，子女的流动性也随之增大，子女符合借读条件的农民工所占比例较低，而且这些地区的公办教育资源与市区相比仍然少且落后，更勿论就读于民办学校或打工子弟学校的农民工子女，他们拥有的是简陋的教学设施、质量参差不齐且流动性很大的教师队伍。对农民工子女，尤其是外地农民工子女来说，与教育机会不平等相伴而生的是教育资源的不平等。

三是农民工子女异地升高中问题仍然无解。2010 年，北京市教委发布了小升初及小学入学政策，规定本市户籍学生和来京务工人员随迁子女均按"免试、就近入学"原则入学，统一了城乡儿童义务教育阶段的就学方式。但农民工子女异地高考即在京参加高考的问题并没有解决。2012 年《北京市随迁子女升学考试工作方案》规定了符合条件的农民工子女可以参加中等职业学校、高等职业学校的考试录取，但仍不可升高中，也不能参加北京市高考。

5. 农民工居住条件差、环境恶劣，缺乏托底保障

根据北京市对农民工的调查数据显示，农民工目前仍以集体宿舍和自己租房为主，由于目前住房租赁市场的不健全以及农民工的省钱心理，他们往往选择租住最便宜的房子，包括地下室、工棚、隔断间等，居住条件差、环境恶劣、不安全性强。调查中，他们回答在住房上最期望获得的帮助是"提供廉租房"，占 48.4%；其次是期望"稳定房租"，占 27.7%。

就实际情况来看，目前北京市虽然已出台政策允许农民工参与申请公租房，但只有石景山区出台详细细则允许符合条件的农民工参与摇号，且租金不享受政府补贴。此外，北京市的出租房屋租金持续上涨，这无疑加大了农民工的生存压力，目前的住房政策并没有将农民工纳入住房补贴范围。近些年来引起社会高度关注的"蚁族""蜗居""胶囊公寓"等社会现象，正是农民工等外来流动人口缺乏体面居住条件的现实反映。

五 推进北京市农民工市民化的政策建议

推进农民工市民化是新型城市化的核心任务，是城乡一体化发展的重要体现。北京作为首都，更需要在实现农民工市民化方面走在前列。

1. 在户籍身份方面，必须推进户籍制度改革，赋予农民工市民身份

本地农民工是北京的市民，在户籍身份上应当完全平等一致。涉及对本地农民工的户籍改革方面，一是要取消农业户口与非农业户口的划分，统一登记为北京市居民户口。现行的"农转非"政策、征地"农转居"政策是传统城乡二元社会结构的产物，应当予以废止，必须彻底改革城乡二元户籍制度，建立城乡一体化的户口登记制度。二是原农业户口人员所享有的农村土地承包经营权、宅基地使用权、林权、集体资产及其收益权、有关农业补贴政策等权益保持不变,不因户籍改革而变动。但要深化农村产权制度改革,规范和允许农民通过市场机制依法、自愿实行农村产权的交易。三是征占农民土地应按照公正合理的原则给予财产补偿,不再与户口身份挂钩。新生婴儿与其他居民一样统一登记为居民户口,但不得剥夺其应当享有的农村集体财产权利。四是加快实现城乡基本公共服务均等化,确保农民与其他所有的职业阶层一样,公平享有基本公共服务。户籍改革后,农民只是一种职业,不再保留农业户籍身份。

外地农民工是北京的新市民,必须通过制度改革,实现外地农民工向市民身份的转换。对涉外地农民工的户籍制度改革,可以分步有序推进,有步骤地实现基本公共服务均等化。一是尽快实行居住证制度。将长期实行的外来人口暂住证改为居住证,实行居住证制度后,赋予取得居住证的农民工基本公共服务待遇。居住证制度应当覆盖签订正式劳动合同一年以上的农民工。二是凡取得居住证一年或三年以上者,可以办理常住户口手续,从"准市民"身份转为正式市民身份,享受包括社会保障和住房保障在内的市民完全待遇。三是居住证持有者在转为常住户口半年或一年后,可以申请办理家属落户手续,以此保护家庭,促进社会和谐。四是不得借口资源、环境、交通等"城市病"而限制农民工的基本公民权利。与当前主流政策和研究观点不同的是,我们认为越是大城市、特大城市,越要推进户籍制度改革。解决人口、资源和环境的矛盾以及"城市病"的正确途径是放弃 GDP 主义、切实转变经济发展方式、调整产业布局和公共资源高度集中的格局,而不是限制和剥夺公民的基本权利。户籍制度改革的价值目标是保障和实现公民的迁徙自由权。

2. 建立城乡平等的就业政策,拓宽外地农民工就业和获得信息的途径,尤其重视新生代农民工的职业理想和自我实现

在就业政策方面,一是进一步完善北京市的农民工就业政策,逐步将就业困难人员的社会保险补贴以及特困人员的托底安置两个救助性政策覆盖到本地农民工,实现城乡统一;二是改变对外地农民工的"用人观念",坚持以人为本,保障公民权利,从促进和帮助外地农民工更好就业、提高收入的角度逐步完善针对外地农民工的就业政策,在公平的基础上追求效率。

在就业服务方面,一是建立健全农民工就业培训工作网络,完善公共就业服务的信息化手段,动态掌握农民工就业信息,促进农民工就业培训制度化;二是充分利用社会现有教育资源,委托具有一定资格条件的各类职业培训机构开展培训工作;三是引进和培育高等技术人才、稀缺岗位人才,在对高端人才的使用和管理过程中,发挥人才示范效应,进而带动农民工整体素质的提高;四是加大公共财政用于农民工培训的比例，将农民工培训全面纳入城镇职工培训体系。

在提供农民工就业信息服务上，一是要进一步拓宽农民工就业信息的渠道，建立健全农民工求职信息系统，并在农民工较为集中的区域建立职业中介园区，引导农民工合理流动；二是政府部门要进一步完善管理服务。既要为农民工从事非正规就业做好服务工作，又要加强对非正规就业用人单位和雇主的管理和监督，运用行政、法律手段规范劳资关系，杜绝对农民工各种侵权事件的发生。特别是要按照国际劳工组织的普遍做法，全方位保护农民工的各项合法权益；三是推行和完善新型劳务用人机制，引导和规范农民工与企业的双向自主选择权。

3. 尽快推进社会保险的跨省转移接续和全国统筹，提高外地农民工社会保险覆盖率和缴费标准，健全和完善北京市的社会保障体系

首先，由于目前社会保险没有实现全国统筹，在跨省转移接续不顺畅的前提下，农民工群体工作不稳定、流动性强的特点决定了农民工入保意愿低、用人单位逃避责任空间大。要提高外地农民工社会保险覆盖率，决定性前提是实现社会保险的跨省转移接续和全国统筹。据此，中央政府要积极承担社会保障责任，尽快从全国层面统筹谋划，加强社会保障制度建设，提高社会保险统筹层次，由人力资源和社会保障部实行统一收缴、管理、运营、结算和发放，使各省市、城乡间社会保险的转移接续顺畅有序；进一步完善公共财政制度，中央财政要对在全国跨省级行政区流动迁移人员的社会保障待遇给予相应补贴，减轻流入地的财政压力。

其次，北京市应进一步完善社会保障政策制度，全面实现农民工享有平等的社会保险权利。要加强对用人单位缴纳职工社会保险的监管力度，加大基本养老保险扩面力度，扩大"三险一金"覆盖范围，继续从制度全覆盖向人群全覆盖努力，逐步提高缴费标准；积极探讨建立失业保险的城乡统筹，进一步健全和完善城乡统一的社会保险体系。

4. 义务教育阶段的农民工子女应与北京孩子一样享受平等的就学机会和资源，同时探索中考、高考制度改革

首先，农民工子女的义务教育政策应以公平为首要的价值目标，农民工子女应与北京孩子一样享受平等的就学机会和资源，就学的自主选择权需掌握在学生和家长手里，而非学校。其次，加快推进基础教育均衡发展。不断提升农民工子女就学的公办学校的教学质量，包括资金投入、硬件设施和教师配置等方面，需要进一步完善政策制度，同时也要重视农民工子女就学等软环境的营造。农民工子女一般集中在城乡接合部的公办学校中，对于这些学校必须增加市一级的财政投入，帮助其达到城市学校的标准化水平。在师资方面，应通过提高待遇等方式吸引优秀教师，实行教师在城乡学校之间的正常轮岗交流。最后，积极鼓励社会力量办学。要降低民办学校的办学门槛，鼓励社会力量参与创办多种形式的民办学校，包括社区学校、教会学校、打工子弟学校等，以接纳更多的农民工子女上学，不断提升这类学校的教育能力，制定优惠政策扶持民办学校的正常发展。

要适应城市化和人口流动的现实需要，从维护公民受教育权和实现公平正义的角度，积极探索农民工子女参加北京市中考、高考的政策制度。北京不应建成一座特大的特权城市，而应建成为在公平正义基础上的更加体现包容性的现代文明城市。北京精神中的包容，需要具体的政策制度来体现。

5. 尽快将农民工全面纳入城镇住房保障体系

为农民工提供基本而有体面的住房保障，是政府保障农民工居住权的重要职责。要实现城镇基本公共服务常住人口全覆盖，必须将为农民工提供住房保障作为城镇住房政策的重中之重。

首先，逐步将农民工全面纳入公租房保障范围。要从根本上转变公租房建设的指导思想，明确将农民工作为公租房保障的主要对象。对于无住房的本地农民工和在北京市稳定就业的外地农民工，只要签订正式劳动就业合同，就可以申请公租房，给予市民同等待遇。

鉴于农民工聚居区以城乡接合部为主，应当加大农村集体建设用地发展租赁住房的试点和推广，进一步改革土地制度，创新集体建设用地利用方式，规范集体建设用地建设租赁住房政策，加强和完善相关管理制度。在投资形式上可借鉴浙江省公租房建设经验，鼓励和引导民间资本参与，尤其是引导用工单位、村集体等各类投资主体参与建设，出台鼓励公共租赁住房建设和运营的相关优惠政策，统一纳入北京市公共租赁住房管理，优先向出资用工单位符合条件的职工出租。同时要在农民工聚居的公租房区域按照实际需求和健康标准建设生活服务配套设施，使公租房环境达到改善农民工居住环境、提高生活质量的目的。

其次，应扩大公积金制度覆盖面，将农民工全面纳入其中。充分发挥住房公积金制度的住房保障属性，所有正式用人单位，都必须将符合条件的农民工纳入住房公积金制度范围内。

再次，规范农民工住房租赁市场，为农民工平等提供住房补贴。公租房等保障性住房起的是托底作用，对于北京市四百万农民工来说，绝大部分人住房问题的解决靠的是租赁市场。目前北京市的租赁市场仍处于发展初期，农民工租住房屋往往环境恶劣，安全性差。有关部门应大力规范房屋租赁市场，积极落实《北京市人民政府办公厅关于进一步规范房屋租赁市场稳定房屋租金工作的意见》的有关规定，各区县成立国有房屋租赁经营机构，业务对象限定为农民工群体，业务内容以农村富余房屋集体出租、单位闲置房屋低价出租为主。同时，要将农民工全面纳入城镇住房补贴政策体系，使农民工与其他城镇职工一样公平享受住房政策补贴。

参考文献

国务院研究室课题组：《中国农民工调研报告》，中国言实出版社，2006。

韩俊主编《中国农民工战略问题研究》，上海远东出版社，2009。

国务院发展研究中心课题组：《农民工市民化：政策创新与顶层设计》，中国发展出版社，2011。

国家发改委宏观经济研究院课题组：《"十二五"时期促进农民工市民化的总体思路》，《宏观经济管理》2011 年第 9 期。

朱传华：《改善农民工的收入分配状况促进我国城市社会的和谐与稳定——北京联合大学副校长冯虹博士、教授学术观点的启示》，《生产力研究》2009 年第 9 期。

国务院发展研究中心课题组：《农民工市民化进程的总体态势与战略取向》，《改革》2011 年第 5 期。

张英洪：《推进北京市户籍制度改革的思考》，《北京农业职业学院学报》2013 年第 3 期。

2013 年 8 月 21 日

专　题　篇

2. 我国农民工市民化地方 创新实践综述报告[*]

促进和实现农民工市民化，是当前和今后一个时期我国推进新型城镇化需要切实加以解决的重大现实课题。党的十六大以来，中央提出以人为本的科学发展观，坚持统筹城乡发展的基本方针，在解决农民工问题上出台了一系列方针政策。在中央大政方针的指引下，全国各地在推进城镇化、解决农民工问题、推进农民工市民化方面开展了许多创新实践，现将有关情况综述如下。

一　城镇化创新实践

农民工市民化与城镇化发展道路是紧密联系在一起的。2002 年党的十六大提出，"要逐步提高城镇化水平，坚持大中小城镇和小城镇协调发展道路，走中国特色的城镇化道路"。从此，我国放弃了长期坚持的以小城镇为主的城镇化道路。各地在推进城镇化道路上涌现了多种形式的城镇化创新实践。

＊ 本报告由张英洪执笔。

（一）城市群成为城镇化的主体形态

我国城市群的形成与发育始于20世纪80年代改革开放初期。国家"十一五"规划纲要首次提出要把城市群作为推进城镇化的主体形态。此后，城市群的发展逐步取得了主导地位。各地在中央的组织安排下，加强了协调合作，加快了城市群的发展。例如，在促进中部地区崛起战略中，2007年长株潭城市群和武汉城市群被列为全国"两型社会综合配套改革试验区"。到2009年底，我国已形成包括长三角、珠三角、京津冀等在内的23个不同规模的城市群。据不完全统计，2007年我国城市群总面积占全国面积的21.13%，却集中了全国48.99%的总人口、51.4%的城镇人口。[1] 2006年长三角、珠三角、京津冀（唐）三大城市群占全国土地的3.25%，聚集了2亿多人口，占全国人口的15.16%。[2]

（二）城乡接合部城市化改造

在推进城市化中，城乡接合部处于前沿地带。城乡接合部改造是城市化发展的重要内容，各大城市在城乡接合部城市化改造中形成了不同的模式。

1. 重庆主城区城中村改造

2009年6月，重庆市启动主城区内环高速公路范围内城中村改造。经过两次任务调整，实施改造的城中村共有61个，拆迁安置人员28432人。计划2012年前完成61个城中村地块征地拆迁，2017年前全面完成61个城中村改造建设工作。主要做法是：加强集中公共绿地和市民广场建设，共建设面积约175.79公顷的集中公共绿地和市民休闲广场，占改造集体建设用地总面积的53.4%；对城中村土地实行一次性申报、一次性批准土地征收和土地储备；城中村改造项目在征地和建设环节的有关规费，除被征地农转非人员中社保统筹费按规定缴纳外，其余按照收支两条线规定办理；引导被拆迁人员选择住房货币化安置方式。

2. 广州的"三旧"改造模式

2009年12月，广州市政府根据全国有关推进"三旧"改造的意见，提出加快推进"三旧"改造工作。"三旧"改造是指"旧城镇、旧厂房、旧村庄"

---

[1] 方创琳、姚士谋、刘盛和等：《2010中国城市群发展报告》，科学出版社，2011，第63页。

[2] 中国发展基金会编《中国发展报告2010——促进人的发展的中国新型城市化战略》，人民出版社，2010，第90页。

的改造。广州计划用 10 年时间基本完成 138 个城中村改造任务，对其中 52 个城中村，计划用 3～5 年时间以整体拆除重建为主实施全面改造。基本做法是：坚持改制先行、改造跟进的原则，将农民转为居民、村委会转为居委会、村集体经济组织转制为股份制企业、土地转为国有，纳入城市管理和保障体系。

3. 北京市城乡接合部 50 个重点村城市化建设模式

2009 年，北京市委、市政府选择海淀区的北坞村和朝阳区的大望京村作为推进城乡一体化的试点村。2010 年，北京市委、市政府在试点的基础上确定城乡接合部 50 个重点村进行城市化建设，到 2012 年 3 月已基本完成城市化改造任务。主要做法是：在土地开发建设上，因地制宜，有的采取征地模式，有的采取土地储备模式，有的采取重点工程带动搬迁模式，有的采取"一村一策"模式；在集体资产处置上，按照"资产变股权、农民当股东"的思路，推行农村集体经济产权制度改革，让农民带着资产进城，成为拥有集体资产的新市民；在农民身份转换上，对 100313 名农业人口实行整建制农转居。

（三）主动城镇化和就地城镇化创新实践

如果说政府主导的城乡接合部城市化对农民来说是被动城镇化的话，那么，农民主动在自己的土地上建设城镇就是一种主动城镇化（或自主城镇化）。如果说农民从农村迁入城市是进城城镇化的话，那么，农民在原住地就地建设城镇就是一种就地城镇化。在我国城镇化进程中，许多地方出现了主动城镇化和就地城镇化的丰富实践。

1. 北京郑各庄的主动城镇化实践

北京市昌平区北七家镇郑各庄村现有 568 户、1500 人，村域面积 4332 亩，20 世纪 90 年代末，郑各庄启动村庄改造和产业园建设，走上了自主城镇化之路，现已成为在集体土地上长出的一座城市，完成了由农村形态向城市社区形态的转变，是农村主动城镇化的典型。郑各庄主动城镇化的核心做法是，不由国家通过征地、把土地先行国有化后再建城市，而是由农民在自己的土地上主动进行城市化建设，将土地非农化的级差收益留在本村，用于企业和村庄发展，让土地资本化成为村庄自身城市化的发动机。①

---

① 有关郑各庄的经验做法，参见北京村庄制度变迁研究组《集体土地上长出的城市——郑各庄现象研究》，2008；卞华舵：《主动城市化——以北京郑各庄为例》，中国经济出版社，2011；段树军：《郑各庄：主动城市化实现城乡融合》，《中国经济时报》2012 年 9 月 27 日。

2. 浙江义乌就地城镇化实践

我国城镇化有农民进城城镇化和农民就地城镇化两种模式。[①] 在浙江、江苏、福建、广东、上海、北京等经济发达地区，出现了许多就地城镇化的创新实践，如浙江义乌和湖州、江苏武进和昆山、福建晋江、北京密云蔡家洼村等。[②] 以浙江义乌就地城镇化为例，1980年，义乌的城区面积仅有 $2.8km^2$，城区人口 2.8 万人（其中大多数是农民），到 2008 年，义乌市城区面积已达 $78km^2$，人口达 88.5 万人，成为由农村地域发展成为中等城市的就地城镇化典型区域。义乌就地城镇化模式不同于以集体工业为起点的"苏南模式"，也不同于以外向型经济为主导的"珠三角模式"，而是以小商品市场的兴起带动产业集群，从而加快农村就地城镇化进程的发展模式。[③]

·（四）新型农村社区建设

新型农村社区建设既是新农村建设的重要组成部分，又是城镇化建设的新途径。近年来，全国不少地方大力推行新型农村社区建设。

1. 河南省新乡市新型农村社区建设

新乡市自 2006 年开始规划，2008 年全面启动新型农村社区建设，主要做法是：把新型农村社区规划与城镇规划、土地规划、产业集聚区规划"四规合一"，把全市 3571 个行政村规划为 900 个新型农村社区，其中 1/3 以上的社区规划布局在小城镇周围；为入住新型农村社区居民办理城镇户口，享受城镇居民就业、教育、医疗、社会保障等方面的同等待遇，并继续保留原有的惠农政策等。[④]

2. 山东省诸城市新型农村社区建设

2007 年诸城市开始在全市农村开展农村社区化服务与建设，以两公里为半径，把全市 1249 个村庄规划建设为 208 个农村社区，每个社区涵盖约 5 个村庄，1500 户。2009 年，诸城市再次提出全面推进农村社区化发展，即在农村以社区为单元，统筹推动公共服务、经济、政治、文化、组织、聚合居住等

---

① 刘文纪：《中国农民就地城市化研究》，中国经济出版社，2010。
② 马庆斌：《就地城镇化值得研究与推广》，《宏观经济管理》2011 年 11 期。
③ 张抚秀、吴瑞君：《义乌市就地城镇化的特征与机制探讨》，《中国城市研究》2011 年第 3 期。
④ 李虎成、马丙宇：《建设新乡特色新型农村社区——访新乡市委常委、副市长王晓然》，《河南日报（农村版）》2012 年 4 月 25 日。

工作。2010 年 6 月开始，诸城市撤销 1249 个建制村，大规模撤村并居。①

3. 北京市新型农村社区建设

2011 年，北京市政府开始启动 10 个新型农村社区建设试点工作，涉及 10 个乡镇 32 个村庄、11531 户、25746 人。北京市将新型农村社区视为现代城镇体系的末端节点。试点内容是：由试点社区所在乡镇政府组织编制新型农村社区试点建设规划；探索和完善试点用地政策，试点社区可享受城乡建设用地增减挂钩的相关政策；引导农民建设新型住宅，鼓励平原地区或山区乡镇政府所在地的试点社区，适度集中建设住宅；位于山区其他地区或旅游景区周边的试点社区，一般以一户一宅的庭院式住宅为主，可以建设独院或 3 层以下（含 3 层）联排住宅；试点社区基础设施和公共服务设施参照城镇标准进行建设。

二　农民工输入地创新实践

农民工输入地的创新实践主要涉及户籍制度、平等就业、社会保险、住房保障等方面。

（一）户籍制度改革创新实践

改革以来，中央逐步放开小城镇和中小城市的落户政策。目前，全国已有 20 多个省市开始实行城乡统一登记的居民户口制度，小城镇和中小城市的落户政策已经放开。户籍改革的焦点、重点和难点都在大城市和特大城市。近年来，上海、广州、深圳、重庆、成都等特大城市也纷纷推出各具特色的户籍制度改革。大城市和特大城市一般对本市户籍和非本市户籍人口实施了不同的户籍改革政策。

1. 整建制转居

在城市化进程中，除了建设征地实行农转居外，一些城市还推行整建制转居。整建制转居是实行农民户籍身份市民化的重要举措。

（1）深圳的整建制转居。深圳在城市化进程中为将农村集体土地全部转为国有土地以解决用地矛盾，从而将农民全部转为城镇居民。2004 年深圳市

---

① 李成贵主编《造福农民的新机制——山东省诸城市推进农村社区化服务的实践与成效》，人民出版社，2008。王仁贵：《山东诸城推行农村社区化宅基地换房屋农民住楼》，《瞭望周刊》2010 年第 47 期。

决定将宝安、龙岗两区内的 27 万农村人口一次性转为城市居民，将两区 956 平方公里土地转为国有。原镇、村两级的行政建制变更为城市的街道、居委会建制；原村民陆续转为城市居民，并相应获得城市社保待遇；原镇、村两级集体经济组织随之改制为股份合作公司。整建制转为城市居民的原农村人口，符合参加社保条件的人员纳入城镇社会保障体系，此前未参加保险计划但达到退休年龄的村民，亦可按照深圳市城镇职工参保标准，每月领取养老金。深圳由此成为全国第一个无农村无农民的城市。①

（2）北京的整建制转居。北京发生了两次较大规模的整建制转居。第一次是 2002 年 12 月，北京市将石景山区 15535 名农业户口一次性整建制变更为城镇居民，这是北京市继东城、西城、崇文、宣武四个城区之后第五个不再有农业户籍人口的城区。实施整建制农转居后，原农村集体经济组织仍可继续拥有集体土地的所有权、使用权；农转居人员可按政策直接纳入社会保险，由集体经济组织及个人按政策缴纳保险费，今后国家征地时，征地款首先用于抵顶已垫付缴纳的保险费，符合城市低保标准的人员享受城市低保待遇；保留农村集体经济组织，作为农民转居后就业的主要载体。第二次是 2011 年 10 月，北京市政府发布《关于城乡接合部地区 50 个重点村整建制农转居有关工作的意见》，将 50 个重点村 100313 名农村户籍人员整建制转为城镇居民。村民变居民后，所需补缴社保等资金，由征地、项目投资承担。

2. 居住证制度

居住证制度是我国一些城市借鉴发达国家"绿卡"制度户籍制度改革的内容之一。2010 年 5 月 27 日，国务院转发国家发改委《关于 2010 年深化经济体制改革重点工作的意见》，首次在国务院文件中提出在全国范围内实行居住

---

① 深圳实行土地国有化的法律依据是 1998 年新修订的《土地管理法实施条例》第二条第（五）项规定："农村集体经济组织全部成员转为城镇居民的，原属于其成员集体所有的土地属于国家所有。"国土资源部 2004 年下半年派小组赴深圳专项调研认为，深圳此举"不宜模仿"，"下不为例"。2005 年 3 月 4 日，经国务院批准，国务院法制办公室、国土资源部以"国法函〔2005〕36 号"文件对《土地管理法实施条例》第二条第（五）项做出专项"解释意见"。该"解释意见"明确指出，《土地管理法实施条例》第二条第（五）规定是指农村集体经济组织土地被依法征收后，其成员随土地征收已经全部转为城镇居民，该农村集体经济组织剩余的少量集体土地可以依法征收为国家所有。"解释意见"其实是对深圳的"转地"法律依据的否定。因为只有在农民集体所有的土地逐渐被依法征收，并全部转为城市居民后，才能对农民集体剩余的少量土地转为国有。相关报道参见卢彦铮《深圳农地转国有之惑》，《财经》2004 年第 18 期；卢彦铮《深圳农地国有化"特例"》，《财经》2006 年第 22 期。

证制度。目前，深圳、上海、广东等十多个省市实行了居住证制度。

（1）深圳市的居住证制度。深圳市是我国外来流动人口远远多于本地户籍人口的特大城市。1984年深圳市开始实行暂住证制度，2006年对暂住证管理制度进行改革，减少暂住证类别，降低门槛、简化程序，明确了持证人享有的权利。2008年8月1日，深圳市正式实施居住证制度，覆盖全市所有的外来流动人口。外来人员办理居住证后，可享受诸如办理港澳通行证、子女在深就学、购买深圳市"五险一金"、公共租赁住房等权益，逐步缩小了来深外来人员与深圳户籍居民待遇上的差距。

（2）上海市的居住证制度。2002年4月，上海市政府发布《引进人才实行〈上海市居住证〉制度暂行规定》，在全国率先实行居住证制度。2004年，上海市政府发布《上海市居住证暂行规定》，在各类来沪人员中推行居住证制度，居住证分为引进人才、务工经商和投靠就读三类。2009年2月，上海市政府印发《持有〈上海市居住证〉人员申办本市常住户口试行办法》，规定符合持有《上海市居住证》满7年等条件的来沪创业、就业人员可以申办上海常住户口。

（3）广东省的居住证制度。广东省是我国流动人口聚集的大省。根据2009年7月30日广东省第十一届人民代表大会常务委员会公告修改后的《广东省流动人口服务管理条例》，自2010年1月1日起，广东省全面实行外来流动人口居住证制度，流动人口享有一系列权益保障和公共服务。居住证持证人在同一居住地连续居住并依法缴纳社会保险费满7年、有固定住所、稳定职业、符合计划生育政策、依法纳税并无犯罪记录的，可以申请常住户口。常住户口的入户实行年度总量控制、按照条件受理、人才优先、依次轮候办理，具体办法由居住地地级以上市人民政府制定。

3. 积分入户

作为对外来农民工的一项户籍改革措施，农民工积分制入户城镇，是指通过科学设置和确定积分指标体系，对农民工入户城镇的条件进行指标量化，并对每项指标赋予一定分值，当指标累计积分达到规定分值时，农民工即可申请入户城镇。

（1）广东省积分入户。2010年6月23日，广东省政府办公厅印发《关于开展农民工积分制入户城镇工作的指导意见》，在全省实施农民工积分制入户制。适用对象是在广东省务工的农业户籍劳动力，凡已办理《广东省居住证》、纳入就业登记、缴纳社会保险的，均可申请纳入积分登记（在市内就业的本市户籍农民工申请纳入积分登记管理，各地可以给予办理《广东省居住证》，并加注特殊标识）。符合积分入户条件的农民工，可选择在就业地镇（街）或产权房屋所在地镇（街）申请入户，其配偶和未成年子女可以随迁。农民工积分制入户城镇的积分指标由省统一指标和各市自定指标两部分构成，全省统一指标包括个人素质、参保情况、社会贡献及减分指标；各市的自定指标应当包括就业、居住、投资纳税等情况，具体指标和分值可根据当地产业发展和人才引进政策设定。省统一指标全省互认、流通和接续，原则上农民工积满60分可申请入户。

（2）广州市积分入户。2010年11月4日，广州市政府办公厅印发《广州市农民工及非本市十城区居民户口的城镇户籍人员积分制入户办法（试行）》及《实施细则》，凡已在广州市就业的农民工以及非本市十城区的城镇户籍外来务工人员（即所有非广州十城区户籍人员）均可申请积分入户。积分体系包括基本分、导向分和附加分，共12项指标，积满85分可提出入户申请。申请条件是：未违反计划生育政策、未有犯罪记录、已办理广东省居住证（增城、从化市户籍人员除外）、在广州市缴纳社会保险、与广州市企事业签订一年期及以上劳动合同、办理了就业登记或用工备案、初中及以上学历、总积分达到85分。广州市积分制入户实行指标总量控制，2011年广州积分入户计划总名额为3000人，其中上半年1000人，下半年2000人。2012年广州积分入户计划总名额为3000人，其中上半年1000人，下半年2000人。

（3）深圳市积分入户。2012年4月1日，深圳市政府印发《深圳市外来务工人员积分入户暂行办法》，规定外来务工人员入户深圳，一律通过积分入户，不再走招调工方式。外来务工人员积分入户基本条件为：年龄在18周岁以上，48周岁以下；身体健康；高中（含中专）以上学历；已在本市办理居住证并缴纳社会保险；未违反人口和计划生育法律、法规和有关政策的规定；未参加国家禁止的组织及活动，无劳动教养及犯罪记录。符合以上基本条件的人员，按照《深圳市2012年度外来务工人员积分入户指标及分值表》积分达到100分以上（含100分）即可提出积分入户申请。深圳市积分入户与广州不同，无数量指标限制。

4. 统筹城乡户籍改革

2007年，国家发改委批准重庆市和成都市为全国统筹城乡综合配套改革试验区。2010年，重庆市和成都市都将户籍制度改革作为统筹城乡综合配套改革的重要内容加以推进，在全国产生了较大影响。

（1）重庆市户籍制度改革。2010 年 7 月 25 日，重庆市政府印发《关于统筹城乡户籍制度改革的意见》，启动户籍改革，将有条件的农民工及新生代农民工转为城镇居民作为突破口。重庆市户籍制度改革的基本内容被形象地概括为"脱掉农村三件旧衣服"，"穿上城市五件新衣服"。"脱掉农村三件旧衣服"是指对于农村居民整户转为城镇居民的，"脱掉"农村承包地、宅基地、房屋"三件旧衣服"，具体政策是允许自转户之日起 3 年内继续保留承包地、宅基地及农房的收益权或使用权。"穿上城市五件新衣服"是指农村居民转为城镇居民户口后，纳入城镇保障体系，在就业、社保、住房、教育、医疗五个方面享有与城镇居民同等待遇。后来，重庆市不断调整户籍改革政策，不再要求转户农民"脱掉三件衣服"，而是强调尊重农民意愿，保障转户居民农村权益。2012 年 1 月 19 日，重庆市政府印发《关于继续推进农民工户籍制度改革的通知》，进一步明确农村居民转户后，在承包期内允许保留林权；可自愿保留承包地和宅基地，并保其以后整户退出时获得相应退地补偿的权利或土地征收时按规定获得土地征收补偿安置的权利。

（2）成都市户籍制度改革。2010 年 11 月 9 日，成都市委、市政府发布《关于全域成都统一城乡户籍实现居民自由迁徙的意见》，提出到 2012 年，实行全域成都城乡统一户籍、实现城乡居民自由迁徙。成都户籍制度改革的主要内容是建立户口登记地与实际居住地统一的户籍管理制度，城乡居民在就业和社会保障等方面享有平等的权利。成都市户籍制度改革的特点是，建立户籍、居住一元化管理的体制机制，农民进城落户不以牺牲承包地、宅基地等财产权为代价，市外人员入户享受与本地居民同等的待遇。2010 年 7 月 26 日，成都市政府发布《成都市居住证管理规定》，从 2011 年 1 月 1 日起，成都市取消暂住证制度，实行居住证制度，成都市的 300 多万流动人口在劳动就业、医疗卫生、教育等 12 个方面享受与市民同等的权益。

（二）城乡平等就业创新实践

在过去相当长的时期里，各地对农民进城就业都实行以堵为主的政策，制定和出台了各种限制和歧视农民工的政策措施。2002 年以来，国家对农民工的政策发生了重大变化。2002 年 1 月，中共中央、国务院《关于做好 2002 年农业和农村工作的意见》第一次提出对农民工坚持"公平对待、合理引导、完善管理、搞好服务"十六字方针。2003 年 1 月，国务院办公厅发出《关于做好农民进城务工就业管理和服务工作的通知》，提出取消对农民工就业的不合理限制。2004 年中央 1 号文件指出，农民工已经成为产业工人的重要组成部分，要改善农民工就业环境。2004 年 12 月 27 日，国务院办公厅印发《关于进一步做好改善农民进城就业环境工作的通知》，进一步提出清理和取消针对农民进城就业等方面的歧视性规定及不合理限制，维护农民进城就业的合法权益，探索建立城乡一体化的劳动力市场。2006 年 3 月，国务院发布《关于解决农民工问题的若干意见》，对解决农民工问题提出了一系列方针政策，要求消除对农民进城务工的歧视性规定和体制性障碍，逐步实行城乡平等的就业制度。① 各地根据国家有关农民工政策的新要求，在创新农民工平等就业上做出了新探索。

1. 浙江省嘉兴市城乡统筹就业

2006 年 9 月，浙江省嘉兴市被列为全国城乡统筹就业试点城市。联合国开发计划署将嘉兴市作为在中国选取的统筹城乡就业项目 5 个城市之一。嘉兴市统筹城乡就业的主要做法为：一是破除城乡壁垒，取消地域、户籍、行业等对农村劳动力进入城镇就业的限制性政策。在全国率先取消了城乡户籍，率先实施了覆盖城乡的居保、医保政策，率先建立劳动者无身份差别、权利和义务相对应的城乡一体化的失业保险制度。二是建立覆盖城乡的劳动力市场服务体系。整合各类劳动力市场，统一名称为"人力资源市场"，从形式上打破人为的部门分割，做到服务对象的扩展和全面覆盖。三是建立了覆盖城乡的职业培训体系。据统计，2006～2009 年，嘉兴市共开展再就业培训 63870 人，农村劳动力转移技能培训 211000 人，高技能人才的占比由 5% 提高到 9%。四是打造"不欠薪城市"。嘉兴在着力解决城乡劳动者就业的同时，提出了打造"不欠薪城市"的口号，于 2007 年开始实施劳动保障监察网络化管理行动计划，实现了劳动保障监察的主动实时动态监管。②

2. 北京市推行城乡一体化就业

长期以来，北京市劳动就业坚持的原则是"先城镇、后农村，先本市、后外地"。党的十六大以来，北京市逐步取消了对农民工的就业歧视与限制，朝着城乡就业一体化的方向迈进。一是在就业政策上，将城镇就业优惠政策向农村延伸和覆盖，到 2009 年，北京市已在就业岗位补贴、社会保障补贴、职

---

① 《国务院关于解决农民工问题的若干意见》，人民出版社，2006。
② 应丽斋、余延青：《浙江嘉兴：推动城乡平等就业》，http://cpc.people.com.cn/GB/64093/64387/11074942.html，2010 年 3 月 4 日。

业培训补贴、小额担保贷款等政策上实现城乡统一。二是在就业服务上，将农村劳动力全面纳入公共服务体系，到 2007 年，全市所有行政村全部建立了就业服务站，形成了覆盖全市城乡的"三级管理、四级服务"的公共就业服务体系。三是在就业培训上，建立了面向全部城乡劳动者的职业培训制度。本市农民工每年可参加一次免费职业培训。四是在对外地农民工就业上，清理和取消外地农民工就业限制和歧视性政策，提供免费就业服务信息，加强外地农民工的职业技能培训，建立外地农民工培训补贴制度。自 2011 年起，北京市启动对 400 万来京农民工（其中新生代农民工为 250 万人）的就业状况抽样调查，调查范围覆盖全市 16 个区县以及亦庄开发区，每年两次的调查为制定政策提供依据。

3. 江苏省昆山市构建"新昆山人"就业体系

江苏省昆山市连续多年名列全国百强县之首。昆山外来人口超过本地人口，是昆山经济社会发展的重要力量。昆山市在对待外来农民工问题上，一是坚持一视同仁，建立开放的劳动力市场。早在 2000 年，昆山市就将外地农民工纳入就业管理与服务体系，使之平等进入城乡统一的劳动力市场，实行与本地劳动力同工同酬，同等享有工资、福利和保障等待遇。二是率先建立城乡统筹就业机制。2003 年，昆山市率先在全国建立城乡统筹就业机制，保障城乡居民享受同等的就业优惠政策。该市自 2002 年起每年拨出 2000 万元专项资金，为城乡劳动力技能培训统一"买单"。三是实施"新昆山人"建设工程，使外来农民工成为"新昆山人"，在就业等方面平等融入昆山。2004 年，昆山市委、市政府印发《关于加强"新昆山人"建设工作的意见》，提出尽快让外来人员融入昆山这个大家庭中，强调要畅通就业渠道，简化用工手续，禁止以任何管理名义进行歧视性收费。进一步规范劳动力市场，坚决打击取缔"黑中介"，保障"新昆山人"享有平等的就业权。在市总工会设立"新昆山人"服务中心，在就业指导、子女就学、权益维护、医疗保健、法律援助、来访接待等方面，提供"一站式、一条龙"的帮助和服务。

（三）社会保险创新实践

建立覆盖农民工的社会保障制度，是实现农民工市民化的核心内容。长期以来，农民工没有被纳入社会保障体系之中。2011 年 7 月 1 日施行的《社会保险法》明确规定进城务工的农村居民依照本法规定参加社会保险。各地根据当地实际和《社会保险法》的规定，逐步建立和完善了农民工的社会保险制度。

1. 上海建立农民工综合保险模式

2002 年 7 月，上海市政府发布实施《上海市外来从业人员综合保险暂行办法》，在全国首创为外来农民工建立社会保险制度，与城镇职业社会保险并行。2004 年 8 月 30 日，上海市人民政府发布了《关于修改〈上海市外来从业人员综合保险暂行办法〉的决定》，修改完善了综合保险办法。综合保险的适用范围是在上海行政区内从业的非上海户籍的外来从业人员，综合保险内容包括工伤（或意外伤害）、住院医疗、老年补贴三项保险待遇。用人单位使用农民工由单位缴费，无单位农民工由其自己缴费。缴费基数为本市上年职工月平均工资的 60%，缴费费率为 12.5%，其中老年补贴占 7%。外来从业人员在参加综合保险期间发生工伤事故或患职业病的，可以得到一次性支付的工伤保险金；因患病或非因工负伤住院的，住院发生的起付标准以上的部分，由综合保险基金承担 80%，自负 20%；连续缴费满一年的外来从业人员可以获得老年补贴凭证，并在退休之年一次性兑现老年补贴。2011 年 6 月，为贯彻实施《社会保险法》，上海市政府颁布《关于外来从业人员参加本市城镇职工基本养老保险有关问题的通知》《关于外来从业人员参加本市城镇职工基本医疗保险若干问题的通知》《关于外来从业人员参加本市工伤保险若干问题的通知》《关于本市郊区用人单位及其从业人员参加城镇职工社会保险若干问题的通知》四个文件，将在本市就业的外来从业人员和郊区用人单位从业人员纳入城镇职工社会保险范围。

2. 深圳将农民工纳入城镇社会保险模式

作为改革开放后发展起来的新移民城市，深圳从 20 世纪 90 年代就开始比照城镇职工，将农民工纳入社会保险体系。1993 年 12 月，深圳市人大常委会颁布《深圳经济特区工伤保险条例》，该条例是全国第一部工伤保险法规，不分本市户籍员工和农民工，都实行相同的工伤保险办法。1996 年 5 月，深圳市政府颁布《深圳市基本医疗保险暂行规定》，规定本市户籍员工参加综合医疗保险，农民工参加住院医疗保险。2003 年 5 月，深圳市政府颁布《深圳市城镇职工社会医疗保险办法》，规定农民工经单位申请也可参加综合医疗保险，且不分本市户籍员工和农民工，都可以参加地方补充医疗保险。2005 年 3 月，深圳市政府出台《深圳市劳务工合作医疗试点办法》，农民工可自愿选择住院医疗保险或合作医疗制度，享有住院和门诊保险。1998 年，深圳市人大颁布《深圳经济特区企业员工基本养老保险条例》，第一次以地方法规形式确定了农民工参加基本养老保险的权利。2001 年 1 月，深圳市人大修订了该条例，规定符合条件的农民工退休后可以享受按月领取养老金。农民工在基本医疗保险、工伤保险和养老保险待遇上，与户籍人口基本一致。[①] 2011 年，为贯彻《社会保险法》，深圳市修改或制定了医疗保险、失业保险、养老保险、生育保险等法规，进一步完善了政策制度，保障了农民工参加社会保险的权利。

（四）住房保障创新实践

长期以来，农民工的居住问题十分突出。各地在解决农民工居住问题上进行了积极探索。

1. 浙江省湖州市建立农民工住房公积金制度

住房公积金制度是住房保障的重要组成部分。2003 年，湖州市在全国率先开展了在非公有制企业和进城务工人员中建立住房公积金制度的工作。2007 年 7 月 20 日，湖州市住房公积金管理中心、湖州市总工会、湖州市劳动和社会保障局联合发布《关于进一步推进农民工建立住房公积金制度的实施意见》，规定农民工实施住房公积金制度，其缴存、提取、贷款的政策与城镇职工享受同等待遇。同时，根据农民工的特点，应实行缴存、提取、贷款等优惠政策及措施。2011 年 4 月，湖州市住房公积金管理中心、湖州市新农办联合下发《关于加快推进农民工实施住房公积金制度支持新农村建设的实施意见》，支持农村建房的农民工申请公积金贷款改建农房。

2. 上海市新桥镇农民工集中居住模式

上海市松江区新桥镇入驻实体企业 1000 家，商贸企业 1400 家，外来务工人员 8 万人，当地户籍居民 2.44 万人，外来务工人员是当地居民的 3 倍。从 2005 年始，新桥镇党委和政府决定建设外来务工人员集中居住中心。现已经建成并交付使用四处外来务工人员集中居住中心，占地面积 221 亩，建筑面积 12.86 万平方米，现居住外来人员 1.4 万人，占外来人员的 20% 左右；入住员工涉及 150 多家实体企业，占实体企业的 15%。"十二五"期间，新桥镇规划建造集中居住中心 30 万平方米，除了企业为自己员工安排集体宿舍外，基本上解决了新桥镇所有外来务工人员的居住问题。主要做法：一是依托新桥镇资产经营公司推进集中居住中心建设；二是统一出租，原则上是由新桥资产经营公司与企业签署合同，不与个人发生租赁关系；三是统一管理服务，集中居住

---

① 费平：《深圳市农民工社会保险制度》，《中国劳动》2006 年第 10 期。

中心均由新桥资产经营有限公司进行统一经营管理。①

3. 重庆市公共租赁住房面向农民工

公租房主要是解决中低收入中既不符合廉租房申请条件，又买不起商品房的夹心层人群的住房问题。2010 年，重庆市把提高公租房占有率列为亟待解决的十大民生问题之首，计划 3 年建设 4000 万平方米公租房，解决 200 万住房困难群众的住房问题。2010 年 7 月 1 日施行的《重庆市公共租赁住房管理暂行办法》规定，公共租赁住房申请人应年满 18 周岁，在重庆有稳定工作和收入来源，具有租金支付能力，符合政府规定收入限制的本市无住房或家庭人均住房居住面积低于 13 平方米的住房困难家庭、大中专院校及职校毕业后就业和进城务工及外地来渝工作的无住房人员。就是说，本地农民工和外地农民工完全可以申请公共租赁住房。申请公共租赁住房的收入限制：单身人士月收入不高于 2000 元；家庭月收入不高于 3000 元。承租人在租赁 5 年期满后，可选择申请购买居住的公共租赁住房。

4. 上海、北京利用农村集体建设用地建设公共租赁房试点

2011 年，国土资源部批准北京和上海开展利用农村集体建设用地建设租赁房试点工作，这既解决了城市化中农民工的居住问题，又解决了城乡接合部地区农村集体经济发展问题。上海早在 2003 年就开始在一些农村利用集体建设用地建设住房试点，住房对象主要针对工业园区的来沪务工人员。2009 年，上海出台《关于单位租赁房建设和使用管理的试行意见》提出，"农村集体经济组织利用农村集体建设用地建设、主要定向提供给产业园区、产业集聚区内员工租住的市场化租赁宿舍"。2011 年 7 月，上海市政府办转发《关于积极推进来沪务工人员宿舍建设的若干意见》，对利用农村集体建设用地建设来沪务工人员宿舍做了具体规定。闵行区七宝镇联明村的租赁房试点项目"联明雅苑"是上海利用集体建设用地建设租赁住房最有代表性的项目。该项目的主要做法和特点：一是村集体为建设主体；二是出租对象为外来务工人员；三是主要有家庭户和集体户两种居住形式，一室户限 3~4 人居住，二室户限 6~8 人居住，承租合同实行年签制；四是配套生活设施与公共服务齐全；五是租金收益村民共享。2011 年 9 月 27 日，国土资源部以《关于北京市利用集体土地建设租赁住房试点意见的函》正式批准同意北京市利用集体土地建设租赁住

---

① 北京市农村经济研究中心内部调研课题：《新型城市化发展路径比较研究》，2011 年 12 月，第 485~491 页。

房试点。2012 年初，北京市政府批准同意海淀区唐家岭地区作为第一批试点项目，建设约 10 万平方米的租赁住房。符合条件的非北京市户籍农民工可以申请公共租赁住房。

三 农民工输出地创新实践

土地承包经营权、宅基地使用权、集体资产所有权及收益分配权等，是农民重要的财产权利。在城镇化和农民市民化进程中，如何维护和发展农民的财产权利，是一个重大的理论和现实课题。近些年来，各地出现了许多探索和做法，这些探索和做法涉及农民以土地为核心的财产权利，其正反两方面的经验教训值得总结与思考。

（一）天津的"宅基地换房"

以宅基地换房，是指在国家现行政策的框架内，通过对农民宅基地（包括村庄集体建设用地）的整理，以不减少耕地为前提，高标准规划建设一批现代化、有特色、适于产业聚集和生态宜居的新型小城镇，农民以其宅基地，按照规定的置换标准无偿换取小城镇中的一套住宅，迁入小城镇居住，原有的宅基地由村民委员会组织农民整理复耕后，实现耕地的占补平衡。2005 年天津推出首批"三镇两村"试点，以宅基地换房；2007 年天津推出第二批"九镇三村"试点；2009 年 4 月天津推出第三批 12 个镇进行以宅基地换房试点。华明镇是天津市第一个以宅基地换房的试点镇。该镇 12 个村，总人口 4.2 万人，共有宅基地 12071 亩，新建示范小城镇用于农民住宅建设和服务设施配套3476 亩，可腾出建设用地 8595 亩，其中 4000 亩用于产业发展，4000 亩用于挂牌出让，土地增值收益用于农民回迁住房建设及社区整体配套建设。根据华明镇宅基地换房政策规定，农民按照 30 平方米/人的标准置换小城镇商品房，一户最多可换取 3～4 套房，超出面积的部分，给予货币补偿。

（二）浙江省嘉兴市的"两分两换"

"两分两换"是嘉兴市统筹城乡综合配套改革的总体思路。所谓"两分两换"，就是将宅基地与承包地分开，搬迁与土地流转分开；以宅基地置换城镇房产，以土地承包经营权置换社会保障，推进农民集中居住，转换生活方式。嘉兴市开展土地制度改革政策，自 2008 年 5 月至 2010 年 8 月底，通过"两分两换"办法,已签约换房(或搬迁)的农户达18697户,完成农房拆迁14644户,流转土地承包经营权9万亩。嘉兴市提出,到2012年全市有1/3以上的农民实现向城镇和中心村集聚。"两分两换"的主要做法是:通过政府主导、政策激励等手段,对农民原有住房和宅基地的节约使用进行合理补偿,换取新居住点的国有土地公寓房或集体土地联排房,促进人口向城镇和新社区集聚;将土地承包经营权统一流转、统一收储、统一发包,换取土地流转收益和社会保障,促进土地向种养大户和经营能手集中,加速农民向二、三产业转移。

(三)浙江省温州市的"三分三改"

"三分三改"是温州市以要素市场化为核心的统筹城乡综合配套改革、加快推进城镇化的重要内容。"三分"指的是政经分开、资地分开、户产分开。政经分开,是把村"两委"组织与村级集体经济组织分开,确保二次分配的公平。资地分开,是把土地资产与非土地资产分开,使得非土地资产能够正常自由流动。户产分开,是把户口与产权关系分开,使村民户口迁移也可享有村集体产权。"三改"指的是股改、地改、户改。股改,指对村级集体经济中的非土地资产进行股份制改革。地改,指农用地在权属性质不变、用途不变、量质不变的前提下进行流转;宅基地的土地所有权归集体所有,但用益物权可以变现,用来帮助农民进镇入城;集体建设用地进入市场。户改,指户籍制度改革,户口以实有人口、实有住所为依据,按居住地登记,剥离依附在户口制度上的身份、职业、公共服务等附属功能,还原户口本来的社会管理功能。

(四)成都的"三个集中"

成都市推行统筹城乡发展的具体路径就是实施"三个集中"。"三个集中"就是工业向园区集中、农民向城镇集中、土地向规模经营集中。蛟龙工业港是工业向园区集中的典型案例,该工业园区的土地占用模式主要有两种:一是租用农民土地模式;二是农民以土地入股模式。农民向城镇集中的方式主要是以城乡建设用地挂钩试点为政策依据,通过村庄整理,将农民集中到城镇居住。成都通过促进农民承包地向适度规模经营集中,已形成了土地股份合作社经营模式、土地股份公司经营模式、家庭适度规模经营模式、"土地银行"经营模式、业主租赁经营模式、"大园区+小业主"经营模式、"两股一改"经营模式7种规模经营模式。

（五）重庆市的"地票"交易

"地票"是指包括农村宅基地及其附属设施用地、乡镇企业用地、农村公共设施和农村公益事业用地等农村集体建设用地，经过复垦并经土地管理部门严格验收后产生的指标。"地票"交易是以票据的形式通过重庆农村土地交易所在全市范围内公开交易农村建设用地指标的行为。"地票"购买者包括土地储备机构、园区建设单位、民营企业、国有企业、自然人。购得的"地票"可以纳入新增建设用地计划，增加等量城镇建设用地。与中国现有"先占后补"的用地模式相比，"地票"交易制度是"先复垦后用地"，增加城镇用地的同时实现了对耕地面积的保护。重庆市"地票"交易的主要做法：一是设立专门的农村土地交易所，集中从事"地票"交易；二是制定土地交易规章制度；三是建立利益分配机制。重庆市制定出全市统一的农村土地基准价格。2010年9月，重庆市政府出台文件，规定"地票"收入的85%归农民个人所有，15%归村集体所有，用于农村基础设施、公共服务和农民社会福利。2011年7月，重庆市提出完善"地票"交易制度，确保净收益的85%直补农民，15%划归农村集体经济组织。

（六）广东省的"集体建设用地入市"

作为我国改革开放的前沿地带和经济发达地区，广东省的农村集体建设用地流转早在改革之初就已经出现。随着工业化、城市化进程的加快，广东省对集体土地进入市场的要求日益迫切，集体土地的事实流转比较普遍。2005年6月23日，广东省政府发布《广东省集体建设用地使用权流转管理办法》，允许集体建设用地与国有土地一样进入市场交易。广东由此成为全国第一个在全省范围内推行集体建设用地使用权流转的省份。集体建设用地入市，使用地企业和单位不仅可以购买国有土地，还可以购买集体建设用地，从而打破了长期以来国家垄断土地一级市场的局面，这是我国土地政策的重大突破。申请使用集体建设用地的建设项目有三类：一是兴办各类工商企业，二是兴办公共设施和公益事业，三是兴建农村村民住宅。广东集体建设用地入市的一条重要限制是禁止开发房地产和住宅项目。

（七）广州市的农村股份合作制改革

早在1987年，广州市天河区就开始推行农村集体经济股份合作制试点，逐步形成了在全国具有较大影响和知名度的"天河模式"。在股份合作制改革初期,天河区将非土地的集体资产折股量化到人,股权设置为集体股、个人股,集体股占60%以上,个人股占40%以下。有的村还设置现金股,面向社会集资用以壮大股份合作制企业实力。1994年,广州市天河区明确规定取消集体股,将集体资产全部折股量化到人,股权实行固化。2001年2月12日,广州市天河区规定股份合作经济组织以其全部资产分为等额股份,由所有股东以"按份共有"方式共同占有。个人股权实行"生不增,死不减;进不增,出不减"原则。以股份合作制处置集体资产,是广州市以及广东省其他地区的普遍做法。到2010年底,广州市农村集体资产总额达829亿元,已完成村级集体经济产权制度改革361个,占36%;完成组级集体经济产权制度改革676个,占6%。

(八)北京农村集体资产与收益分配改革

1993年,北京借鉴广东等沿海地区的经验,在丰台区东罗园村进行农村集体资产产权改革试点,当时集体股占70%左右,个人股只占30%左右。2010年1月,北京提出全市拥有集体净资产的乡村都要进行集体经济产权制度改革,没有集体净资产的村,要做好集体经济组织成员身份界定、劳龄统计和清产核资等基础性工作。北京农村集体经济产权制度改革一般设置30%的集体股。该年全市新完成集体经济产权制度改革的乡村集体经济组织数量是2009年以前累计完成总数的2.06倍。截至2011年底,全市累计完成农村集体产权制度改革的单位3645个,其中村级单位3635个,占村级单位总数的91.4%,有301万农村居民成为股东,全年股份分红总额达20.6亿元,比上年增长40.1%,享受股份分红农民58万余人,人均分红3525元。同年,北京市昌平区农村集体经济产权制度改革完成的村达303个,占全区312个集体经济组织的97%,股东总数达35.4万人,量化资产总额为370.6亿元。当前该区已完成农村集体经济产权改革的村分红比例为91.7%,实现分红3.1亿元,其中,户分红最高10.87万元,个人分红最高3.45万元。

四 地方创新实践评析

各地在推进城镇化、解决农民工问题、促进农民工市民化上已经做出了许多探索创新实践。这些探索创新实践既有积极的一面,也存在许多问题和矛盾。

（1）城镇化道路主要侧重于城镇空间规模发展上，而忽视城镇化发展的内涵和目的。农民工市民化与我国的城镇化发展模式紧密相关。长期以来，我们对城镇化发展道路存在许多认识偏差。我国长期执行"控制大城市规模、积极发展小城镇"的城镇化政策。直到2002年党的"十六大"才开始提出坚持大、中、小城市和小城镇协调发展道路，走中国特色的城镇化道路。但是，这些城镇化方针和道路，都只关注城镇规模的大小，而忽视城镇化的真正内涵和本质要求。城镇化的内涵是人的城镇化，也就是农民工的市民化；城镇化的目的是城市使生活更美好。仅仅从城镇规模上认识城镇化是远远不够的，必须改变传统的城镇化发展模式，注重城镇化的质量和内涵，实现城镇化的真正目的，走以人为本的新型城镇化道路，破除城乡二元结构和城市内部的二元结构，完成农民工市民化，这需要国家层面制定城镇化发展规划和实施意见。

（2）大城市和特大城市的户籍制度改革不适应大量农民工进城的现实需求。当前我国中小城市和小城镇的户籍制度已经放开，但恰恰是农民工等外来人口大量流入的大城市和特大城市，其户籍制度改革基本上没有实质性进展。一方面，虽然上海、深圳、广州等特大城市推出了居住证、积分落户等户籍改革措施，但这些户籍改革措施对于大量农民工等外来人口来说，没有多大的实质性意义。另一方面，各地开展的户籍制度改革主要侧重于本地户籍农民工的户籍改革，而对跨省市农民工的户籍改革则普遍阙如。此外，各地开展的户籍制度改革以本地行政区域为界，各自为政，形成了碎片化、封闭性的户籍网络。这些问题表明，户籍改革需要中央层面的统筹规划和顶层设计，以解决跨省际流动的农民工落户实际问题，确保公民在流动中的身份平等与迁徙自由。

（3）农民工的就业、社会保障等基本公共服务权益需要进一步加以维护和发展。农民工就业政策从长期的限制和歧视，开始逐步走向提供平等的就业机会，但仍有大量农民工没有按照《劳动合同法》的要求与就业单位签订正式的劳动合同。在社会保障问题上，农民工事实上参加社会保险的比率较低，农民工社会保险不能在全国接转，农民工也没有被纳入城镇低保体系。此外，农民工子女异地参加高考问题没有得到解决，农民工的住房保障任重道远。这些问题，都需要加快推进城乡基本公共服务均等化建设。应当顺应农民工进城的现实需求，着眼于农民工是城市的新市民这一根本要求，深化公共财政体制改革，让农民工与城镇职工一样，平等享有公共财政保障的基本公共服务。此外，现在的流动人口管理主要侧重治安管理，未能使农民工全面融入城市社区，农民工在城市社区的知情权、参与权、表达权和监督权都需要通过体制机制创新加以落实和保障。

（4）一些地方在促进农民集中居住、实现农民身份转变中，严重损害农民的土地承包经营权、宅基地使用权等财产权利。近年来，一些地方实行以宅基地换房、以承包地换房等政策，强势推行拆村并居和村庄土地整理，强迫农民集中上楼。山东、河北、江苏、重庆等 20 多个省市都掀起了拆村并居、让农民集中上楼的风潮，严重侵害了农民的土地财产权利，造成了此起彼伏的农民抗争、自焚等突出社会问题。一些地方热衷于强迫农民集中居住的根本出发点在于攫取农民的宅基地等土地，以弥补城镇建设中的用地不足，并获取可观的土地财政收入。在城镇化进程中，必须加快修改《土地管理法》，切实维护农民的土地财产权利。

（5）农村集体资产保障不够，集体收益分配权难以有效落实。集体资产是农民的重要财产。广东、上海、北京、江苏等经济发达地区，在城镇化进程中推行了农村集体经济产权制度改革，在一定程度上维护了农民集体资产和农民集体收益分配权。但从全国来说，集体经济组织产权制度改革还处于试点探索阶段，集体资产流失问题严重，集体资产保值增值任务繁重，集体经济产权改革任重道远。

此外，由于农村民主法治建设的滞后，对集体资产的监督管理不力，以及集体经济组织法治治理结构的不完善，农民难以参与管理和监督过程，致使一些乡村干部侵吞集体资产的现象突出，农村集体经济组织内部人为控制问题严重。全面部署、统筹安排、有效推进农村产权制度改革，保障农民带着集体资产进城，是我国城镇化和农民工市民化面临的重大现实课题，也是农村改革发展的重大现实课题。

2012 年 10 月 7 日

3. 北京市农民工融入城市现状和
程度的实证研究[*]

——对在北京务工的 500 个农民工家庭的访谈数据分析

农村劳动力融入城市受众多因素综合影响,目前农村劳动力市民化的长效机制还没有形成,农村劳动力进得了城,但留不下来的种种问题仍很突出。"十二五"是我国经济结构调整、社会转型、政府转型关键的五年,破解"十二五"现实难题都与农村劳动力融入城市直接或间接相关。解决农村劳动力融入城市的课题,既是"十二五"推进城市化进程的重头戏,也是"十二五"推进城乡一体化的突破口。2011 年底课题组对固定观测的 500 个农民工家庭进行了入户问卷访谈,其中符合条件的问卷 470 份,占样本比例的 94%;其他 30 个家庭的户主为 45 岁以上的农民工。课题组采用了 EPIdata3.1 软件对调研问卷进行规范录入。

一 举家外出的农民工融入城市现状

(一)在京农民工家庭的基本情况

1. 在京农民工个人基本情况

被调查的农民工中,91.17% 的农民工为农业户口(见图 1),男性占 62%,6.07% 的农民工为共青团员,2.25% 的农民工为中共党员(见图 2)。初中及初中以下文化程度者占 80.13%,约有 34.21% 的农民工没有接受完九年义务教育就进城务工。

---

* 执笔:纪韶,首都经济贸易大学劳动经济学院教授、博士生导师。

非农业户口
8.83%

农业户口
91.17%

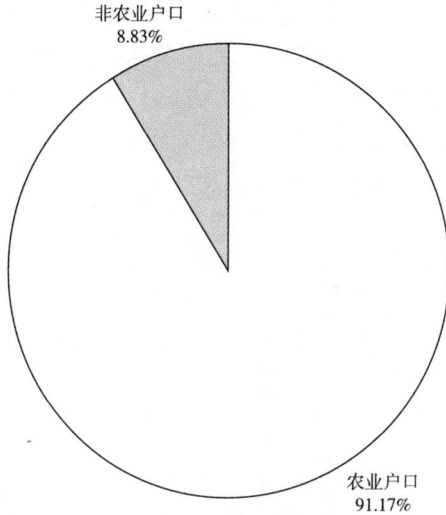

图 1　农民工户口类型

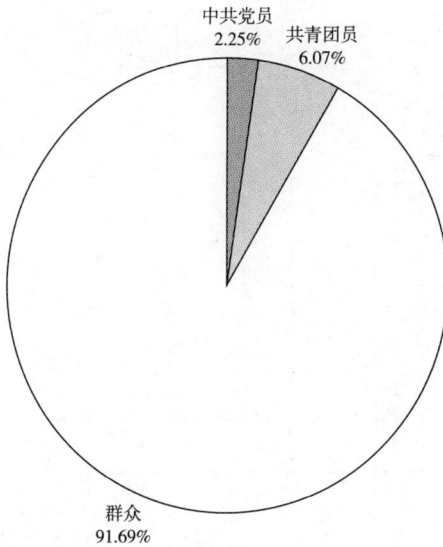

中共党员
2.25%　　共青团员
6.07%

群众
91.69%

图 2　农民工政治面貌

2. 在京农民工婚姻及配偶情况

被调查的农民工中，94.05%的人已婚，0.66%的人离婚，0.44%的人丧偶，4.85%的人未婚（见图 3）。农民工配偶受教育程度在初中及以下的人占

87.58%（见图4），农民工配偶外出就业率为79.63%，95.29%的人是夫妻同城就业（见图5），85.32%的农民工结婚对象选择为同乡。农民工配偶的月收入在960元及以下的占20.06%，月收入为960~1500元的占45.45%，月收入1500~2000元的占16.93%，月收入2000~3000元的占11.60%，5.96%的人月收入在3000元以上（见图6）。20%的人月收入低于北京市最低工资标准。

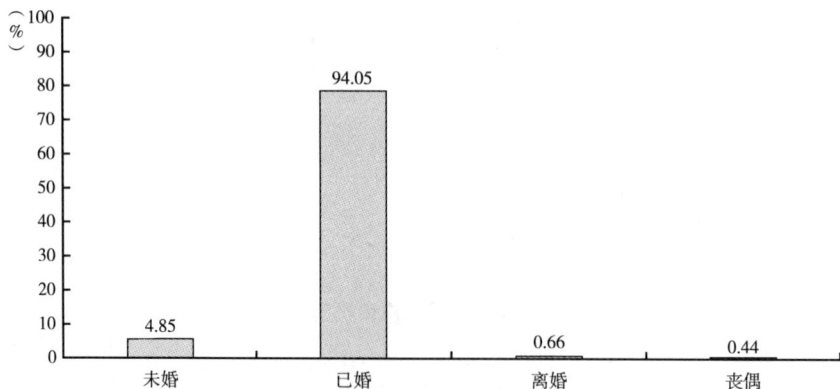

图3　农民工婚姻状况

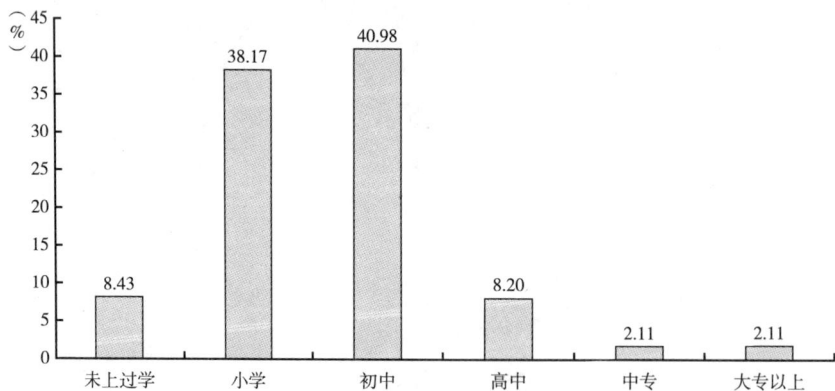

图4　农民工配偶的受教育程度

3. 在京农民工子女情况

被调查的农民工中，97.5%的人已经为人父母，其中，有1个、2个、3个及以上子女的人所占比例分别为：22.27%、57.05%、18.19%（见图7）。75.54%的农民工将子女随迁在自己务工的城市。

否
4.71%

是
95.29%

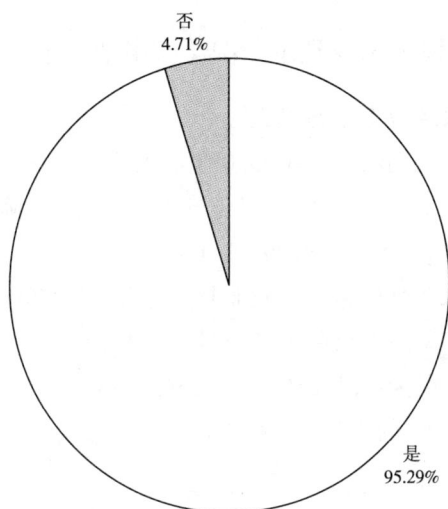

图5 配偶是否与自己同城就业

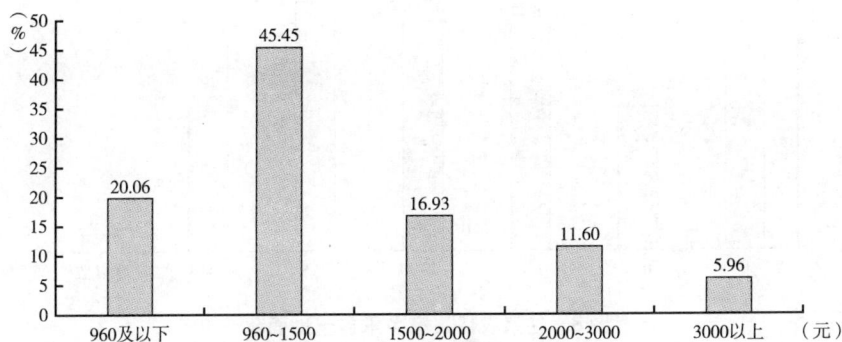

图6 农民工配偶外出就业月收入

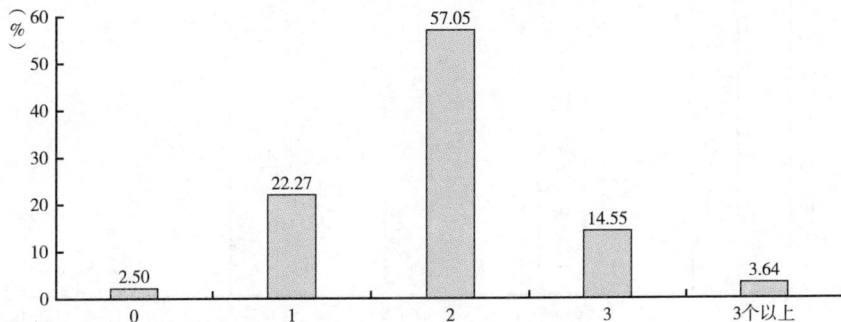

图7 农民工随迁子女人数

（二）在京农民工家乡基本情况（流出地结论）

1. 在京农民工家乡承包土地情况

在家乡有承包土地的农民工占79.05%，其中，有0~1亩、1~2亩、2~3亩、3~5亩、5~10亩及10亩以上土地者所占比例分别为：10.59%、16.47%、16.94%、18.35%、15.29%、1.41%（见图8）。有20.95%的农民工已经将承包土地永久性转包，即农业收入为零。66.39%的农民工在家乡拥有宅基地，其中，宅基地面积在0~0.3亩、0.3~0.5亩、0.5~1亩及以上的农民工所占比例分别为：21.85%、23.25%、15.41%、5.88%（见图9），33.61%的农民工在家乡的宅基地面积为0。

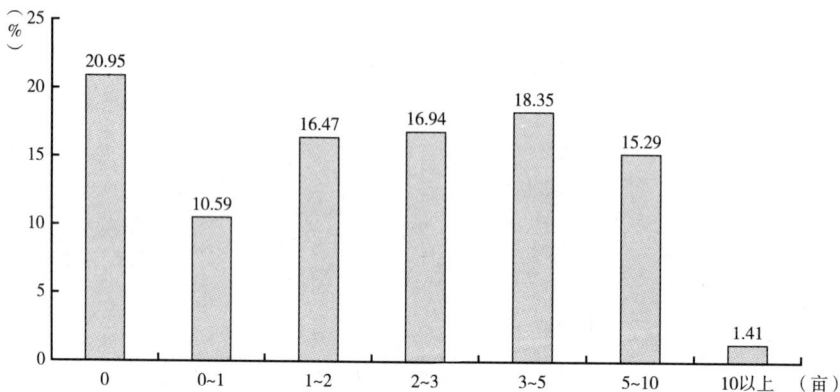

图8 在京农民工家乡承包土地面积

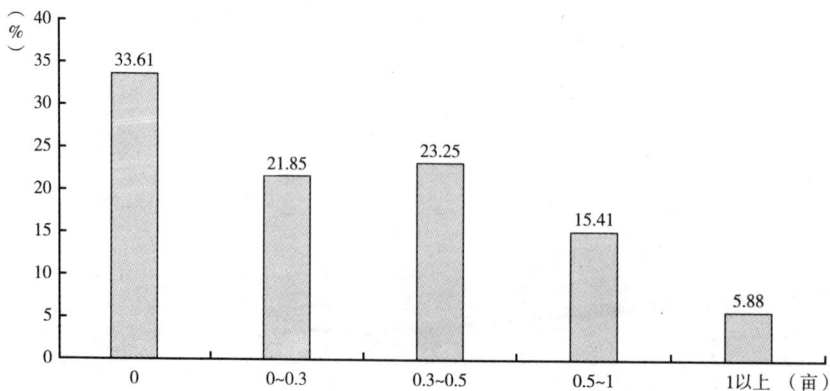

图9 在京农民工家乡宅基地面积

2. 在京农民工家乡留守老人情况

85.62%的农民工家庭有需要赡养的老人（见图10），其中，有1个、2个、3个及以上的老人所占比例分别为：30.49%、51.42%、18.09%（见图11）。在留守老人中，有收入来源者占47.12%；通过经营农业获得收入的老人占35.60%；依靠政府提供的社会保障获得收入的老人仅占4.71%；有4.45%的老人有少量退休金；有1.05%的老人通过享受村组织福利获得收入。70%的老人在2010年全年看病花费约在1000元以上，24%的老人则在5000元以上。此外，在农民工家庭中，44.5%的家庭老人有人照料，55.5%的家庭老人无人照料（见图12）。

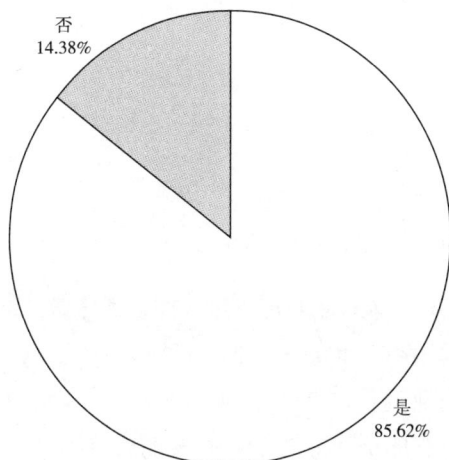

图10 家中是否有需要赡养的老人

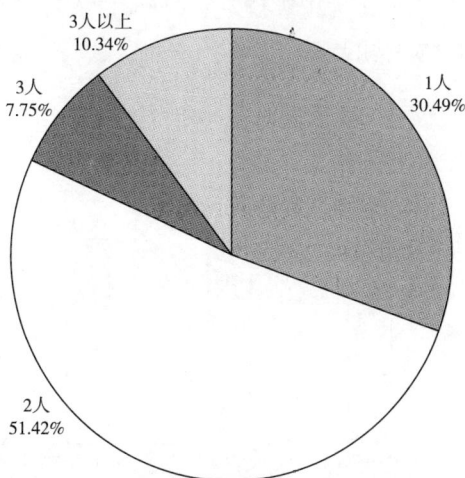

图11 家中需要赡养的老人数量

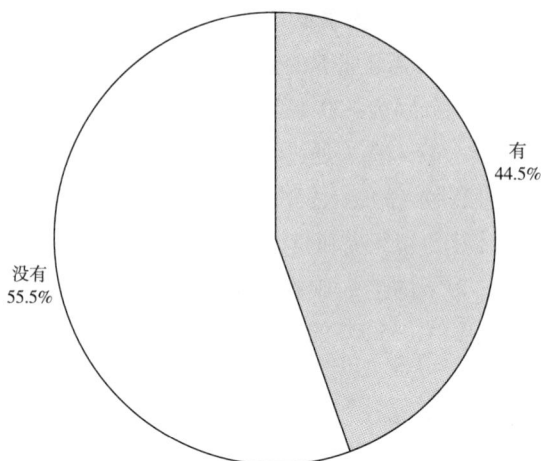

图 12　家中老人是否有人照料

（三）农民工在京接受培训情况

调查显示，82.14%的农民工自己支付全部培训经费，17.86%的人培训经费由政府资助。培训费用在0～1000元、1001～2000元、2001～3000元、3001元及以上者所占比例分别为：27.27%、21.21%、18.18%、6.06%（见图13）。82.01%的农民工没有技能培训证书，69.13%的农民工进厂时没有接受过培训，19.57%的农民工在进厂时接受过一般的引导性培训。80.17%的农民工目前的技能没有等级，6.47%的农民工为中级技工，0.86%的农民工是高级技工。此外，71%的农民工认为培训对外出就业帮助大，6%的人认为无帮助（见图14）。

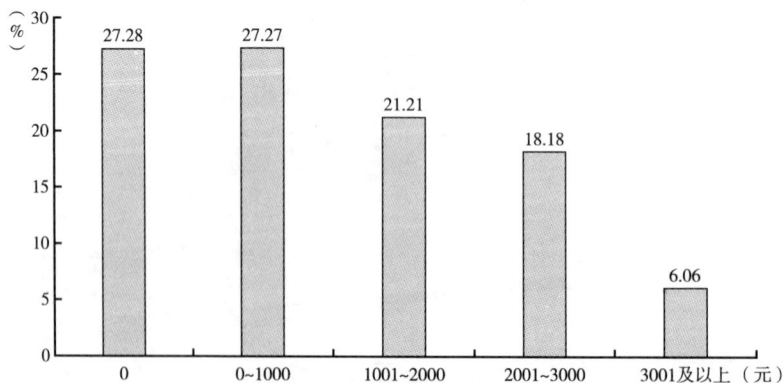

图 13　在京农民工培训经费

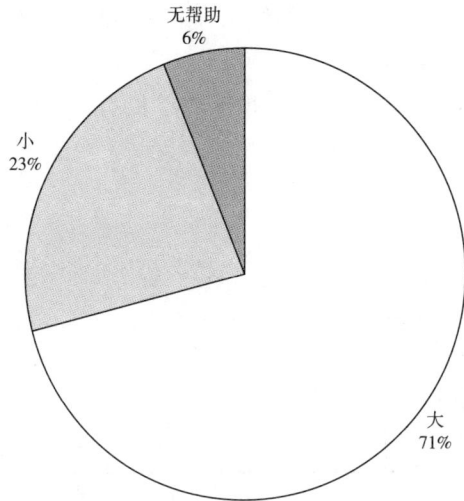

图 14 培训对外出就业帮助大小

（四）农民工在京就业质量及创业情况

1. 农民工在京就业的行业和企业规模

就业于私企、国有与集体企业、外企、其他的农民工所占比例分别为：57.61%、10.36%、1.61%、30.42%（见图15）。从农民工在京就业单位的规模来看，33.33%的单位人数在3个人以内，18.65%的单位有3～10人，

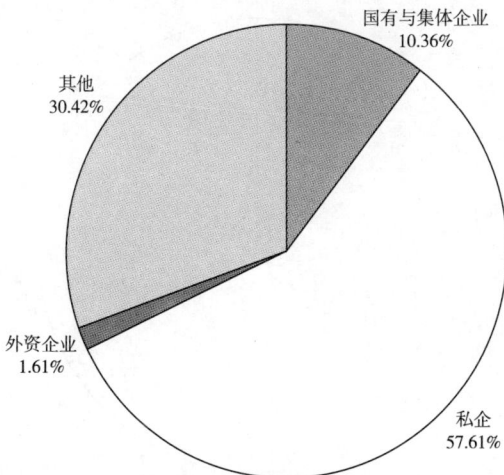

图 15 农民工在京就业单位性质

18.65%的单位有 10～30 人，11.51%的单位有 30～50 人，6.75%的单位有 50～100 人，4.76%的单位有 100～500 人，3.57%的单位有 500～1000 人，2.38%的单位有 1000～2000 人，0.40%的单位有 2000 人以上（见图 16）。82.14%的单位规模在 50 人以内。

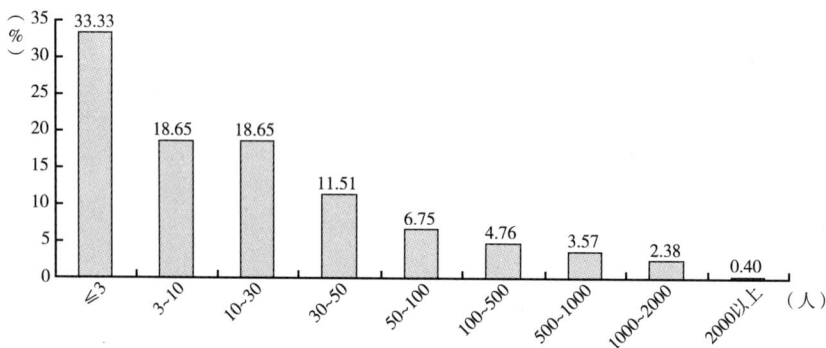

图 16　农民工在京就业单位规模

2. 农民工在北京创业情况

39.11%的农民工属于自营类（见图 17），其中 95.14%的农民工是和家人合伙经营。家庭投资在 1000 元以内、1000～3000 元、3000～5000 元、5000～10000 元、10000～30000 元、30000～50000 元、50000～100000 元及以上者所占比例分别为：27.71%、12.65%、11.45%、16.87%、16.27%、3.01%、

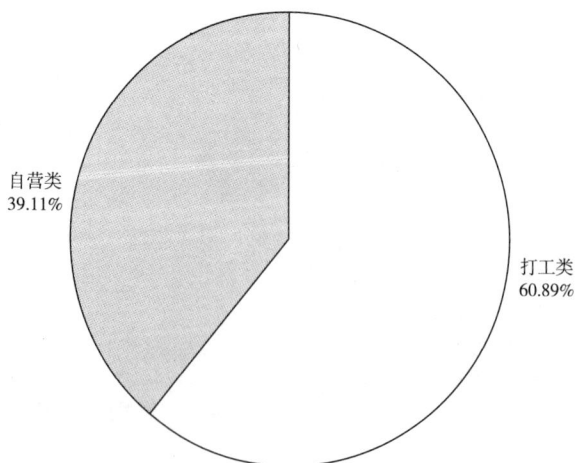

图 17　农民工在京工作性质

6.63%、5.41%（见图18）。投资3万元及以下的占84.95%。56%的农民工家庭没有借款，借款额占总投资额的比例为30%、30%~50%、50%~80%、80%~100%的农民工家庭所占比例分别为：4%、16%、8%、2%。借款渠道主要为亲戚和朋友。

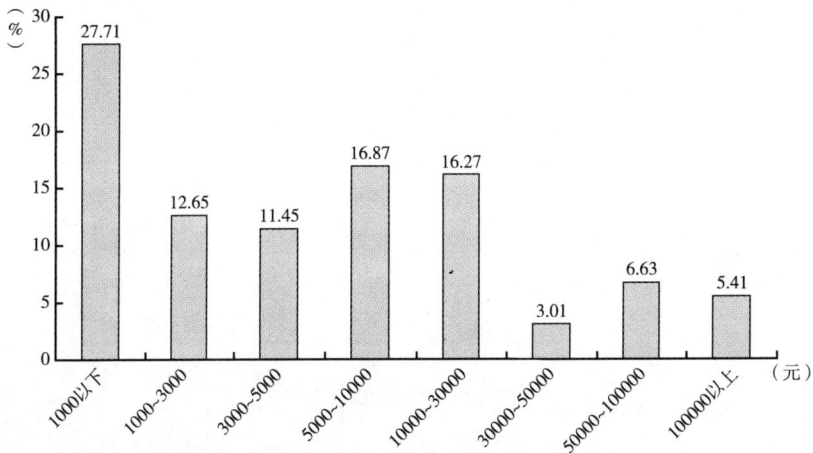

图18 农民工家庭投资金额

3. 在京农民工劳动权益保护情况

在签订劳动合同的农民工中，签订有固定期限劳动合同者占75.0%，签订了以完成一定工作为期限的劳动合同者占5.26%，签订无固定期限劳动合同者占19.74%（见图19）。固定期限合同期限在12个月、12~24个月、24~36个月及以上的农民工所占比例分别为：71.93%、10.53%、14.04%、3.51%。

4. 在京农民工月收入情况

月收入为960元及以下、960~1500元、1500~2000元、2000~3000元、3000~5000元及5000元以上的农民工所占比例分别为：13.19%、41.39%、27.47%、12.45%、5.13%、0.37%（见图20）。调查期内，农民工平均月收入为1718.28元。

5. 农民工在京实际就业时间

2010年，在京农民工实际就业时间在11个月、10个月、6~9个月、0~6个月的农民工所占比例分别为：6%、8%、9%、7%（见图21），有3%的农民工2010年全年处于失业状态。

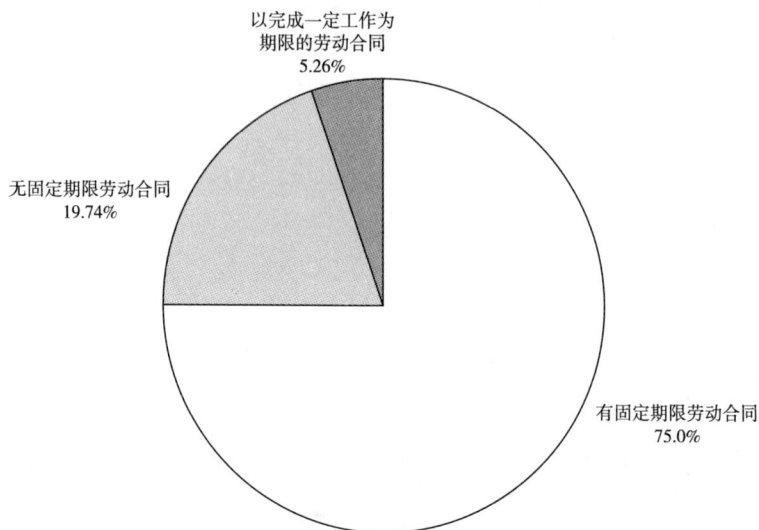

以完成一定工作为
期限的劳动合同
5.26%

无固定期限劳动合同
19.74%

有固定期限劳动合同
75.0%

图19 签订合同类型

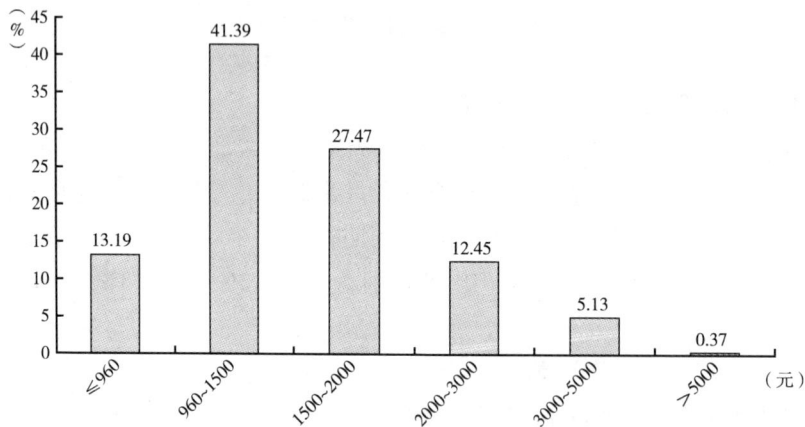

图20 平均月工资总收入

6. 农民工在京医疗保障情况

2010 年, 43% 的农民工生过病或受过伤, 73.22% 的农民工看过医生。97.81% 的农民工自付费用, 1.46% 的农民工是医保报销, 0.73% 的农民工由老板/单位支付。

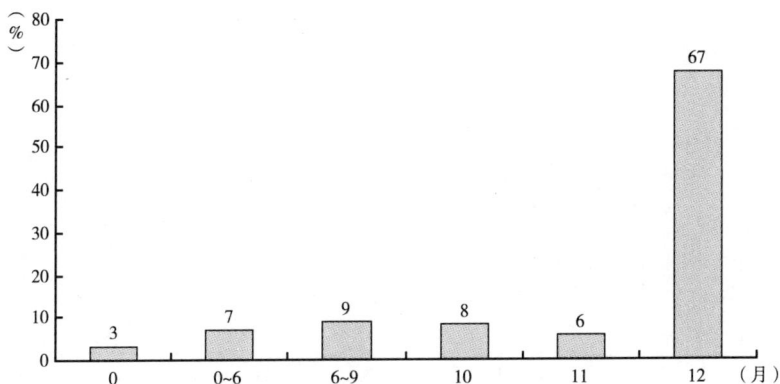

图 21　2010 年在京农民工实际就业时间

（五）农民工在北京的消费支出情况

1. 在京农民工家庭月平均生活消费总支出

家庭月平均生活消费总支出在 1000～2500 元的农民工家庭占总体的 68.81%（见图 22）。食品支出占家庭月平均生活消费支出 30%～70% 的农民工家庭占 78.12%。

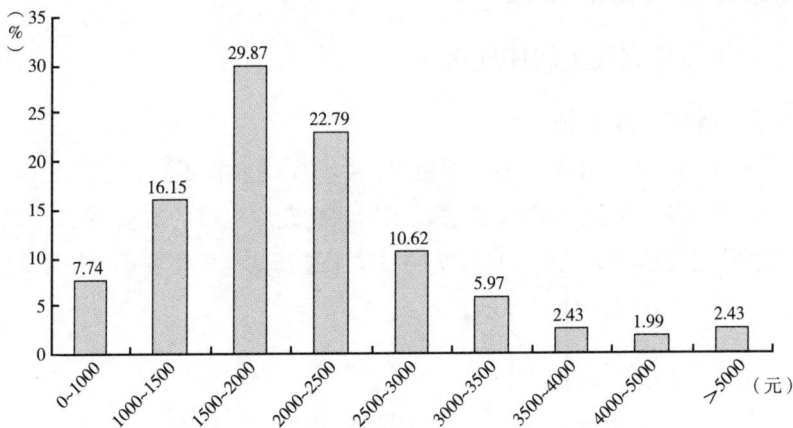

图 22　在京农民工家庭月平均生活消费总支出

2. 在京农民工其他支出情况

房租费在 500 元以内者占 86.59%（见图 23），月平均交通支出在 30 元以内者占 67.85%，月通信费在 100 元以内者占 76.85%。往返路费为 100～1000 元的人占 81.71%，农民工主要来源于周边省市和地区。

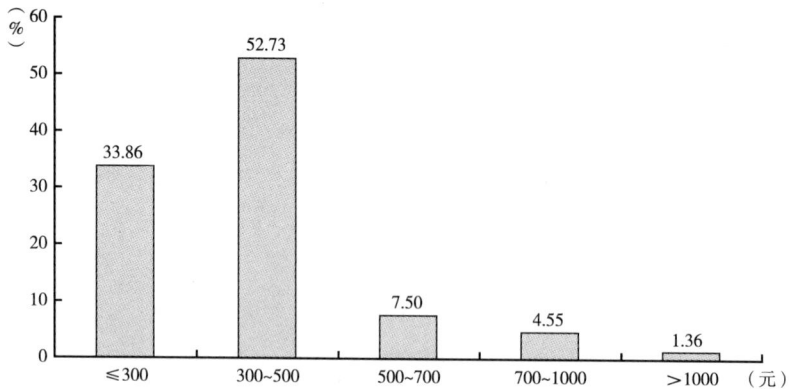

图23 在京农民工月平均房租费

3. 在京农民工子女教育消费情况

87.90%的农民工随迁子女在民工子弟学校就学，10.08%的随迁子女就读于公办学校，1.01%的随迁子女就读于城市高收费的民办学校，1.01%的随迁子女就读于其他类型的学校。一学年学杂费在3000~4000元的农民工家庭占63.35%。83.33%的子女辍学前就读于初中，主要辍学原因是个人厌学情绪得不到有效疏导和家庭经济困难。

（六）在京农民工居住现状

1. 在京农民工居住地点

93.35%的农民工在城乡接合部租房，4.43%的农民工居住在单位的集体宿舍（包括建筑工棚），0.22%的农民工居住在政府提供的廉租房，0.22%的农民工居住在自购的商品房，1.77%的农民工选择其他居住方式（见图24）。

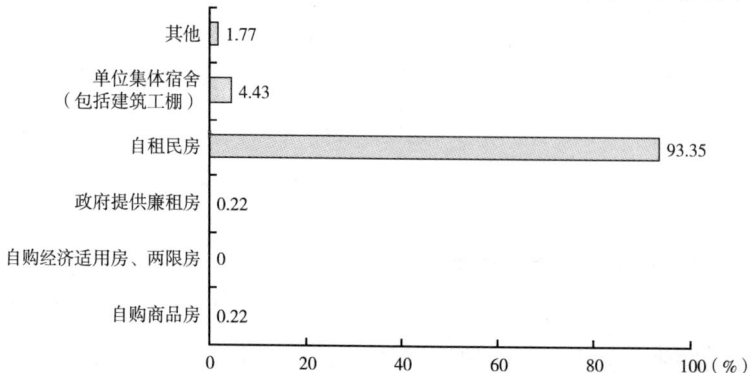

图24 在务工地居住形式

2. 在京农民工业余生活

农民工业余生活时间主要从事的活动依次为：看电视，休息，看书报杂志，聊天、上网打游戏，打扑克，逛街，分别占：70.79%、51.69%、13.03%、12.81%、11.01%、8.09%（见图25）。

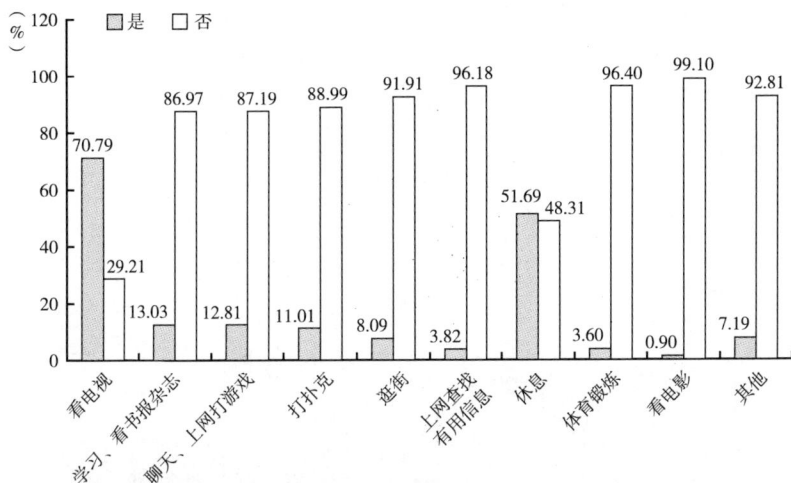

图25 在京农民工主要业余生活（多选）

3. 在京农民工的社会交往

与同县老乡、同省老乡、其他农民工交往的人所占比例分别为：29.06%、12.59%、58.35%（见图26）。69.25%的农民工和当地人基本没有联系。

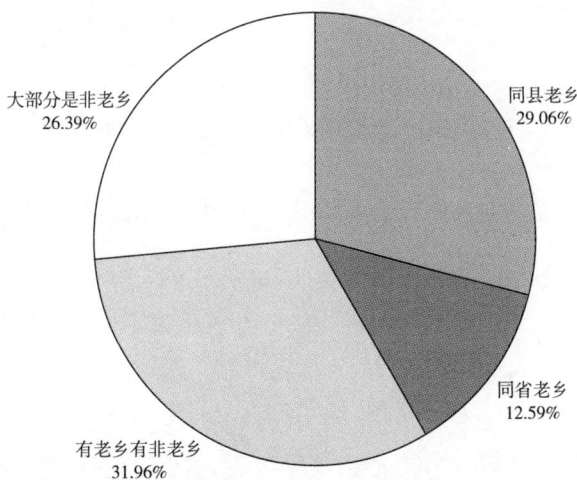

图26 在京农民工交往的主要外来人员

4. 在京农民工受到的不公正待遇问题

对于受到的委屈和欺负，40.76%的农民工回答来自其他外地人，57.96%的人认为来自北京人。对于受到的不公正待遇，39.63%的农民工认为体现在寻找就业岗位方面，24.71%的人认为体现在同工同酬方面，52.68%的人认为体现在社会保障方面，80.89%的人认为体现在子女就学方面，51.05%的人认为体现在住房保障方面，15.85%的人认为体现在获得社区选举权、知情权、管理权和监督权方面（见图27）。

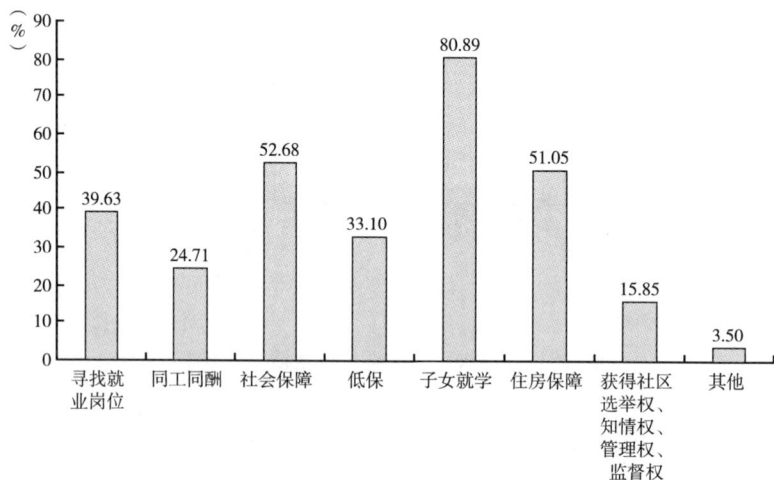

图27　在京农民工与城市居民相比，在哪些方面没有得到公平待遇

二　农民工融入城市程度实证分析

（一）农民工融入城市程度的因子分析对象选择

反映农民工融入城市程度的问题共18个，如表1所示。

其中问题1～16，农民工回答的分值1表示很不同意，2表示不同意，3表示一般同意，4表示同意，5表示非常同意，分值越高，农民工对问卷提出的观点同意程度越高。对于问题17的回答，1表示工人或服务员，2表示技术工人，3表示高级技术工人，4表示班组长，5表示中层以上管理人员，分值越高，农民工工作的技术含量越高。对于问题18，这里将农民工的工资收入划为

表 1　反映农民工融入城市状况的问题 *

序号	问题	序号	问题
1	我很喜欢这座城市	10	我子女与他的同学相处得很好
2	我完全能适应这里的生活	11	我愿意学习更多技术并在城里发展
3	我很想参加社会活动	12	不管我再大困难我也不回农村去
4	我和单位同事关系很好	13	我将在城市养老
5	我愿意主动与城里人交往	14	我认为我现在是城里人
6	我觉得大部分城里人对我很友好	15	我很希望我的孩子成为城里人
7	我对我现有的职业很满意	16	如果有存款,我想买股票、债券
8	我对现有生活非常满意	17	您在单位的职务是什么
9	我对城市的就业政策很满意	18	您现在一个月的工资收入是多少

5 个等级,1 表示农民工工资收入在 960 元以下,即最低工资水平以下,2 表示工资收入为 960 ~ 1500 元,3 表示工资收入为 1500 ~ 2000 元,4 表示工资收入为 2000 ~ 3000 元,5 表示工资收入在 3000 元以上。研究农民工融入度要对以上 18 个问题进行因子分析,提炼反映农民工融入城市的主要因子,同时消除相似问题导致的多重共性问题。

(二)农民工融入城市程度因子分析过程

1. 因子分析检验

因子分析的前提条件为:观测变量之间有较强的相关关系。为了检验这一点,通常使用的因子分析检验方法有逆映像的相关关系矩阵检验(Anti-image Correlation Matrix)、巴特利球检验(Bartlett Test of Sphricity)、KMO 检验(Kaiser-Meyer-Olkin Measure of Sampling Adequacy)三种[1]。使用 SPSS 统计软件中的 Data Reduction 功能得到表 2 的数据,表 2 为反映农民工融入状况的 18 个问题的 KMO 和巴特利球检验结果。一般来说,KMO 检验值在 0.7 以上,说明源数据适合做因子分析,这里的 KMO 值为 0.802。同样巴特利球的显著性检验值为 0,说明变量之间具有非常强的相关关系,表明了本次调研数据非常适合做因子分析。

---

① 郭志刚:《社会统计分析方法——SPSS 软件应用》,中国人民大学出版社,2006。

表 2　KMO 和巴特利球因子分析检验

KMO 检验		0.802
巴特利球检验	Approx. Chi-Square	1.056E3
	df	153
	Sig.	0.000

2. 因子提取

用主成分分析法提取因子, 数据结果如图 28 和表 3、表 4、表 5 所示。图 28 为碎石图, 用于确定因子数目。从碎石图中可以看到, 前 4 个因子对特征值的解释程度比较高, 而从第 5 个因子开始, 后面的因子对特征值的解释能力非常低。表 3 为因子的方差解释情况, 选取 4 个因子能够解释总方差的 54%。

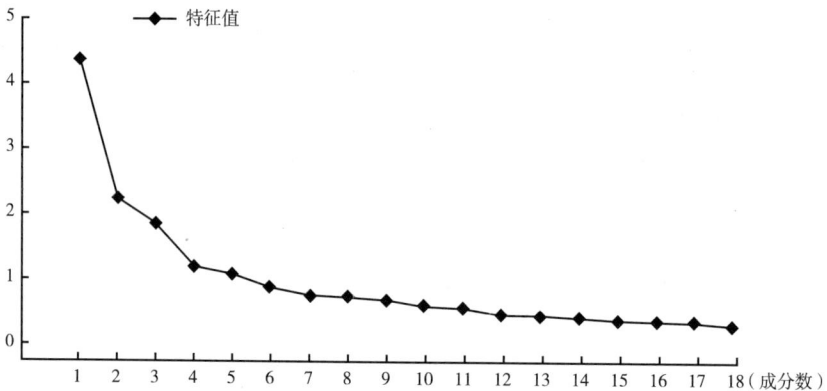

图 28　碎石图

表 3　因子的方差解释

总方差解释									
因子	初始特征值			提取的平方负荷的总和			旋转的平方负荷的总和		
	总量	方差百分比(%)	累计百分比(%)	总量	方差百分比(%)	累计百分比(%)	总量	方差百分比(%)	累计百分比(%)
1	4.416	24.531	24.531	4.416	24.531	24.531	4.099	22.770	22.770
2	2.243	12.459	36.990	2.243	12.459	36.990	2.119	11.773	34.543
3	1.859	10.325	47.316	1.859	10.325	47.316	2.092	11.624	46.167

总方差解释								
因子	初始特征值			提取的平方负荷的总和			旋转的平方负荷的总和		
	总量	方差百分比（%）	累计百分比（%）	总量	方差百分比（%）	累计百分比（%）	总量	方差百分比（%）	累计百分比（%）
4	1.220	6.778	54.093	1.220	6.778	54.093	1.427	7.926	54.093
5	1.093	6.070	60.163	—	—	—	—	—	—
6	0.890	4.945	65.108	—	—	—	—	—	—
7	0.772	4.289	69.398	—	—	—	—	—	—
8	0.766	4.255	73.653	—	—	—	—	—	—
9	0.706	3.923	77.576	—	—	—	—	—	—
10	0.614	3.413	80.989	—	—	—	—	—	—
11	0.580	3.223	84.212	—	—	—	—	—	—
12	0.485	2.694	86.906	—	—	—	—	—	—
13	0.458	2.547	89.453	—	—	—	—	—	—
14	0.432	2.401	91.853	—	—	—	—	—	—
15	0.404	2.243	94.096	—	—	—	—	—	—
16	0.383	2.126	96.222	—	—	—	—	—	—
17	0.370	2.053	98.275	—	—	—	—	—	—
18	0.310	1.725	100.000	—	—	—	—	—	—

注：提取方法为主成分分析法。

表4　因子矩阵

旋转后的因子矩阵				
	因子			
	1	2	3	4
热爱城市	0.70	0.14	0.14	-0.05
完全适应生活	0.65	0.05	0.23	0.01
希望进行社交	0.45	0.33	0.14	0.24
同事关系良好	0.77	-0.21	0.12	0.07
愿意主动交际	0.60	0.27	0.41	0.10
城里人很友好	0.56	0.12	0.40	0.01
子女人际融洽	0.66	-0.27	0.14	-0.13
学技术促发展	0.69	0.02	-0.13	-0.01

续表

旋转后的因子矩阵

	因子			
	1	2	3	4
希望子女融入	0.66	-0.11	-0.19	-0.08
不会回农村	0.29	0.69	-0.15	-0.04
将在城里养老	0.10	0.76	0.03	-0.12
我是城里人	-0.31	0.66	0.11	0.01
满意现有职业	0.27	-0.13	0.69	0.16
满意现有生活	0.01	-0.08	0.81	-0.01
满意就业政策	0.02	0.21	0.62	0.06
存款购买股票	-0.32	0.12	0.08	0.43
单位职务	-0.08	0.11	0.13	0.78
工资收入	0.03	-0.16	0.01	0.81

表5　根据变量含义界定的因子名字

就业收入因子 （经济因子）	生活交际因子 （社会因子）	满意程度因子 （心理因子）	留城意愿因子 （发展因子）
存款购买股票 单位职务 工资收入	热爱城市 完全适应生活 希望进行社交 同事关系良好 愿意主动交际 城里人很友好 子女人际融洽 学技术促发展 希望子女融入	满意现有职业 满意现有生活 满意就业政策	不会回农村 将在城里养老 我是城里人

3. 因子得分——融入度

目前对于融入度的测量还没有一个统一的标准，为了综合考虑农民工的经济融入、社会融入、心理融入、发展融入，本文利用因子得分来构建判断融入程度的指标——融入度。本文定义的融入度为经济、社会、心理和未来因子得分的加权求和，各个因子得分的权重均为1/4。最终得出融入度的值为 -6 ~ 8，其中，融入度为 -6 ~ -3 的占4.7%，融入度为 -3 ~ -2 的占10.9%，融入度为 -2 ~ -1 的占12.8%，融入度为 -1 ~ 0 的占24.2%，融入度为 0 ~ 1

的占 21.8%，融入度为 1~2 的占 10.4%，融入度为 2~3 的占 8.1%，融入度为 3~8 的占 7.1%（见表6）。

表6　农民工市民化融入度

值	有效百分比(%)	累计百分比(%)
-6~-3	4.7	4.7
-3~-2	10.9	15.6
-2~-1	12.8	28.4
-1~0	24.2	52.6
0~1	21.8	74.4
1~2	10.4	84.8
2~3	8.1	92.9
3~4	4.3	97.2
4~8	2.8	100

（三）农民工融入城市的影响因素分析

将经济、社会、心理和发展因子以及融入度分别作为因变量，选取性别、年龄、文化程度等变量作为自变量，进行回归分析。[①]

回归分析结论如下：

（1）性别融入度系数为 0.48（见表7）。说明性别对农民工融入城市有正向影响，男性比女性的经济融入系数高 0.07，社会融入系数低 0.05，心理融入系数低 0.18，发展融入系数高 0.63。

（2）年龄融入度系数为 -0.08。说明年龄对农民工融入城市有负向影响，年龄每提升一个等级，经济融入系数降低 0.07，社会融入系数升高 0.01，心理融入系数升高 0.04，发展融入系数降低 0.06。

（3）政治面貌融入度系数为 0.95。说明政治面貌对农民工的融入有显著影响。党员身份比非党员身份的农民工经济融入系数高 0.23，社会融入系数高 0.25，心理融入高 0.33，发展融入高 0.14。

（4）教育程度融入度系数为 1.16。通过显著性检验，教育程度每提升一个等级，经济融入系数升高 0.72，社会融入升高 0.04，心理融入升高 0.1，发展融入升高 0.3。

---

① 张文宏：《城市新移民社会融合的结构、现状与影响因素分析》，《社会学研究》2008 年第 5 期。

表 7   回归分析结论

类别 项目	经济因子（模型一）	社会因子（模型二）	心理因子（模型三）	发展因子（模型四）	融入度（模型五）
常　数	0.68	− 0.27	− 2.92	− 1.60	− 4.11
政治面貌	0.23	0.25 **	0.33 **	0.14	0.95 **
性　别	0.07 **	− 0.05 **	− 0.18	0.63	0.48
教育程度	0.72 **	0.04	0.10	0.30 **	1.16 **
婚姻状况	0.18 **	− 0.08 **	− 0.12	0.15	0.13 **
打工年数	0.01	0.14 **	0.10 **	− 0.05	0.20 **
合同签订	0.12	0.03	0.01	0.06 **	0.22
工作时长	0.05 **	− 0.06 **	0.16	− 0.08	0.07 **
工资发放	0.15	0.06	0.08 **	0.04	0.33
培　训	0.10 **	0.04	0.03	0.06 **	0.23
年　龄	− 0.07 **	0.01	0.04	− 0.06	− 0.08 **

注：表中带有 ** 的数值均通过 95% 显著性检验。

（5）婚姻状况融入度系数为 0.13。通过显著性检验，已婚农民工比未婚农民工的经济融入系数高 0.18，社会融入低 0.08，心理融入低 0.12，发展融入高 0.15。

（6）打工年数融入度系数为 0.2。通过显著性检验，在外打工年数每提升一个等级，农民工经济融入系数提高 0.01，社会融入提高 0.14，心理融入提高 0.1，发展融入降低 0.05。

（7）合同签订情况融入度系数为 0.22。说明合同签订对农民工城市融入有正向影响，但影响不显著。已签订劳动合同农民工比未签合同的农民工的经济融入系数高 0.12，社会融入高 0.03，心理融入高 0.01，发展融入高 0.06。

（8）工资发放融入度系数为 0.33。说明对农民工城市融入有正向影响。工资正常发放农民工的经济融入系数高 0.15，社会融入高 0.06，心理融入高 0.08，发展融入高 0.04。

（9）培训状况融入度系数为 0.23。说明培训情况对农民工城市融入有正向影响，但不显著。接受过培训的农民工比未接受过培训的农民工经济融入系数高 0.1，社会融入高 0.04，心理融入高 0.03，发展融入高 0.06。

三　主要研究结论和相关政策建议

1. 制度上的限制是影响农民工融入城市的主要因素

从实证分析结论看，目前影响农民工融入城市的主要障碍是制度因素。

（1）政府对农民工提供的公共就业服务严重不足。促进就业是一项公共政策，各国政府都发挥着重要作用。21世纪以来，我国政府的公共就业服务体系在解决农民工问题上发挥的作用越来越大，但与庞大的农民工就业需求相比，政府对农民工提供的公共就业服务仍有很大缺口。表现为：公共就业服务体系在农村基础薄弱，相关政策措施和用工信息没有传递到农民工手中；以城市居民为主要服务对象的就业服务模式，即通过组织招聘洽谈或登记的方式，对流动性大、低层次的劳动力也不适用；农民工想返乡创业或就业，获得政策和就业信息很难。国家至今没有建立农民工就业统计和信息发布制度以及就业预警机制，面向农民工的就业信息纵向短路，横向阻隔，各机构之间信息缺乏沟通。

（2）农民工的合法劳动权益没有得到切实的保障。尽管在保障农民工劳动权益方面已取得了明显的进展，但仍存在薄弱环节和突出问题；尽管法律法规保护平等就业，但由于有关法律执行不到位，对农民工的就业歧视仍很严重，同工不同酬、劳动用工管理不规范、合同签约率低、劳动安全条件差、职业病和工伤事故多等问题屡见不鲜。

（3）农民工的社会福利严重缺失。许多进城的农民工子女尚未纳入城市的公办义务教育体系；农民工参加城镇养老、医疗等社会保险比率很低；农民工住房尚未纳入城镇住房保障体系，成为融入城市的最大障碍；农民工民主权利缺失等。调研还发现，政策运作和实施缺乏必要的社会基础；政策目标仅限于解决社会问题和维护社会稳定，没有上升到促进农民工融入城市的层面；大多数政策是补偿性政策，缺乏发展性政策。

"十二五"期间，要加快农民工融入城市，建议做好以下工作：完善城乡就业服务体系，多渠道促进农村劳动力转移；逐步改善农民工子女在城镇入学和就医等方面的条件，加快建立覆盖所有农民工的普惠公共服务制度；稳步推进覆盖农民工的城镇保障性住房体制改革，逐步建立多层次的农民工住房供应体系；深化户籍制度改革，逐步将农民工纳入本地各项社会管理；发展县域经济，提高中小城镇的发展质量，增强其对农民工的吸纳能力；加强农民工的职业技能培训，重点培养技能适用型和技术熟练型农民工；依法维护农民工的合法劳动权益，逐步建立农民工工资合理增长机制、土地和民主权益保障机制；动员社会多方面力量参与对农民工的服务，在全社会形成关心和尊重农民工的良好氛围。

2. 农民工融入城市的程度和流动就业类型与个人素质有关

从调研数据和因子分析的结论看，目前农民工融入城市的程度还很低。研究表明，融入度数值越高，农民工对城市生活的满意度越高，定居城市的愿望就越强烈。本次数据得出融入度取值为 3 以上的仅占 7.1%。影响融入度的关键因子涉及经济、社会、心理、就业、健康、人力资本。

目前多数农村劳动力仍选择"候鸟式"流动模式。这种在城乡之间、在工业和农业之间的双向流动是一种就业型的流动模式，城市对其仅仅是经济上的接纳。在北京就业的农民工多是就业型的流动者。我国农民工从就业型融入走向定居型融入要经历经济、社会和心理三个融入阶段，其演变是依次递进的。经济融入是立足城市的基础，社会融入反映了融入城市的广度，心理融入是参与城市生活的深度。目前我国大部分的农民工初步完成了在城市的经济融入，在走向社会融入和心理融入阶段的主要障碍是城市文化的排斥和城市生活成本的增长，这一障碍影响他们对城市的价值取向和融入速度。影响城市文化排斥和工资水平的重要因素是农民工的综合文化素养。教育、培训、工作经历是农民工人力资本积累的重要方式，对其提高综合素养并在城市长期生存和发展具有显著影响。人力资本积累越丰厚的农民工融入城市的速度越快。对于农民工来说，这种人力资本的提升除了正规教育外，职业培训具有重要意义。因子分析结论：目前，学历教育的年限对农民工融入城市的作用较明显，城市职业培训的关键作用尚未充分体现出来。

从政策制定角度看，一是，对农村劳动力转移培训的专门立法缺失。我国还没有一部专门针对农村劳动力教育培训方面的专门法律法规，虽然现行的教育法、职业教育法、农业法、农业技术推广法、劳动法等都从不同的侧面涉及农民培训问题，但这些法规对规范农民培训针对性不强，我国农村劳动力培训无法可依，依法施教成为空谈。这使得农村劳动力培训的管理制度缺失，缺乏统一协调的管理体系。二是，农村劳动力培训的费用严重不足，政府列支的专门用于农民工的培训经费少，已有经费的使用效率低，耗费和浪费较大。这使得地方政府开展的转业培训和就业服务培训主要针对当地人，所补贴的也是本地户籍者，外来工依然没有被纳入政策范围。三是，对农村劳动力进行培训的公益性培训机构短缺，已有的公共培训机构基本被商业化，不能适应对外来农民工的免费和低费培训的需要。培训流于形式，务实差，实效差，所采用的培训方式不适合农村劳动力的特点。

从政策执行角度看，政府在农村劳动力培训的投入、服务的提供、权力的配置等工作成了中央政府与地方政府、地方政府之间、政府与企业之间博弈的平台。农村劳动力流入地与流出地的政府之间如何分担投资等问题没有明确规定。

在"十二五"期间，建立起农村劳动力转移就业的长效机制，通过各类成人教育、职业培训，继续促进农民工人力资本的提升和改善，为其在城市稳定就业创造条件。提高农民工收入水平最重要的是提高他们受教育的水平，即主要通过加大对农民工的人力资本投入来提高农民工在劳动力市场上的收入地位，而不是仅仅依赖提高最低工资标准。

参考文献

郭志刚：《社会统计分析方法——SPSS 软件应用》，中国人民大学出版社，2006。

张文宏：《城市新移民社会融合的结构、现状与影响因素分析》，《社会学研究》2008 年第 5 期。

刘建娥：《乡－城移民（农民工）社会融入的实证研究》，《人口研究》2010 年第 5 期。

李培林：《农民工在中国转型中的经济地位和社会态度》，《社会学研究》2007 年第 3 期。

丁宪浩：《农民工社会融入问题分析》，《财经科学》2006 年第 10 期。

4. 对北京外地农民工有序
流入的调查与思考[*]

"十二五"开局之年，外地农民工的流入使北京呈现出环境资源压力紧绷与用工需求持续增长、产业升级与农民工缺乏相应技能、传统用工模式与新生代农民工诉求变化、区域规划重点与农民工流入意愿、城市间公共服务竞争加剧与农民工保障投入等诸多两难问题，迫切需要深入研究如何促进外地农民工的有序流入，加快建立统一规范灵活的人力资源市场，构建和谐的农民工劳动关系。时任国务院总理温家宝在 2010 年政府工作报告中专门强调，要"完善就业服务体系，健全劳动力输出输入地区协调协作机制，引导劳动力特别是农民工有序流动"。《北京市国民经济和社会发展第十二个五年规划纲要》明确将"社会管理和服务体系更加完善，人口调控管理服务能力进一步增强"作为今后五年首都经济社会发展的主要目标之一。

课题组根据 2011 年来京人员就业状况调查数据，结合北京产业发展布局、社会管理规划、人口红利逐步下降、新的社会保险法实施等发展背景，对劳务输出大省驻京办和有关科研院所等单位领导和专家进行了访谈，并召开了 3 次农民工座谈会，深入研究了农民工流入的现状、趋势和存在的主要问题，提出了引导外地农民工有序流入的思路和对策。

一 农民工流入北京的现状分析

（一）冀、豫、鲁、皖四省农民工比例较高，天津的吸引力提升

据 2011 年调查数据显示，北京外地农民工主要以河北、河南、山东、安

---

* 本文为北京市人力资源和社会保障局农民工工作处课题研究成果。

徽四省最多，约占来京农民工总数的55.6%，其中河北籍的农民工比例最高，占22.5%（见表1）。值得关注的是，天津近年来着力改善农民工住宿条件，滨海新区新建工厂加强了配建宿舍的力度，河北农民工流入天津的比例不断提高。

表1　2011年流入北京农民工最多的10省份

农民工来源省份	数量（人）	比例（%）
河　　北	4502	22.5
河　　南	3335	16.6
山　　东	1829	9.1
安　　徽	1486	7.4
四　　川	1114	5.6
湖　　北	1010	5.0
黑　龙　江	936	4.7
山　　西	823	4.1
内　蒙　古	563	2.8
江　　西	486	2.4

（二）新生代农民工成为主体，人口红利重要性凸显

调查数据显示，外地流入北京的农民工以80后新生代农民工为主，16~30岁的青年农民工占总数的53.5%，其次是31~50岁的中年人，占总数的42.5%（见图1）。以新生代劳动力为主的外来人口延缓了北京人口老龄化进程的压力，在"用工荒"的发展背景下，外地青壮年人口红利的重要性得以凸显。

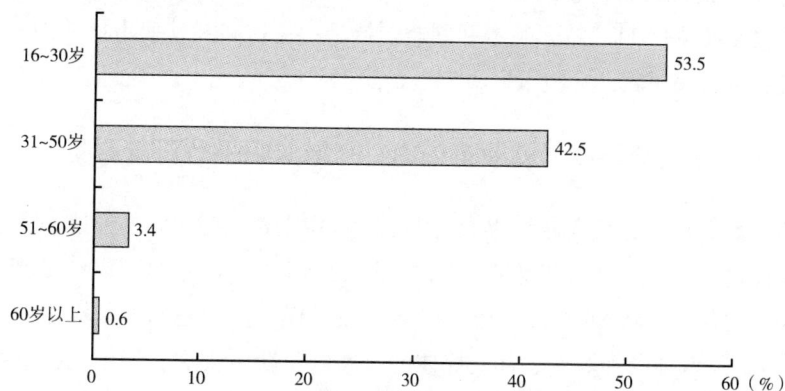

图1　外地流入北京的农民工年龄结构

（三）初中文化程度的农民工居多，高中及以上学历人员逐渐增长

调查数据显示，外地农民工学历结构以初中为主，占总数的 51.7%，小学及以下学历者占 8.4%（见图 2）。高中及以上学历的农民工占总数的近四成，与 2005 年的调查相比，呈大幅上升趋势。

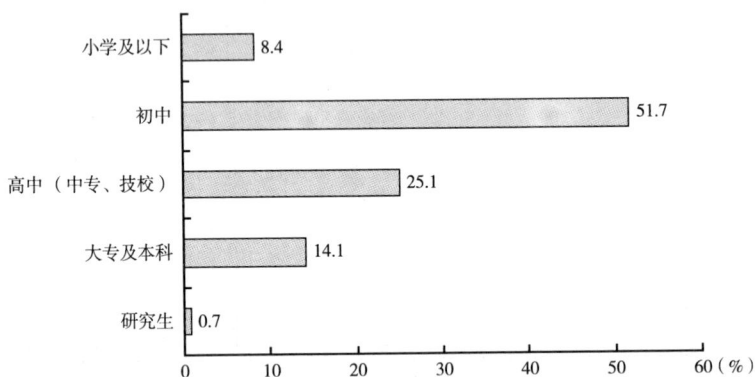

学历	百分比
小学及以下	8.4
初中	51.7
高中（中专、技校）	25.1
大专及本科	14.1
研究生	0.7

图 2　外地农民工学历结构

（四）服务业吸纳多数农民工，制造业和建筑业就业比重不足两成

调查数据显示，服务业吸纳了多数农民工，其中批发和零售业占比最高，达 12.9%，其次为制造业，占比 11.6%（见图 3）。值得关注的是，居民服务和其他服务业占比 11.2%，基本和制造业持平；住宿和餐饮业占比 9.4%，超过建筑业的农民工就业比例（7.2%）。

（五）熟人介绍成为就业主渠道，网络求职平台日益重要

调查数据显示，熟人介绍成为农民工就业主渠道，42.4% 的外地来京农民工经常通过老乡、同事、亲戚、朋友等熟人介绍的方式寻找工作（见图 4）。值得关注的是，5.8% 的农民工通过网络寻找工作，远远超出劳务输出的比例（1.0%）。随着移动互联网、社交媒体的发展以及新生代农民工中网民比例提高，网络平台在就业促进方面的地位将进一步凸显。

批发和零售业　　　　　12.9
制造业　　　　　11.6
居民服务和其他服务业　　　　　11.2
住宿和餐饮业　　　　9.4
建筑业　　　7.2
信息传输、计算机服务和软件业　　4.9
交通运输、仓储和邮政业　2.8
文化、体育和娱乐业　2.0
教育　1.8
房地产业　1.2
卫生、社会保障和社会福利业　1.0
租赁和商务服务业　0.9
金融业　0.9
科学研究、技术服务和地质勘察业　0.7
电力、燃气及水的生产和供应业　0.7
水利、环境和公共设施管理业　0.3
农、林、牧、渔业　0.3
公共管理和社会组织　0.2
采矿业　0.1
国际组织　0

0　2　4　6　8　10　12　14（%）

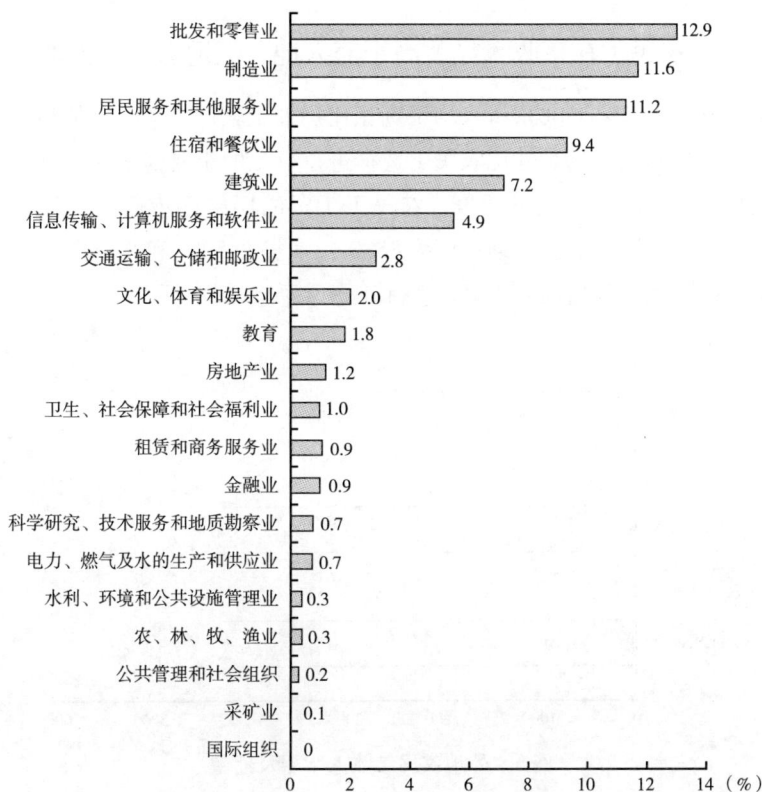

图3　外地农民工在京从业行业结构

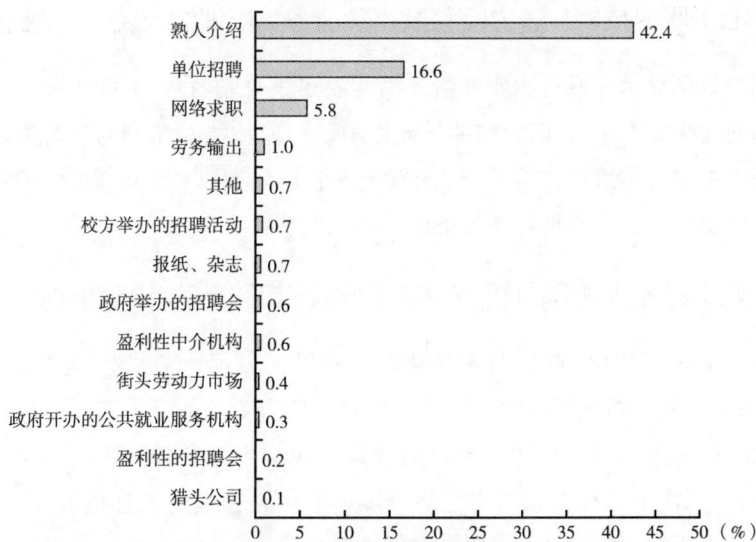

熟人介绍　　　　　　　　　42.4
单位招聘　　　16.6
网络求职　5.8
劳务输出　1.0
其他　0.7
校方举办的招聘活动　0.7
报纸、杂志　0.7
政府举办的招聘会　0.6
盈利性中介机构　0.6
街头劳动力市场　0.4
政府开办的公共就业服务机构　0.3
盈利性的招聘会　0.2
猎头公司　0.1

0　5　10　15　20　25　30　35　40　45　50（%）

图4　外地农民工就业渠道

（六）农民工在京收入显著高于流入地，但远远低于预期

尽管农民工收入同北京市人均工资相比仍处于较低水平，但是和流出地相比，相对较高的收入仍是外地农民工选择进京打工的重要因素。不过，面对用工短缺和城市间的务工政策竞争，农民工工资的期望逐步提升。调查数据显示，在京外来农民工的工资期望值为4880元（见图5），和北京市职工平均工资基本保持一致，超出农民工目前实际工资水平近2000元。

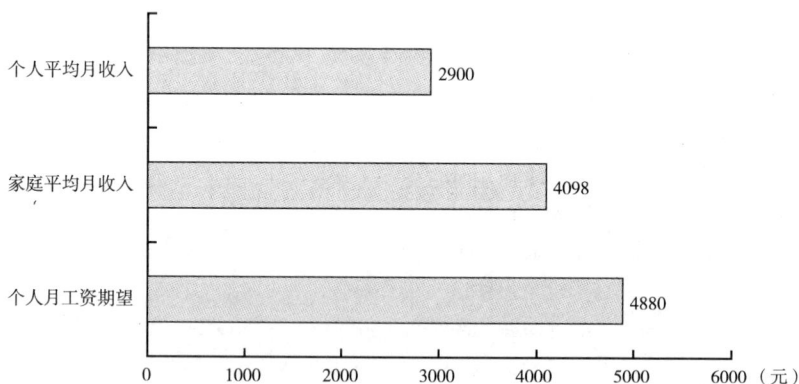

个人平均月收入　2900
家庭平均月收入　4098
个人月工资期望　4880

0　1000　2000　3000　4000　5000　6000（元）

图5　外地农民工收入水平及期望

（七）职业技能显著影响薪酬，参加各类培训的农民工比例超一成

调查数据显示，取得职业资格证书的农民工月均收入为3894元，没有相关证书的仅为2752元，两者相差千元以上。职业技能对薪酬的显著影响带动了农民工参加各类培训，除了企业和政府举行的培训以外，10.8%的农民工表示来京以后个人自主参加过相关培训。

（八）自愿失业现象较多，未来成长和工作环境更受重视

调查发现，29.0%的暂时未就业外地农民工表示，未就业的主要原因是"期望薪金与实际薪酬相差太大"（见图6）。值得关注的是，超过半数的农民工求职时最关注的信息是用人单位的背景（包括行业背景、企业形象、企业规模等）、工作辛苦程度、工作生活环境、上班路程远近、公司的发展规划、是否签订规范的合同、是否提供社会保障等。

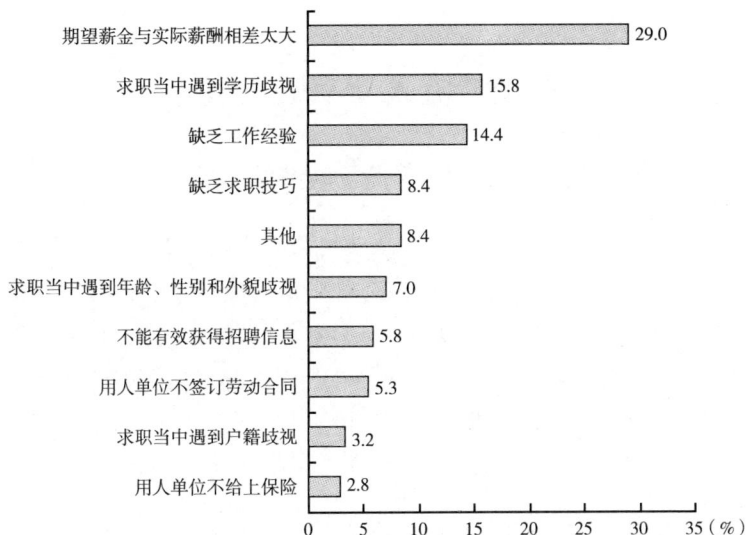

图6 农民工求职时关注的信息

（九）在京就业3年以上农民工过半数，难以适应返乡环境

调查数据显示，57.5%的农民工在京累计工作时间超过3年，其中，在京累计工作时间为3~5年的农民工所占比例为21.6%，工作时间为5~10年和10年以上的农民工分别占22.5%和13.4%（见图7）。农民工长期在京务工，已经适应了首都的工作、生活和文化环境，即便暂时就业遇到困难或对城市环境还存在诸多不满意之处，也难以适应返乡环境。

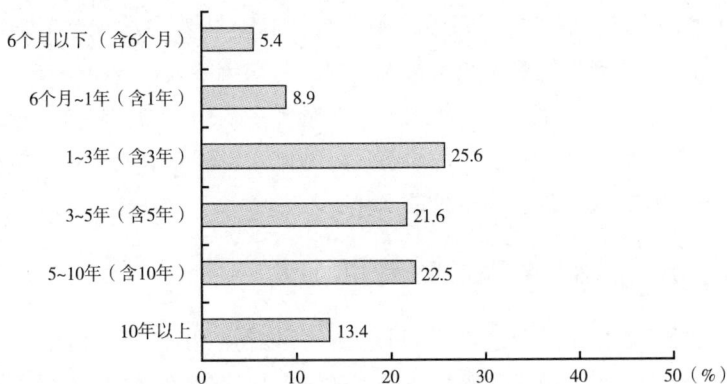

图7 外地农民工在京就业时间

二 农民工流入北京的发展趋势

（一）环境资源压力与人口增长矛盾持续紧绷

"努力遏制人口无序过快增长"已被北京市"十二五"规划纲要列为未来五年工作的重中之重，郭金龙市长在 2010 年的政府工作报告中明确提出，"加强人口调控管理"，"抓紧研究制定人口有序管理的一揽子政策措施"。但是，目前总体来看外地农民工的流入还处在相对无序的阶段，缺乏有效引导，很难找到控制外地农民工流入的抓手，环境资源压力与人口增长矛盾将持续紧绷。

（二）通胀压力倒逼农民工调控政策

2011 年，北京市 CPI 涨幅达到 5.6%，处于高位，距年初确定的控制在 4% 以内的目标存在差距。农民工流入调控政策过于从紧导致居民生活服务业、蔬菜流通业等人力成本进一步提升，加大了低收入人群的生活压力，从而对社会保障水平提出了更高的要求。通胀压力通过作用于生活成本，特别是低收入人群的生活压力倒逼农民工调控政策适度从宽，缓解物价上涨压力。

（三）老龄化趋势凸显外地农民工人口红利价值

目前，北京市人口老龄化正以迅猛的速度推进。北京市老龄办于 2011 年 9 月 27 日发布的《北京市 2010 年老年人口信息和老龄事业发展状况报告》显示，2010 年，北京市老年抚养系数达到 26%，这意味着大约 4 个劳动力就要抚养 1 个老年人。老年抚养系数是指人口中非劳动年龄人口数中老年部分与劳动年龄人口数之比。北京市近 4 年来的老年抚养系数均呈增长趋势，预计未来还会继续上升。面对老龄化加速的趋势，外地来京青壮年农民工将有效降低本市老年抚养系数，人口红利战略价值凸显。

（四）城市间吸引农民工政策力度加大

面对青壮年农民工劳动力短缺的问题，各地纷纷出台相关措施提高吸引力。江苏在外来务工人员入籍落户、子女教育、住房保障、工资支付、社会保险等方面实行同城待遇。浙江推动劳动力密集企业内迁基地，太平鸟集团把部分服装生产基地转移到湖北宜昌，洛兹集团把部分服装生产基地转移到湖北秭归。同时，2011年，全国有24个省份调整了最低工资标准，北京将最低工资标准上调至月收入1260元，深圳将最低工资标准上调约13.6%，月收入至少1500元。随着产业调整转移进程的加快、区域之间比较优势的弱化，在剩余劳动力消化殆尽、劳动力增量受限的情况下，城市间吸引农民工的政策力度将进一步加大。

（五）农民工"经济性接纳，社会性排斥"局面有望改善

随着农民工劳动力市场供求关系的转变，全社会逐步认识到农民变市民的必然性。一些城市开始对户籍制度进行一定的改革，变暂住制度为居住制度，放宽对农民工入户的限制。未来，越来越多的省市将主动做好有关管理服务工作，按照机会均等、权利平等、制度一致、身份统一的方向推进相关的就业、教育、住房、选举、户籍、迁移等制度和社会管理体制的改革，"经济性接纳，社会性排斥"局面有望改善。

（六）新生代农民工公民权利与消费意识日益增强

传统农民工自我维权意识较弱，权利被侵犯时往往采取忍气吞声或被动恳求的方式解决。新生代农民工的公民权利意识日益增强，维权方式由被动表达向积极主张转变。2010年全国总工会公布的《关于新生代农民工的研究报告》显示，新生代农民工中，因为怕被报复而不向有关部门投诉的人只占6.5%，仅是传统农民工的一半；采取投诉行为时，以集体投诉方式进行的（几个人一起去投诉）新生代农民工占45.5%，高出传统农民工17.6个百分点。与此同时，新生代农民工不再像老一代农民工那样节衣缩食，将节省积攒的血汗钱用于家乡亲人的衣食住行以及住房等不动产投入，而是更舍得光顾城里的消费场所，学会享受现代城市生活方式，对丰富提高生活品位的消费（手机、上网、MP3等）以及请客送礼、文化休闲消费需求日益增强，农民工的"归乡情结"逐步淡化，希望在城市扎根发芽。

（七）农民工文化休闲生活突破"孤岛化"约束

新生代农民工进城务工后的居住情况也是他们面临的主要困惑，与亲人朋友相隔两地造成的心理失衡、情感孤独非常严重。2011年底，民政部发布《关于促进农民工融入城市社区的意见》提出，要强化社区的自治和服务功

能，健全社区服务体系，创新社区管理方式，拓展农民工参与社区建设渠道，丰富农民工社区生活，培育农民工社区成员意识，提高农民工自我管理、自我教育和自我服务能力，鼓励各地区从当地经济社会发展实际出发，探索农民工融入社区的有效措施和办法，务求取得实效。随着各地政府日益重视农民工的精神文化生活，出台多项措施促进农民工融入城市生活，与城市居民和谐相处，农民工文化休闲生活将突破"孤岛化"约束。

（八）新兴媒体应用广度和深度不断提高

根据中国互联网网络信息中心 2011 年 8 月发布的统计数据，截至 2010 年 12 月底，农村网民规模已达 1.25 亿人，占整体网民的 27.3%，较 2009 年底增长了 16.9 个百分点。网络音乐、搜索引擎、即时通信、网络新闻、网络游戏成为农村网民网络应用前五位。值得关注的是，按照各类农村网络应用年增长率排名，从 2009 年底至 2010 年底，增长率最快的前三名均属商务交易类应用：网络购物、网上银行、网上支付。新兴媒体应用广度和深度的提高开阔了农民工的视野，使农民工更好地了解外部世界，扩大了农民工融入城市生活的空间，也为农民工维权、消费、寻找工作等提供了便利的渠道。

三　农民工流入北京存在的主要问题

（一）农民工技能难以适应产业升级需要

北京市"十二五"规划纲要提出，产业发展应坚持高端、高效、高辐射的方向，以提升产业素质为核心，着力打造"北京服务""北京创造"品牌，深度推进产业升级。而调查数据显示，87.0% 的在京农民工没有获得任何职业技能资格证书或职称，50.4% 的农民工来京后没有参加任何形式的培训，外地在京农民工的技能很难适应北京产业升级需要，金融服务、商务服务、科技服务、流通服务、战略性新兴产业等北京规划发展重点很难获得外地农民工的人力资本支撑。

（二）农民工进京务工盲目性较强

由于人地陌生、信息封闭、企业和农民工沟通渠道不畅等原因，农民工来京务工的盲目性较强。调查显示，在初次来京就业的农民工群体中，57.84% 的农民工来京前没有明确工作岗位，53.92% 的初次来京农民工此前没有任何工作经验。"到哪做啥靠老乡，能不能干撞运气"，农民工盲目进京务工局面尚未得到根本性改善。一些新生代农民工抱有"你出去，我也出去"、"出去总能找到事做"的心理。

（三）产业布局规划亟待对接农民工聚集引导

北京市提出，要着眼于城市发展空间战略调整和功能优化配置，推进功能区域化、区域特色化，构建"两城两带、六高四新"的创新和产业发展空间格局。但是，目前的产业布局很少考虑农民工的配套安置，北京经济技术开发区除了少数几家企业有员工宿舍外，大多数企业没有宿舍。政府在马驹桥附近为农民工建设的永康公寓，因为价格太高而无法使农民工在此安家。而天津滨海新区则要求新建工厂尽量配建宿舍，就近安置农民工居住问题，这在一定程度上缓解了农民工潮汐式上下班带来的交通压力。

（四）农民工的合法劳动权益尚未得到切实保障

整体来看，北京在维护农民工合法劳动权益方面投入了很大的精力，也取得了显著的效果，获得了农民工的充分肯定，但是仍存在一些薄弱环节和突出问题。如由于劳动力市场改革不同步，有关法律执行不到位，农民工往往无法得到与本地员工一样的待遇，农民工工资水平普遍偏低，城乡劳动者同工不同酬。劳动用工管理不规范，签订劳动合同的比例还不高。调查显示，高达31.3%的农民工未与用人单位签订劳动合同，导致出现劳动纠纷时很难获得法律保障。与城镇居民相比，在京农民工的社会福利和保障体系严重缺失。

调查数据显示，仅有23.3%的在京务工农民工参加了失业保险，40.8%的农民工参加了养老保险，42.0%的农民工参加了工伤保险，53.3%的农民工参加了医疗保险。经济适用房、廉租房等公共保障性住房基本上不对农民工开放。部分农民工还未能享受公共卫生服务，农民工子女计划免疫接种率有所降低，农民工疾病预防监测等手段有待进一步提高。

（五）农民工就业公共服务体系建设有待健全

调查显示，42.4%的在京农民工通过熟人介绍找到了工作，16.6%的农民工通过单位招聘的方式找到工作，而通过政府开办的公共就业服务机构和政府举办的招聘会找到工作的农民工所占比例不高，这表明政府发布的公共就业信息的权威性、指导性还有待进一步提升，农民工就业统计和就业信息发布制度、就业预警机制尚待完善。社会和民间资本在农民工就业服务市场所发挥的作用不足，对优秀的、规模化运作的社会就业服务机构的政策引导和品牌推广还不够，这些机构完全依靠自身力量缓慢发展，良好的模式难以快速惠及更大范围的农民工和企业。

（六）农民工民主权利缺失

虽然各级政府认为农民工已经成为产业工人的重要组成部分，但是，在现实中他们作为工人的民主权利却缺乏相应的法律制度保障。很多农民工是作为劳务派遣工进入用工单位工作甚至没有签订用工合同，没有作为职工代表参加职工代表大会的资格，因而大多数国有企业的职工代表大会没有把他们吸纳进去，尤其是不能选举和被选举为正式职工代表参加职工代表大会，发挥参政议政的作用。从农民工自身的角度而言，由于文化程度与民主意识普遍不高，参政能力相对不足，从而限制了他们的利益诉求表达，这在一定程度上不论是从主观还是客观方面都影响了他们民主权利的充分实现。

（七）农民工精神文化生活较为贫乏

越来越多的农民工无论是其行为取向还是心理意识都是城市化的，他们希望过上城市人一样的生活，不愿意回到农村，并努力从农村社会关系网络中抽身。同时，由于城乡之间的二元制度樊篱还没有根本拆除、城市社会排斥依然或多或少存在，这种排斥往往体现在精神文化生活层面，体现在文化活动内容贫乏、文化生活平庸低俗、文化消费水平低下、文化活动组织化程度较低和文化交往具有封闭性等诸多方面。很多农民工虽然在北京工作，但实际上处于一种"脱域"或者"离场"的生存状态，很难找到城市归属感。政府部门往往偏重维护农民工经济权益，而忽视甚至漠视农民工精神文化需求；农民工文化生活贫乏、文化消费不足，文化需求不能得到基本满足；农民工的精神生活、精神抚慰和人文关怀缺失的问题也日益凸显。

四 引导农民工有序流入的对策和建议

（一）建立首都统一规范灵活的人力资源市场，加快培育一批品牌职介机构

调查数据显示，仅有 1.7% 的农民工认为营利性的招聘会和营利性中介机

构找工作效果较好，经常通过营利性的招聘会和营利性中介机构找工作的农民工也只占2.8%。民间资本在农民工就业服务市场所发挥的作用较为有限，还没有形成规模化运作的品牌社会就业服务机构。建议规划建立首都统一规范灵活的人力资源市场，并形成人力资源市场要素聚集区，加快形成包括服务农民工在内的品牌就业服务机构。

（二）保障农民工劳动权益，做好农民工民主权利顶层设计

积极推动劳动用工制度的规范化，加强劳动合同签订监管，扩大劳动合同签订覆盖面，加强劳动执法监督。落实同工同酬、同工同权的制度要求。将建立事实劳动关系的农民工纳入现行制度，参加城镇养老、医疗、失业、工伤等社会保险；推进工资集体协商制度，提高一线工人工资。做好农民工民主权利的顶层设计，分层、分类、分步落实农民工的民主权利。加强农民工群体中的党建工作，逐步实行属地管理，以党建加强农民工管理和带动农民工维权。对于还没有把农民工吸纳入职代会的企业，首先应保证有一定数量的农民工职工代表，参与企业的民主管理和民主决策，以充分代表该群体行使民主权利；对于已经有农民工作为职工代表的企业，应适当提高农民工担任正式职工代表的比例。推动在城市居住一定年限的农民工拥有选举权和被选举权，使农民工的利益有制度化的表达渠道。

（三）探索农民工积分办理居住证，变社会排斥为个体排斥

所谓社会排斥，是指针对某个阶层的公开排斥、社会歧视，这是不公平的。个体排斥，就是通过竞争来淘汰弱者，只排斥处于弱势的个体，让能力更强的人得到上升的机会，但对弱者有最低社会保障机制。建议北京结合"人文北京、科技北京、绿色北京"和世界城市的发展需要，建立覆盖专业技能、紧缺专业（工种）、重点行业和区域、社会公益、投资纳税、计划生育、卫生防疫、登记管理、个人信用等指标的综合积分体系，满足积分体系的农民工可以办理居住证，推动农民工更好地融入首都发展。

（四）推动基本公共服务市民化，促进农民工有序融入城市文化生活

按照社区基本公共服务均等化的要求，将涉及农民工切身利益的劳动就业、公共卫生、住房保障、社会保障、计划生育、社区矫正、安置帮教、法律

援助、优抚救济、社区教育、社会救助、文化体育、社会治安等社区服务项目逐步向农民工覆盖，并制定可操作、可实施的管理办法和流程，避免政策难以落地。推动城市图书馆、文化馆、公园等公益性公共文化服务场所向农民工免费开放，引导营利性的文化产业在需求淡季免费或降低向农民工的收费，使农民工可以享受城市文化生活。推动农民工用工单位自身文化建设，使他们能经常组织农民工开展投入不多、简便易行而又有吸引力的各种文化活动。发展农民工文化活动组织，引导农民工走向自我服务、自我教育、自我管理。

（五）结合产业布局和城市规划，完善住房配套建设和保障房制度

解决农民工住房问题基本还是依赖他们所从事的职业类型和自发选择，政府并没有在农民工住房保障方面发挥主导作用。大量农民工潮汐式的工作流动给城市公共交通、社会治安等带来了巨大的压力。建议北京结合产业布局和城市空间规划，按照低水平、广覆盖、可持续的理念完善产业聚集区的农民工住房配套建设，将有稳定职业并在城市居住一定年限的农民工逐步纳入城镇住房保障体系，多渠道改善农民工居住条件。

（六）改进农民工培训内容和方式，加快培训机构认证等级评价

调查数据显示，30.4%的农民工最希望接受的培训是专业技能知识，远远超出其他方面的需求。2007 年，北京市劳动和社会保障局和北京市财政局联合发布了《关于加强外来农民工职业技能培训工作有关问题的补充通知》，规定被招用后稳定就业超过 6 个月的外来农民工个人，经用人单位同意，可以持单位推荐信和劳动合同，到定点培训机构报名参加技能培训，培训机构可以申请职业培训补贴。但是很多参加培训者表示，部分定点培训机构被动完成政府规定任务，培训内容缺乏操作性和应用价值，影响了外地农民工参加培训的积极性。建议改进农民工培训内容和方式，加快培训机构的认证评价，引导农民工有的放矢地选择培训机构，形成培训面向市场、机构平等竞争、农民工自主选择和政府购买服务的农民工职业培训机制，大幅提高技术熟练型农民工的比重，推动北京农民工从"人口红利"向"人才红利"转变。

（七）加强劳务基地共建力度，推动劳务基地实体化

目前，北京已经与部分劳务输出大省共建了一批劳务基地，但总体而言还处在挂牌的初级阶段，基地在引导外地农民工有序流入方面的作用还未充分发

挥。建议加强劳务基地共建力度，建立基地与输入地企业劳动力供需资源对接、发布机制及劳动力资源数据库。完善有序输出输入、劳务派遣、跟踪管理和服务、春运农民工流动监测等贯穿农民工流动就业全过程的制度管理，做到"流出有组织、流入有管理、流动有服务、调控有手段、应急有措施"。推动劳务基地与企业开展合作培训对接，引导劳务基地实体化运营，选择基础较好的劳务基地试点建立独立法人制度，充分发挥基地在引导农民工有序流入方面的作用。

（八）开发"一站式"移动信息平台，构建立体化的信息发布渠道

随着新媒体技术的日新月异，移动互联网已经成为继传统桌面互联网之后的新兴主流应用平台。建议重视利用移动互联网平台引导农民工有序流入的应用和研究，整合新闻门户、微博、即时通信工具、网络视频等新媒体形态，推动信息发布与投诉建议、信息查询、互动沟通等功能的融合，开发"一站式"农民工就业与流动管理平台，适应移动互联网时代社会公众的触摸式上网和一键式浏览的信息使用需求，构建覆盖报纸、期刊、桌面互联网、移动互联网的立体化信息发布渠道，加强农民工流动的信息引导。

（九）开展设立农民工节日论证，贯彻落实北京精神

2007年9月28日，重庆市人大常委会审议通过设立"重庆农民工日"的议案，将每年11月的第一个星期日定为重庆的"农民工日"。重庆每年在"农民工日"开展进城务工青年集体婚礼、进城务工青年趣味运动会、就业政策宣传暨农民工专场招聘会等，深入关爱农民工，为农民工服务，受到广泛好评。建议北京设立专门的农民工节日，促进本地居民与外地农民工的和谐相处，表彰做出突出贡献的农民工，宣传农民工为首都建设做出的贡献，为农民工解决一批实际问题，贯彻落实"爱国、创新、包容、厚德"的北京精神。

2012 年 1 月

5. 北京外来农民工就业状况调查分析报告[*]

伴随着中国经济的蓬勃发展和世界经济一体化，在城镇化不断推进的背景下，产业结构调整和农业技术进步所带来的城市务工需求增多和农村劳动力相对富余造就了中国的"第三元"群体——农民工。他们生在农村，长在农村，生活和工作在城市，农村是他们的根，城市是他们新的生命线，他们抱着"淘金"的梦想来到城市，他们为城市创造了财富，为改革添加了活力，他们是城镇化大潮中需要存在相当长时间的中间体。

党中央和政府一直对农民工这一群体的就业和生存状态高度重视。党的十八大报告提出的"积极推动农民工子女平等接受教育"，"推动实现更高质量的就业"等方针，集中体现了党对农民工群体的关怀，也为农民工群体更好地融入城市发展、提供全方位保障创造了良好条件。

《北京市国民经济和社会发展第十二个五年规划纲要》指出，"大力发展战略性新兴产业，带动产业持续升级和竞争力提升"；"促进经济结构由服务业主导向生产性服务业主导升级"；"着力发展高端现代制造业，改善提升传统制造业"；"大力发展战略新兴产业"。如何引导外来农民工适应北京整体经济规划和社会发展需要，树立正确的就业观念，积极提升自身的竞争力，保障外来农民工在京合理就业以及合法权利，也是我们面临的重大课题。

为了贯彻和执行党中央关于农民工问题的工作部署，完善公共就业服务，加强职业技能培训，稳步提高农民工劳动合同签订率，不断扩大农民工参加社会保险覆盖面，健全农民工权益保障机制，围绕农民工就业问题，北京市人力资源和社会保障局自2011年开始建立每年两次的"来京人员就业状况调查"制度，调查采用入户访问的方法，每次有效问卷10000份。该项调查制度的建立，为了解外来农民

＊ 本文为北京市人力资源和社会保障局农民工工作处课题研究项目。

工的就业情况，研究解决存在的问题，引导农民工有序流动奠定了基础。

本课题报告基于对 2012 年来京人员就业状况抽样调查数据的综合分析和深度挖掘，结合其他相关统计资料以及课题组对重点问题所做的深度调查，对外地来京农民工的就业以及劳动力市场现状情况、主要问题进行了阐述和分析，并提出了相关政策建议。

一 外来农民工的就业现状分析

（一）传统行业仍是吸纳外来农民工的主力，新兴产业初露端倪

调查数据显示，制造、批发零售、住宿餐饮和建筑业仍然是北京吸纳外来农民工的主导行业，相关的职业也是农民工从事的主要职业。从行业排名和职业排名中我们可以看出，批发和零售业、住宿餐饮这两种行业在吸纳外来农民工方面的作用不可小视。

然而，我们也可以看到，农民工在知识密集型的信息传输、计算机服务和软件业也开始展露身影，2012 年占比为 3.40%（见图 1）。从职业分布来看，工程设计人员、工程师（占比 1.43%），教育工作者（占比 1.21%），会计、出纳（占比 1.05%），软件及 IT 产品研发人员（占比 1.00%）虽然占比较低（见图 2），但农民工群体的出现说明此群体在知识密集型的新兴产业中正初露端倪。

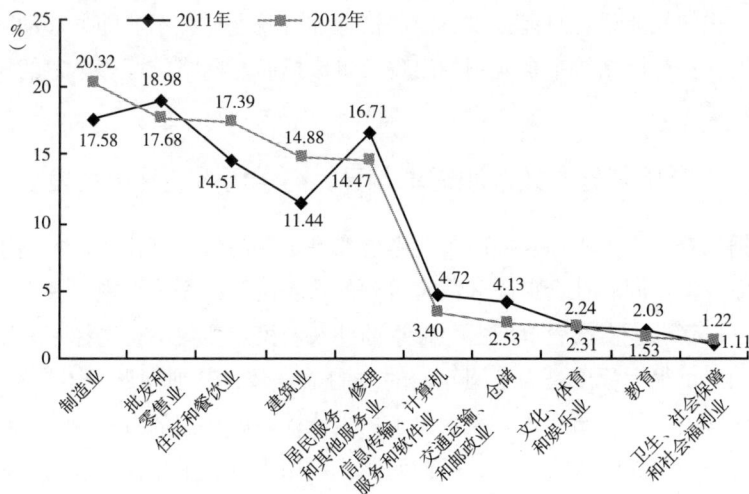

图 1　外来农民工从事的行业前十排名

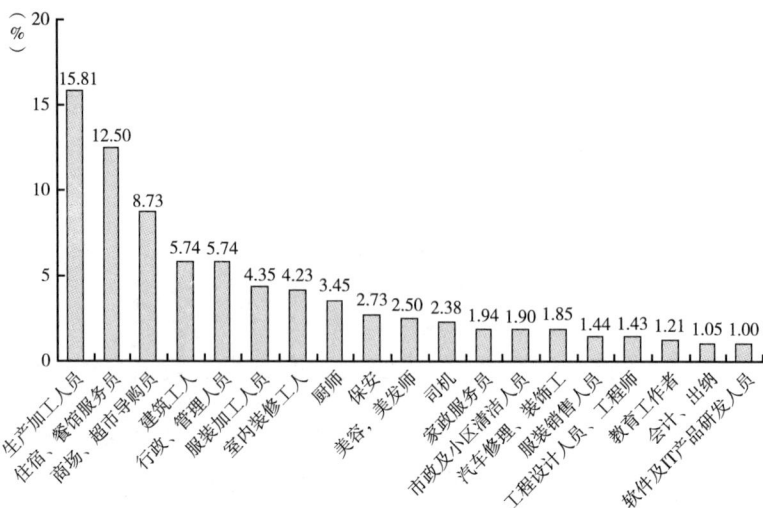

图2 2012年上半年外来农民工从事职业排名

（二）熟人介绍仍是外来农民工就业的主要渠道，其他渠道不可或缺

调查显示，对于当前所从事的工作，71.93%的被调查者是通过熟人介绍找到的，其次是单位招聘，占18.02%，网络求职占5.42%。

熟人介绍这种非正式的求职渠道仍旧是外来农民工求职的主要途径。然而，非正式的就业渠道只能提供有限的信息并且就业面狭窄。随着移动互联网技术发展，社交网站等平台应用的出现，单位招聘、网络求职等渠道的作用将越来越重要。

（三）学历差异导致求职需求差异，高学历者关注公司发展

根据调查，农民工在求职时首要考虑的是工资高低，其比例远远高于其他因素，而劳动合同和社会保险并没有得到外来农民工的充分重视。一方面，因为住房、户籍、子女教育等问题，在京的外来农民工多数不会选择未来留在北京，他们来京很大程度是为了圆他们的"淘金"梦，其他问题并不注重考虑；另一方面，由于低学历者占外来农民工的主体，因此他们的自我保护意识并不强，只关心与工作收入有直接关系的问题，例如工资、工作强度、工作环境以及食宿问题。

但是，高学历被访者会体现出不同的结果。在大专及本科这一被访群体

中，对公司未来发展的关注明显提高，占比为45.30%，他们更重视职业的发展，对就职单位的正规与否和发展有着更强烈的要求与期待。

我们从数据中可以看出，学历直接影响了各个指标的关注度（见表1）。

表1　求职时的关注点与学历的关系

单位：%

关注点	初中及以下	高中	大专及本科	总体
工资高低	88.92	88.78	81.21	87.79
用人单位的背景	7.47	16.11	21.64	11.87
应聘岗位的主要职责	19.06	22.37	28.69	21.66
工作辛苦程度	41.02	28.14	22.82	35.47
工作生活环境	38.30	36.37	26.17	35.84
是否提供食宿	22.41	15.50	6.71	18.53
上班路程远不远	11.48	7.61	6.21	9.63
公司的未来发展	9.79	24.07	45.30	17.94
是否签订规范的合同、给上保险	6.81	15.30	19.63	10.92

（四）新进外来农民工数量减少，在京工作呈现长期性、稳定性

农民工正成为半固定的城镇居民和正式产业工人。在被调查的外来农民工中，在京工作时间累积一年以上的农民工占94.14%。这一趋势在青年农民工和学历较高的农民工身上体现得更为明显。调查显示，16~30岁的农民工中，累积在京工作时间超过一年的人占92.78%，高中以上学历的农民工中，在京工作一年以上者占93.52%。

外来农民工在京累计工作时间如表2所示。

表2　外来农民工在京累计工作时间

单位：%

在京累计工作时间	2011年	2012年
6个月以下（含6个月）	6.13	1.45
6个月~1年（含1年）	11.07	4.41
1~3年（含3年）	29.27	31.72
3~5年（含5年）	21.69	23.01
5~10年（含10年）	20.50	24.53
10年以上	11.34	14.88

外来农民工的工作趋于稳定。本次调查中，有 2.56% 的人在 6 个月内更换过工作。其中，更换过一次工作的人占 88.74%，更换过两次及以上工作的人仅占 11.26%。

据北京市流动人口社会融入性研究表明，当流动人口拥有一份相对稳定的工作时，他们更容易产生一份安全感，并且能够结成较为固定的人际关系网，更好地融入当前的工作与生活。

（五）薪酬、福利是更换工作的主要原因，获得更大发展空间紧随其后

从调查数据中我们可以看出，"薪酬、福利水平太低"是外来农民工更换工作的主要原因，23.18% 的被访者选择了"想获得更大的发展空间"（见表3），这是影响农民工工作稳定的第二大因素。此外，"不签订劳动合同"和"不能按时发放工资"所占比例也较高，说明农民工有一定的自我保护意识，但该意识仍然淡薄。

表3　外来农民工更换工作的主要原因*

单位：%

薪酬、福利水平太低	56.29	不签订劳动合同	15.89
想获得更大的发展空间	23.18	不能按时发放工资	10.60
工作时间长、强度大	19.21		

* 多选题。

（六）工作满意度整体较高，薪酬福利影响最大

对工作的满意度程度也是决定外来农民工工作稳定性的重要因素。7.63% 的被访外来农民工持"一般"的态度，表示"满意"和"不满意"的农民工分别占 90.41% 和 1.96%。根据工作满意度、更换工作频率这两项指标，说明外来农民工在京的工作基本稳定，但偏低的合同签订率说明外来农民工个人权益保障存在隐患。

（七）行业收入水平差距明显，重点行业工资水平小幅上涨

从事居民服务、修理和其他服务业、住宿和餐饮业、卫生、社会保障和社会福利业、批发与零售业等低端行业的农民工收入较低，他们的平均收入均低

于 2300 元；从事金融业、信息传输、计算机服务和软件业等技术性行业的农民工收入较高，平均月收入高于 2800 元（见表 4）。

表 4　各行业平均工资排名

单位：元

行业	2011 年	2012 年
农、林、牧、渔业	2047.6	2057.4
采矿业	2866.2	2506.2
制造业	2136.9	2348.0
电力、燃气及水的生产和供应业	2483.5	2520.5
建筑业	2469.4	2665.0
批发和零售业	2151.1	2217.6
交通运输、仓储和邮政业	2261.1	2680.7
住宿和餐饮业	2022.2	2109.3
信息传输、计算机服务和软件业	2793.5	2965.6
金融业	3003.2	3279.1
房地产业	2770.0	2826.5
租赁和商务服务业	2190.3	2242.5
科学研究、技术服务和地质勘查业	2404.0	2755.6
水利、环境和公共设施管理业	2137.1	2523.3
居民服务、修理和其他服务业	2068.8	2086.9
教育	2296.9	2258.4
卫生、社会保障和社会福利业	2078.7	2159.9
文化、体育和娱乐业	2472.3	2366.5
公共管理和社会组织	2269.3	2236.3
国际组织	2219.3	2920.0

与 2011 年相比，工资水平变动不大。外来农民工从业人数最多的几类行业工资都有小幅上涨，由于物流行业发展迅速，交通运输业的平均工资上涨幅度略高于其他行业。

（八）学历和居住时长影响收入水平，高学历者收入增长明显

关于影响外来务工者收入的因素，我们从三个方面来进行分析：一是在京居住时间；二是受教育程度；三是年龄。

从图3、图4、图5的分析结果我们看到，在京居住时间、学历对在京务工者的就业情况有显著影响。在京居住时间越长，月收入越高。随着年龄的增长，月收入会出现一种先增后降的趋势。年龄为31～50岁的务工者收入最多。而大专及本科、研究生学历的外来务工者收入水平有明显增长。

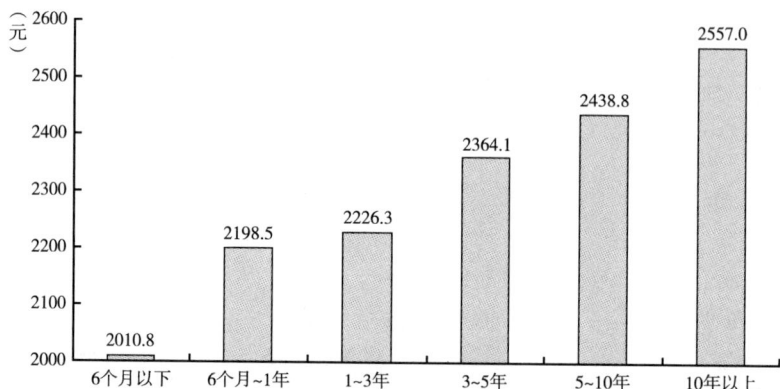

图3　在京不同居住时间的外来务工者平均工资比较

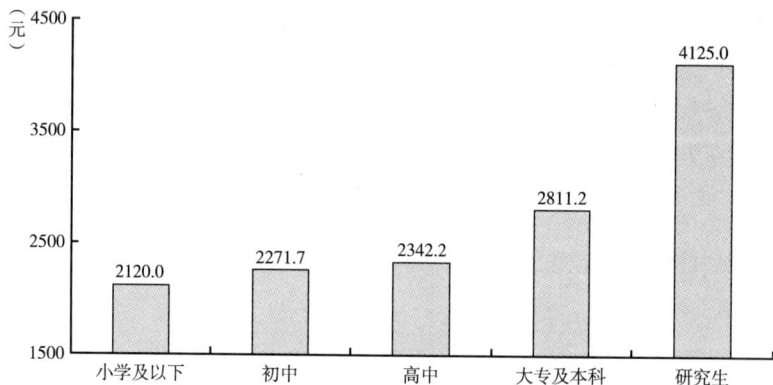

图4　不同学历的外来务工者月平均工资比较

外地来京务工者可能在初次来京时收入水平并不高，随着居留时间的延长，加之对周围环境的熟悉以及可利用资源的增多，外来务工者的收入呈递增趋势。但随着年龄的增长，大龄外来农民工从事相对比较低端的行业，可利用的资源也越来越少，边际收益率呈递减趋势，因此收入逐渐减少。

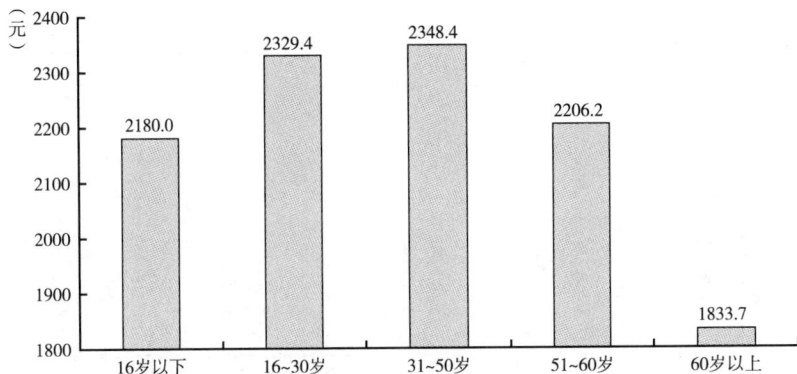

图5 不同年龄段外来务工农民工平均工资比较

（九）参加培训的农民工超五成，企业内部培训是培训的主要方式

调查数据显示，农民工参加过各类培训的比例虽然超过五成（见表5），但绝大部分为企业内部培训，个人参加的培训比例较低。这样的情况造成了外来农民工技能水平单一，知识不全面，这对职业再培训提出了较高要求。

表5 外来务工农民工参加培训情况

单位：%

企业内部培训	52.98	个人参加的各类培训	4.89
企业出资外派培训	0.85	以上都没有	44.59
政府部门出资公共培训	0.19		

（十）专业技能培训需求明显，法律法规知识渴求度高

在调查中，我们收集了外来农民工希望接受培训的类型，其中"专业技能知识"占首位，其次是"劳动法及相关法律知识"，再次为"安全及自我保护知识"（见图6），这三个类型都与农民工的就业密不可分。

我们可以看到，"专业技能知识"培训决定了外来农民工的社会竞争力；"劳动法及相关法律知识"和"安全及自我保护知识"的培训说明农民工在务工就业时缺乏自我保护能力，或者说他们曾受到过相关问题的侵害，所以更需要学会用法律知识保护自己。

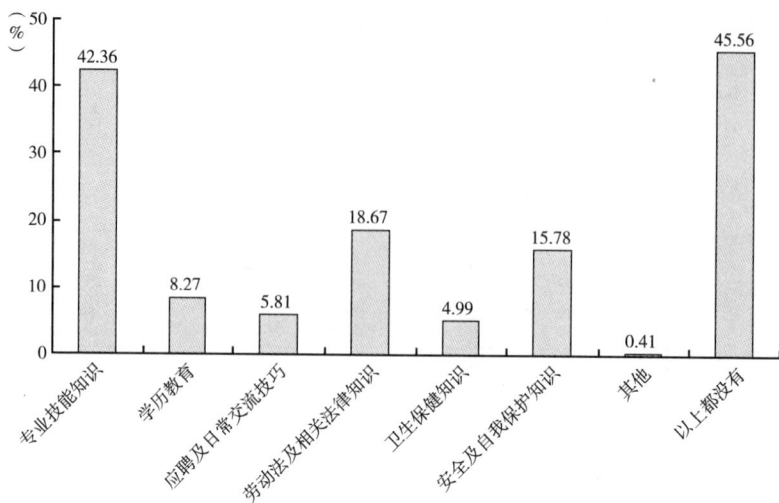

图6　农民工希望接受的培训类型

注：多选题。

（十一）职业评价影响力有限，有技能证书和职称者发展空间大

调查数据显示，获得各类职业技能证书或职称的外来农民工所占比例为10.11%（见图7）。这样的情况可以从外来农民工参加培训的比例不高中得出相同的结论，我们看到，外来农民工大部分参加的是企业内部培训，这样的培训只针对自己的岗位工作，不可能获得任何的职业技能证书。

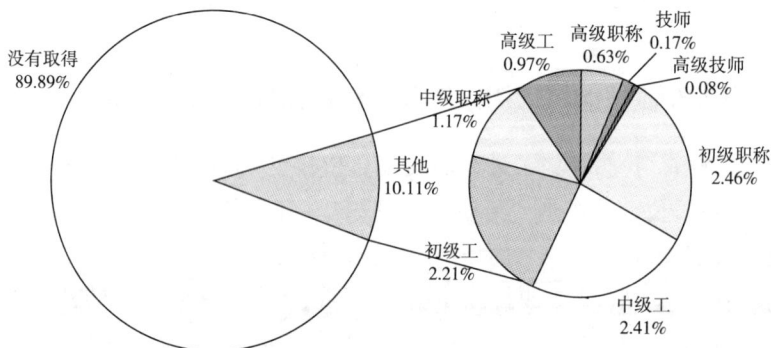

图7　农民工获得证书和职称情况

二 外地农民工就业存在的问题

（一）就业目标与自身竞争力矛盾彰显，职业规划需合理引导

调查显示，有 87.8% 的受访者在求职时关注工资高低，位列求职关注因素的第一位。有 56.3% 的受访者认为薪酬、福利水平太低是更换工作的首要原因，这些数据体现出来京务工农民工多是为了圆自己的"淘金梦"，大城市"遍地是黄金"的思想留在他们的潜意识里。然而通过这次调查我们看到，高中以下学历者占农民工总数的 89.8%，有 89.9% 的外来农民工没有取得任何职业资格证书，平均月收入为 2331 元，低于期望的月收入 3760 元，也低于2012 年北京市月平均工资 4672 元的水平，可见梦想与现实的差距是存在的。然而 45.6% 的被访农民工没有明确的培训需求，相对不足的自身竞争力加之没有合理的职业提升诉求，在城市日益增加的生活成本压力下，在竞争激烈的市场环境下，农民工立足城市将变得十分困难。加强对农民工职业规划引导，建立公平的职业竞争环境显得尤为重要。

（二）产业升级引发人才需求调整，社会化培训问题或浮出

伴随着北京市产业升级的整体规划，塑造"北京服务""北京创造"品牌的方针落实，对人才需求结构必然会发生相应的调整，进一步引发外来农民工人力资源需求结构的转变，新的职业需求、高的职业标准会不断出现，原有的职业也将会面临淘汰和升级的风险。通过调查我们发现，参加培训的农民工约占 55.4%，而在参加培训的被访者中，参加企业内部培训者约占 89.9%，这说明目前农民工培训参加率不高，而对企业内部培训的依赖情况较高。在产业升级过程中，如果新兴产业企业不能够有效组织培训或者组织培训意愿不高，势必会造成农民工就业群体的结构性失业，而结构性失业后如果不能有效转变农民工的就业方向，则引发恶性循环的风险将加大，所以，进行统一规划，有效组织社会化培训，合理引导来京农民工的参与，降低结构性波动对劳动力市场造成的冲击，对稳定外来农民工劳动力市场有着重要意义。

（三）求职途径有待拓宽，信息不透明影响市场效率

调查数据显示，71.9% 的被调查者经常使用的求职途径为"熟人介绍"，

而"网络求职"占5.4%，这表明农民工群体求职对"老乡找老乡"的传统方式依赖较强，这种招聘方式有着成本较低的特点，其普遍存在的主要原因可以归结为传统农民工就业市场同质性强，评估标准简单，同时，相对滞后的招聘和求职速度，造成人才市场供需不能有效对接，影响整体市场效率。调查中，"网络求职"已经成为外来农民工求职途径之一，但比例仍然较低，其主要受到外来农民工上网环境和自身求职途径偏好的影响。随着产业升级，农民工工作的技术性提高，相关职业技能评价标准的提升，传统方式信息不透明、效率低下的弊端会日益显现，随着移动互联网等新技术的普及以及网络环境的改善，新的求职方式必然也会冲击传统的求职方式。我们在相关设施准备、有效的平台搭建和积极的宣传等方面应做到未雨绸缪，进一步完善就业服务体系。

（四）劳动合法权益保障仍需加强，促进就业稳定

调查显示，有54.3%的外来农民工未与单位签订劳动合同，超过60%的外来农民工未参加社会保险。多年来，党中央和政府对农民工权益保障工作不断加强，目前整体状况已得到很大改观，然而流动人口本身的法律知识有限，对自身的合法保护和风险规避意识淡薄，为外地农民工自身甚至是用工企业带来风险。相关法律知识宣传和监管力度仍需加强，有效保证农民工合法权益，规避劳动用工市场风险，促进社会稳定。

三 外来农民工就业问题对策与建议

（一）加强农民工职业技能培训，促进农民工实现稳定就业

按照《北京市国民经济和社会发展第十二个五年规划纲要》关于"大力发展战略性新兴产业、带动产业持续升级和竞争力提升"，"促进经济结构由服务业主导向生产性服务业主导升级"，"着力发展高端现代制造业，改善提升传统制造业"，"大力发展战略新兴产业"等发展方针的要求，为更好地帮助农民工提高自身技能素质，适应首都经济建设发展的需要，建议采取以下措施：一是将农民工培训纳入本市培训工作规划，搭建农民工培训平台。在打造北京高端引领、院校骨干、企业基础、社会补充的多元开放职业培训体系进程中，注重抓好农民工岗前技能培训、上岗后技能提升培训。有效提高农民工群体的就业能力、工作能力、职业转换能力及创业能力，帮助农民工加快由农业劳动者向产业

技术工人的转变，成为非农产业领域的技能劳动者。二是加大培训资金的投入，建立政府、企业和个人共同分担培训的投入机制，并积极引导社会资金参与其中。三是合理利用培训资源，特别是要充分利用外埠劳务基地培训资源，加强培训工作的对接与合作，积极开展就业前有针对性、实效性的职业技能培训。

（二）加强公共就业服务信息化建设，拓宽外来农民工求职渠道

根据党的十八大报告中提出的"提高社会管理科学化水平"，"加强信息化建设"的要求，进一步完善公共就业服务的信息化手段。一是依托市、区县、街乡公共就业服务平台，进一步加大企业空岗信息的采集与发布，为农民工提供及时并适合其就业需要的就业岗位信息。二是加大互联网等现代化信息传播手段的使用与利用，逐步开展网上招聘、网上求职、职业指导、信息推介等服务，实现求职者和用人单位足不出户地享受免费而高效的公共就业服务。三是加强省际信息沟通平台建设，建立跨区域、宽领域互连互通的人力资源市场信息系统，为拓宽外来农民工求职渠道创造条件。

（三）联动周围省份城市，引导外来农民工就业的合理布局

根据本市"十二五"规划中"强化规划和政策引导，促进人口按功能区域合理分布"、"提升新城的吸引力，促进流动人口在周边区域就业"的要求，在本市产业调整升级过程中，一方面通过淘汰一批落后、污染、低附加值行业企业，促使行业企业中从业农民工转出，甚至离开北京。另一方面还要进一步加快促进京津冀区域经济圈发展，发挥市场的调节功能和作用，合理引导农民工有序转入经济圈发展之中。既实现了劳动力资源的合理使用，同时也契合了调控人口规模的需要。

（四）落实相关法律法规，进一步加强农民工权益保障

针对农民工权益保障方面存在的劳动合同签订率和社会保险参保率偏低等问题，从切实保障农民工合法权益角度出发，在不断完善政策体系和执法监督机制基础上，重点结合北京实际，从重制度建设向重政策落实转变，工作重心从重制度全面覆盖向人群全面覆盖转变。一是在加强企业劳动用工管理的同时，继续深入开展"春暖行动""小企业劳动合同制度实施专项行动"，着力推动小企业、微型企业实行劳动合同制度管理，提高企业劳动合同签订率。二是全面贯彻落实社会保险法，努力扩大社会保险覆盖面，让农民工享受与城镇

职工同等待遇的社会保险待遇。三是进一步提升农民工基本公共服务均等化，为农民工提供市民待遇的发展机会，有效保障农民工群体在参政议政、就医、子女教育、培训教育、保险等多方面的权益。

综上所述，在党的十八大精神指引下，北京将努力促进农民工实现融合发展，全面加强党和国家有关农民工工作政策的宣传和贯彻落实，在"就业援助月""春风行动""民营企业招聘月""就业政策宣传服务月"等专项活动基础上，保障农民工享受基本公共服务的权益、保持首都对就业稳定性强、职业适应性强、环境包容性强的优质人力资源的聚集力，开创首都外来农民工就业工作的新局面。

2012 年 12 月

农民工访谈篇

·20 岁篇·

6. "爱美丽"的北漂生活

受访者：W 女士

访谈人：郭月青

访谈地点：北京市海淀区中关村购物街

访谈时间：2013 年 9 月 4 日 19：00～20：30

W 女士现在是一名护肤品品牌"树语"的柜员，1990 年出生，未婚，未生育，高中学历，父母均在家乡，是农民，家在辽宁省沈阳市下面的一个县。

和同学一起去超市买东西的途中，笔者发现了这个小铺子。接待的柜员很是热情，同学先试着用了她的去黑头产品，效果不错，后来，笔者也成了她的客户，每周会去那里去黑头。这样，过去的时候，我们会有简单的交谈，慢慢的，就和在那里上班的柜员 W 女士成了朋友。

打工生涯

"不喜欢学习，就出来打工"

2008 年，是她来北京找工作的第一年。没有考上大学的她，大胆地独自一人南下，来到北京。"大家不都去北上广了嘛，我离北京最近，自然就过来了。"追求时尚的她，无法忍受家乡的落后，那里无法满足自己青春的需求，缺少漂亮新潮的衣服、鞋子、手机……这些现代化的东西，他们已经接触到了，于是就想拥有它们；而打工，则是最为直接的一条路。

来"树语"做柜员是她的第一份工作。上街四处逛，上网到处看，不断寻找合适的招聘告示。"没学历，能干的工作、别人愿意让你做的工作，你也能想象得到，（不会好），而自己又不是愿意干脏活累活的大妈大叔，所以工作一直没定下来，直到看到'树语'的招聘广告。"W这样回忆自己刚出来的那段日子。

找到"树语"之前的时光，W现在回想起来，并不是充满感伤，而是能很轻松地面对，没有夹带很多感情色彩，就跟叙述一个不相干的人的平常事情一样，四处打零工，做几天这个，做几天那个，以填饱肚子。住宿方面，当时的她，借住在一位老乡那里，这位老乡是早她一年出来的女生，自己和别人合租了四人间，W睡在床边空地可折叠的钢丝床（W买的）上。

W拿着新款的三星手机，向我展示她所拍的住所的照片，这是哪里，那是哪里，这个人有什么怪癖，那个人的男朋友还挺帅的，她的床位是如何从冰冷的铁床变成现在的温馨小窝的……讲得兴致勃勃，又让我感到她身上的孩子气。我不忍打断她，待她稍微停下来，才好意思插了一句，"你满意现在住的地方吗"？

"说满意，是太阳光的说法。现在这个只能说是个淋不着、冻不着、热不着的地方，只是个歇脚的地方。不过，北京闲杂的外地打工仔不都是这样吗？我觉着我还算是不错的，有空调有暖气有独立卫生间有淋浴，不用住地下室。这样相对来看，我还算满意现在的住房条件的。作为住房，算合格的了。这也不能跟在家比哇，有宽敞的地方，有独立的生活空间，有妈妈做的饭……在外，这样应该满意才对。"

对公租房的事情，W女士没有具体的信息，只是在电视上看到新闻报道的相关主题，自己也没有主动去打听什么。"如果有便宜的、交通方便的、政府提供的房子，那当然好了。价钱差不多也好，起码政府的房子，给人感觉比较安心。现在的房价，实在是太高了。我也就是能负担这种住在偏远地方（北五环）合租的房子，正常的起居室都租不起，更别说买房了。""赚的钱不多，租房子的钱就花去了将近一半，房价要是能少点就好了。"

"爱美，是我选择做'树语'柜员的主要动力"

"树语"是一家护肤品公司，产品种类繁多，既有基础护肤的洗面奶、爽肤水、乳液等，也有较为高端的精油产品。W 所做的工作比较复杂，包括推广介绍、销售产品、为顾客做美容等，这些她全部都要熟练，哪一方面缺人，她就做哪一方面的事情。

在一个大型地下超市旁，位于开放式的空间一隅的"树语"，是 W 和同事从早 8 点忙到晚 10 点的阵地。工作周期是 1 个月，每个月会有两天的休时间。

"每天工作下来是挺累的。不过因为有奖金，所以干起来比较有劲儿。这种收入和绩效成正比的方式，挺能激励人的。"W 女士对于目前的计酬方式很是认同。

工作环境方面，"虽然在地下一层，但由于是开放式的，空气流通还算顺畅。只是如果柜台再大些，'树语'自己的空间再大些，有个专门的房间就更好了。不过现在还属于前期发展阶段，这样就已经不容易了，相信慢慢会发展壮大的，那时候专卖店也会很气派。"W 女士对工作环境条件基本满意，并且对今后的发展做出了乐观的估计和设想。

生活保障方面，W 女士每月只有 1500 元的基础工资和销售产品的提成，每月能拿到 2500～3000 元工资。社会保险并没有缴纳，商业保险也没有购买。年轻就是资本，最主要的就是体力好、抵抗力好、较少得病，这是 W 口中较为自豪的一点。

找到"树语"的工作之后，W 原先借住在老乡房间里，恰好有了一个空闲的床位。住的房子大概有 25 平方米，有卧室、客厅和卫生间。除了能有一个床位睡觉之外，设施方面，合住的四个人共用一个卫生间，卫生间内能够淋浴；共用一个客厅，客厅里有沙发和电视；夏有空调，冬有暖气。其余的设施就没有了。每月水电费、住宿费合计基本在 1000 元。由于没有厨房，无法自己做饭，一日三餐 W 都需要在外解决。一个月下来，吃饭上的花费也在 1000 元左右。日常的主要花销，还包括坐地铁等交通费，一个月合计 150 元左右。

"做的事情是自己喜欢关注的领域，累点也是开心的。对于工作内容，自己不烦，但是说不上满意，因为生活保障方面还是差一些。"

"来'树语'之后的学习，比我之前认真得多，有用得多"

W 从面试后就不断地在学习中成长。这种学习，指的是美容护肤方面的自学和公司组织的员工培训。员工培训包括两部分内容：一是专业美容护肤，二是市场营销。专业美容方面从基础的美容常识、基础护肤到彩妆保养都有涉及，一般会结合公司产品进行，哪一款产品的成分是什么，有什么亮点，主要的功效是什么；市场营销方面主要是销售方面的技巧培训，由有经验的员工或者从外面请的讲师，教员工如何接触和服务消费者，如何将消费者变成自己的客户，如何不断地推荐新产品给老客户，等等。

"树语"这家集产品研发、销售和服务于一体的提供商对员工培训给予了相当大的重视。在实际工作需要的促使下，W女士更有针对性地学习了相关知识和技术，并在平日的实践中不断运用，不断累积经验。"没有培训，我根本做不来这份工作。之前只是喜欢美容这方面，但也只是有兴趣，只是喜欢关注，具体的科学依据、操作实践方面我是个什么都不懂的傻瓜。业务培训真的对我们帮助很大，我很喜欢这种培训。哈哈，公司也认识到专业知识的重要性，所以不用我操心啦，我只管抓住公司提供的培训机会，认真去听去学就好了。"

只流不留

"只是想着在这边赚些钱，没有想过要留在这里"

W女士和笔者同龄，但看上去，她像个大自己5岁的姐姐，不只是因为化妆，还因为脸上留下了经过社会磨炼后的成熟和沧桑。

"有想过留在北京吗？"

"没有啊，人那么多，生活那么难，压力那么大，自己又是一个人。"

北京的农民工数量，W虽然无法说出准确的数字，但是已经有了感性的认识，地铁、公交、街道、商场……她真切感受到如蚂蚁般的人潮。费劲心力和体力获取的一点报酬基本刚刚够养活自己，收支抵消，节余几乎没有。

"天天工作也好，没有时间去逛街，没有时间消费，否则就成了啃老族了。"W苦笑着说。

"有男朋友吗？"

"呵呵，刚吹了一个，现在是单身。"

"家里面对你结婚的事情，怎么看？"

"还好，没有逼着我马上结婚。我自己也很犟，家里只有我一个孩子，爸妈还都比较宠着我，惯着我。"

"那么，你对以后的生活，是怎样打算的？比如住在哪里？"

"这个……反正应该不会留在这里。去哪儿还没有想好，这应该会看将来的老公吧，比较大的可能，还是回到老家那边。"

"户口什么的，你在意吗？"

"户口？这个年代，户口无所谓吧，有钱能使鬼推磨，走遍天下都不怕。"W女士目前是辽宁的农村户口，对于在北京落户的事情，根本没有考虑过。在她心目中，户口只是过去制约人口流动的手段，现在和将来，应该会慢慢退出舞台，留在历史的记忆中。本地人、外地人，W女士没有觉得哪一方是绝对的强势，或者绝对的劣势，都要看个人的情况。自己周围的朋友基本都是外地人，平时感受不到太多本地人和外地人之间的差异和冲突，只是觉着北京人说话有一种自豪感。但是，W女士并没有认为他们有多了不起，"就凭一张户口，就能代表你高人一等吗？"

"那你现在是农业户口，土地什么的还有吗？"

"有啊，有一亩多。家里面的地总共有三亩，家里就我一个孩子，父母两个人在农忙时顾不过来，就会请旁人帮忙。"

"那之后会回家做农民？"

"回农村的可能性不大，应该会去沈阳、大连这样的城市吧。自己已经回不去了。习惯了城市的生活，也喜欢这样花花绿绿的生活，回到农村，总觉着有些冷清。之前的朋友、玩伴、同学大部分也都离开家外出打工了，有的去了周边的城市，有的去得更远，像是青岛和北京，甚至有去广州那边的。所以，回去以后，会很不适应的。在那边，就是闲适的日子，连表都不需要，跟着太阳作息就好，比较适合父母一辈的养老。"

对自己的婚姻家庭生活，W女士没有考虑过，只是期待着会有一个爱她的有责任心的老公，两人白天在外面努力工作，晚上回家后，能一起吃晚饭，谈论日常琐事，交流所见所闻，共同做家务，偶尔出去旅游浪漫一下。期待着会生一个聪明的宝宝，为整个家增添活力和希望，也成为自己连接丈夫的又一个纽带，加深夫妻间的感情。

住房"压力山大"

"只是希望房价能降一点，或者像你说的，有个公租房"

工作方面，北京这边能提供各种各样的就业机会，一分努力一分收获，W

女士比较满意这方面的环境。除了工作、社会保障、医疗、养老、子女教育等方面，在 W 女士眼中，离她还是有点远，因此不是很在意这些方面，也说不出一些具体的态度建议。只是在住房方面，希望能有交通便利、房价低廉的简易安居房。每天辛苦工作已经让人很累了，如果再有三四个小时的路程奔波，那身心负担又沉重了不少。如果政府能在不同的地方都能提供些基础设施完善的住房或者宿舍，供流动人口租住，就能给他们这些漂泊在外的人一点家的温暖，一份向上努力的安慰和鼓励。

后　　记

自己的同龄人，在社会上已经经历了自己不曾经历的事情，生理上的同龄人在社会年龄上已经相差了好几岁。不同的人生轨迹，不同的人生体验，这次访谈让我们有了交集，我了解到她更多的人生经历和体悟。相较笔者而言，W 女士似乎更为阳光和乐观，更为洒脱和青春，没有那么多怨气，没有那么多忧虑，没有那么多纠结。在外人看来，可能会认为笔者比 W 女士更阳光、乐观、洒脱和有青春的资本。但是，实际情况可能并非如此，她的"'爱美丽'的北漂生活"更为积极向上。同为北漂的我们，同为了"明天要活得更精彩"的目标而从家乡来到北京，一个是求学，一个是工作，在不同的奋斗轨迹上曲折前进。祝愿如我们一般的同仁，一路顺风！

7. 售楼处的守望者

受访人：谭鸿宝
访谈人：李筱玉
访谈地点：朝阳区广渠路某楼盘售楼处外
访谈时间：2013 年 9 月 8 日 19：00～20：00

谭鸿宝是"90 后"打工大军中的一员，现在北京某楼盘售楼处当保安。长时间的打工生活和颠沛流离让他显得有些瘦弱。

一言不合，屡换工作

谭鸿宝 16 岁（2007 年）那年出来打工，初中毕业后去了天津市机电学校读中专，没有读完就辍学打工了。倒不是因为家庭供不起，而是他不感兴趣也不想读了，再则是觉得学校教学质量差、管理水平差，学不到什么，所以想去"社会大学"锻炼自己。

因为是熟人介绍，当初他找工作很顺利，直接去了天津的一家餐馆当传菜员，试用期刚过，和老板发生了点矛盾就不干了。之后在天津又做了四五个月保安，觉得没什么意思，便回了老家，在县里跟着一个师傅学照相摄影，学了半年，也是因为和师傅发生了点小矛盾就不干了。后来，他来到北京，进了保安公司，干了一年多，工作地点换过两次，工资每个月 2300 块。"感觉还行，就是领导的处事方式有些时候让人觉得不能接受，所以和领导的关系处理得不是很好。（具体来说呢？）具体就是答应的一些事老是不解决，比如说了改善待遇这些问题，一直在说，但是一直也没什么变化，而且感觉管理方面也不是很好。"

"你喜欢自己目前的这份工作吗？"

"还不错。选择保安是觉得自己也没什么其他技术，感觉保安这个工作性质还蛮适合自己。现在工作环境还不错，我主要是售楼部这里的保安，售楼部修（建）得还是不错的，白天在售楼部里还有中央空调吹（呵呵）。旁边有个小篮球场，打球很方便。"

"签订劳动合同吗？有'五险一金'吗？会定期体检吗？"

"以前在外地，个体老板都不签，基本上就是谈好工资就工作了。现在签合同了。当初进公司的时候其实有承诺，说是养老保险会有，但是现在一直没有兑现。体检基本上没有。"

"觉得目前的工作发展空间怎么样？"

"感觉认真干还是对自己今后发展有帮助的。（具体说说？）我们这一行虽然没有什么证可以考，但是基本上全市还是有系统的，干得好可以当副班长，然后是班长，然后就是主管，有的还能做到经理助理。主要是得安心干。"

"有没有遇到过一些危险或者是比较困难的情况？"

"当保安危险还是有，打架偶尔会有，比如我们一个同事，前几天被一群来公司要账的人狠打了一餐（一顿）。还有就是偶尔会和业主发生一些矛盾。但是这些事都是没办法的，毕竟你从事的是服务行业。"

"平时开销大不大？你年纪这么小，应该还是比较贪玩吧？"

"平时上班就在食堂吃饭，但是我早饭一般在外面吃，早餐外面好吃一些。伙食其实还可以，中午、晚上都是三菜一汤，不过听说别的楼盘有五菜一汤的。不上班的时候也会和朋友去外面吃。一个月花在吃上的钱大概在700块。当保安之前不抽烟的，现在开始抽，主要是值夜班时抽，一个月上10天夜班。抽烟一个月大概100多块吧，我一包可以抽几天。喝酒平时还好，但是出去吃饭或者聚餐肯定会喝点。衣服一般两三个月买一次吧，其实也差不多是换季的时候买一次，一次大概花200～300块吧，不会去买名牌，毕竟工资还不多。但是比较喜欢名牌篮球鞋，不过买不起（呵呵）。"

"能存到钱吗？还是月光族？对于自己理财这方面有没有什么计划？"

"攒还是攒得到，大概一个月能攒个500块，之前没什么计划，感觉赚钱了就要花，现在开始有了，这几年也攒了几万块钱吧。"

"这几万块钱打算干什么用呢？"

"准备回老家买个房子，小户型的就行，但现在还不够首付。"

"有没有女朋友？找女朋友会有什么样的要求呢？"

"没有女朋友，肯定要找一个结婚后孝顺的，不孝顺的不会找。还有就是人要好，不赌博。"

"周围的朋友多数是有男女朋友还是没有？他们的男女朋友都是从事什么职业的？"

"同事没有女朋友的比较少，一般都有女朋友，很多还结婚了。他们的女朋友一般也都是在本地打工的，服务行业的居多。"

"没有打算再读点书学点东西吗？"

"保安也没有什么假期，想学也没有时间去。我也有点怕自己坚持不下来，呵呵。"

谭鸿宝说完这话的时候有些迷茫，能感觉到他其实也不知道自己的方向在哪里，唯一的目标就是好好攒钱回家乡买套房子准备结婚。谭鸿宝也许只是个例，但从他的经历却也不难看出"90后"农民工的一些特点，上学时对学习的兴趣不是特别浓，可能是因为教学质量不好，也可能是因为周围的环境和氛围。年轻的他们更多的是渴望迅速独立，能马上自己挣钱。因此在学习阶段没能学到太多有用的知识和本领的情况下，带着一些盲目和冲动，早早走进了社会，成了农民工大军中的一员。但同时也不难发现，相比老一代农民工，新生代农民工在生活环境和物质条件方面已经有了较大的改善和提升，不必过多地帮助父辈从事农业生产，这也在一定程度上造成了他们对于农业劳作的不熟悉。因此当他们渴望独立、渴望靠自己去挣钱时，外出打工也似乎成了他们唯一的选择。

就教育程度而言，高中或者中专成了新生代农民工的最高学历。种种原因造成了他们中的很多人虽然读过中专，却依然缺少必要的技能，在外出工作中不能很好地同岗位进行对接，因此大多只能从事基础的服务行业或是劳动密集型产业。由于目前市场对劳动力的需求量增大，以及新生代农民工所从事的行业存在"招工难"现象，刚踏入社会的他们似乎很轻松便找到了第一份工作。但是这些怀揣梦想的年轻人，却大多不安于所找到的第一份工作，工作一段时间后，便会对这份工作产生种种不满，因此往往会在短时间内频繁更换工作。

不同于老一辈农民工赚钱娶媳妇的传统思想观念，"90后"农民工在真正寻找到一份相对稳定的工作后，开始看重职业发展和工作环境，这也推动了他们工作后对于知识和技术的渴望，这种渴望比大学毕业后工作的人更加强烈。但是时间往往会消磨一些人的意志，因此一些人会变得安于现状，"隐性"地放弃了对于这种改变自身命运的技术的渴望。

社会大学，青涩成长

收敛了性子，担起了责任，谭鸿宝这些年都感悟了什么？我问他："现在感觉生活上压力大吗？有没有考虑过未来养家糊口的压力？"

"压力还是有，特别是过年回老家，看看买个小户型都买不起，比较着急，感觉还是要攒劲（努力）存钱。"

"你觉得打工这么久，最大的收获是什么？"

"最大的收获就是社会经验足一些了，和以前相比学到了一些技术。但是还是很不够，想学一门技术，现在最想学的就是电工，或者就是学车（驾驶）。现在和当初的思想还是有变化，当初只想着去工作，现在还是觉得学点技术了再工作会比较好，至少就业会比较好。当保安毕竟不是长久的事，上升得慢，等着发工资攒钱也太慢了。"

一个自信张狂的少年，在社会上摸爬滚打之后，原有的狂傲和愤青气已经消减了不少，取而代之的是对生存的思考和对生活的感悟。原来吃不了的苦也要硬着头皮扛下来，原来受不了的委屈也要忍着脾气撑下去。社会给他的成长是拔苗助长式的，很残酷，珍惜在学校的时光吧。

"对于精神生活满意吗？觉得休闲娱乐等方面，比如看书学习、上网、电视、电影、集体活动等有没有什么需要改善的？"

"精神生活比较满意，平时都会上网看东西，打游戏比较少。"

"关注什么呢？"

"我比较关注农村的政策。（访谈者感到很吃惊）。'三农'问题这些都会比较关心，有时候手机上网也会看看这方面的新政策，最近的新闻事件也比较关注。"

"国家和社会对于每一个人都会有一定的关注和帮助，你觉得国家对于你的帮助和关注够吗？你现在最希望解决的困难是什么？"

"关注没有怎么感受到，最希望解决的可能是医疗、养老保险这一块。"

"能不能说一个你觉得比较现实最近十年可能实现的梦想，然后再说一个也许可能不太现实但是心里特别想实现的梦。"

"最近两年，上班赚钱；再两年，做点生意；再两年，买房子；再两年，买车子；再两年，结婚，三十岁之前混出个样子来。比较不可能实现的可能是回家乡开一个大型的避暑山庄，这是我从小的梦想，不过这也不是没有机会的

（呵呵）。"

"如果可以见到总理，最想对总理说一句什么话？"

"谢谢总理对农村的关心，国家对农村的政策比较好。还有就是贪官很多，希望可以管一下。"

对于目前的生活状况，经济上的捉襟见肘依然是困扰他们的最大问题。他们对于生活环境没有人们想象中的那么挑剔，"不用自己付房租，有电扇"就足够了。精神生活方面，"90后"农民工既表现出了新的特点，也提出了新的需求。他们也会打牌，但不会像他们的前辈农民工那样将赌博视为唯一的精神娱乐活动。相反他们往往有些排斥将工资用来赌博，甚至在择偶标准里提出了不找"赌博"的女朋友的要求。

除了传统的电视、书报杂志之外，"90后"农民工的精神生活中出现了听歌、KTV、上网聊天等新活动。他们也和同龄人一样，有着自己喜欢的明星，会关注娱乐新闻，知道"旭日阳刚"和"中国达人秀"。用手机玩游戏、看小说成为他们工作之余甚至工作时的一大爱好，也是新生代农民工休闲活动最大的特点。

由于他们的工作要求得更多的是时间上的投入而非精力上的投入，因此用手机看小说便成了他们"熬时间"时的最大爱好。相比前辈，他们的精神生活更加丰富，但是仍然不难看出存在着很大的空白。他们上网聊天大多是天南海北地闲聊，手机看小说也基本上限于玄幻、言情和武侠，而对于传统文化和主流文化了解不足，对于纸质印刷传媒的接触越来越少，对于新知识和新技能的学习也存在不足。

因此，"90后"农民工最接近大众心中"90后"的形象特点就是："网络时代的广阔视野，信息和知识丰富，但内心有时较为空虚"。与此同时，让我们没想到的是，"90后"农民工普遍表现出对于国家大事和时政热点的关心。像谭鸿宝这样十分关心农村政策的人，更是让人感到有些意外和惊喜。

另外，由于身处异乡，"90后"农民工对于感情的渴望也相对强烈，较之赚到钱然后再回家乡找媳妇的传统想法，他们更希望能找到和自己一起奋斗的另一半。和前辈农民工相比，他们更容易在城市找到归属感，大多不会选择回到农村，希望能够留在所工作的城市。同时面临的经济问题却又使他们很难在城市里扎下根来，这也让他们过早地感受到了生存和发展的压力。但是，"90后"农民工有着他们特有的自信，希望并相信通过自己的努力能赚到钱。他们在工作生活中尊敬他人，同时也渴望着在这个陌生的城市里能获得他人的尊敬。

相比同龄人，他们大多觉得自己是能吃苦的人，对于父辈们那种面朝黄土背朝天的辛勤劳作也充满了敬意。他们也许曾经叛逆地走出家门，踏上打工的道路，但现在漂泊的他们却更加渴望家人的关心。赡养父母的问题对于目前的"90后"农民工来说还不是十分突出，但他们大多都会毫不犹豫地表示自己一定会孝顺父母。对于"90后"的称谓，他们不排斥，也不完全认同，从他们身上我们更多地看到的是一种青涩的成熟。

面对未来，他们有着自己的梦想。他们希望能够学一门自己感兴趣又好就业的技术，改变一下现在的环境和待遇；希望能够赚到钱买房子，在城市有自己的立足之地；希望能够解决医保、社保和养老保险，而不至于将来老无所依。但他们更多的是学会将梦想拆分，一步步地来实现，就像谭鸿宝说的那样，"两年……再两年……再两年"。在谈到下一代时，他们毫不犹豫地表示，以后一定要让自己的孩子好好读书，至少要学好一门技术。也许他们的亲身经历让现在的他们更加深刻地认识到了这句话的含义——"知识改变命运"。

后　记

像谭鸿宝这样没有技能的新生代农民工进入低端服务行业的难度不大，但多数对工作兴趣有限，职业更换频繁，就业盲目性大。鸿宝注重工作环境的品质，消费接近同龄城市居民的水平，储蓄增长有限。学校教育和在职教育水平低，对口的培训途径缺乏且不正规。就业维权意识不断增强，但维权能力以及维权所需的法律法规常识依旧缺乏。文化与精神生活严重依赖于网络，思维观念易受网络信息影响。

他有热情、有朝气，依旧青春，可是受限于认知环境和教育水平，他不能很好地规划自己的人生之路，心动不如行动。他没有扎根大城市的想法，只希望淘金镀金之后回老家安稳生活。生活的依靠在哪里？在于自己努力，这不光要靠决心，还要靠实际行动，希望鸿宝能真正为自己打拼起来，不要让旭日般的年纪蒙上暮色。

8. 让快乐一直飞

受访者：郑保山
访谈人：赵晨莉
访谈地点：北京东方天作商城二层 2A057 - 058 号商铺
访谈时间：2013 年 9 月 12 日 17：00 ~ 18：00
郑保山，男，21 岁，未婚，高中肄业，私营业主，安徽马鞍山人。

齐腰高的看台上，整齐地码放着一匹匹等待主人剪裁的原布，布匹后面缝纫机走针的声音清脆迅疾，一如它快乐的主人。"老板在吗?""在呢，需要为您做点什么?"此时，一个身材清瘦，个头很高的帅气小伙子从湮没他的布匹后面站起来，微笑着冲顾客打招呼，凡是他家的顾客，总会记得这微笑，灿烂又不失真诚，就是这样一个快乐的他，用微笑为自己代言，用手艺为商铺代言。接下来，笔者就带领各位读者走进这个布匹小子的世界……

青 年 置 业

他叫郑保山，今年 21 岁，2009 年来到北京，开始用布匹铺开自己未来的人生路。"16 岁的你，不是应该在高中的教室里奋笔疾书吗?""没错，我给自己的高中书写了 7 天的历史，就结束了。"高中三年的漫漫长路，郑保山用了 7 天来结束，着实让笔者惊讶不已，见如此，他赶紧解释，"哦，高中的生活太沉闷，尤其是我的英语成绩都不能让人直视，太崩溃啦，连 26 个英文字母都记不得。"就这样，郑保山结束了他的学生生活，那个不问世事只顾埋头读书的高中时代就此在他的世界里被切断，没有续集。

就在郑保山高中辍学两个月前，他父母已经开始在北京寻觅店铺，结束学业的他果断从安徽北上来到北京帮助父母置业。不顾车马劳顿，小小年纪的他完全忘记自己只是 16 岁的孩子，开始在北京东奔西跑打探行情。郑保山虽然年纪小但脑袋很灵光，他建议父母在学生和院校比较集中的地方开店有利于增加业务量。当时，北京天成批发市场因为年久失修再加上布局混乱存在极大安全隐患，要拆迁至现在的天作商城，商城入驻急需对外招租，并且第一批商户入驻可享受较大优惠，郑保山考察了附近的情况，有中国人民大学、北京理工大学、北京外国语大学、北京交通大学、中央民族大学等高校聚集，同时又毗邻大片居民住宅，此时在天作这个地方安置门户应该是最有利的选择。看准商机，郑保山当机立断在天作商城二层租下一间门面，就这样，郑保山和他的东方布艺开始了并肩作战的征程。

"怎样给你的商铺定位？"

"专业加工定做布艺嘛，经营品种的话，可以适当扩大范围：有三件套、四件套、毛巾被、夏秋被等床上用品；布帘、百叶帘、珠帘、卷帘等窗帘；当然还有沙发套、汽车套、美容床罩和椅套等产品。"

"那主打的业务是什么？"

"床上用品啊，这个在市场上走得俏。"果不其然，纵观整个商铺，门脸上围挂有各式做工精细的靠垫，左侧摆有窗帘样品，右侧则堆累着收装的床垫，店铺后壁的格子里是三件套、四件套和夏秋被，最显眼的当属在商铺门脸位置码放的布匹，花式不一、布料繁多，这些布匹都是郑保山眼中的宝贝，它们为他吸引顾客招徕生意，也是他生意的主心骨。

都说人如其名，笔者觉得对郑保山来说更是店如其人。他的快乐在洋溢，弥漫在每一寸布里，每一个针脚线里。快乐成为他的招牌，也感染着每一个前来消费的顾客，这也是郑保山置办店铺时的初衷，虽然他不会用"品牌理念、给顾客创造幸福感"这样的字眼去描述，但他的话语更动人，"我自己感觉很快乐，也想让顾客感觉很快乐"，正是如此，他的快乐理念浸透在每一针每一线里，然后幸福接力，让顾客体验最贴心的服务。

这就是郑保山，一个青年创业的故事，笔者想到"勇闯天涯"这个词很适合他，不管目前社会如何在乎学历，笔者觉得一个高中没毕业的孩子在竞争激烈的北京创业扎根，这就是不平凡，这就是高成就。

他 们 的 他

现年 21 岁的郑保山，是家中独子，父母 48 岁，虽都是农村户籍，但一家三口在北京这几年也算有了属于自己的小家。母亲与郑保山负责店铺生意，父亲又寻了一份业务员的工作，在北京交通大学附近租了房，因为房东是老乡，对他们也很照顾，所以两间房里三口之家的小生活安然自得。

父亲眼中的郑保山：很庆幸在临近下班时采访到郑保山的父亲，因为9月份学生开学，业务量大增，父亲在下班之余赶过来帮忙，其他时间都是郑保山独当一面。"保山小小年纪出来闯荡，您作为父亲，给自己的儿子怎样评价？""怎样评价，你都看到了，忙得呀！"寡言的父亲不善言辞，说话间面带微笑，手指正在低头忙着裁剪的儿子，脸上洋溢着骄傲和欣慰的神情。在父亲眼中，郑保山自己撑起整个店铺，让年迈的父母都很省心，儿子高中辍学虽然很令他痛惜，但现在儿子已经独立有作为，他依然很为儿子骄傲。

母亲眼中的郑保山："他啊，这几天忙得都顾不上吃饭，每天就一顿早饭，就怕他会吃不消。"作为母亲，李阿姨像天下所有母亲一样疼惜自己的孩子，但比起那些为孩子操碎了心的母亲，李阿姨庆幸自己的孩子那么孝顺懂事，"店里的活基本都是儿子揽了，稍用体力的他都不让我干，有时候真是心疼他啊！"不仅是体力活，因为母亲没怎么念过书，再加上性情温厚，不太擅长跟顾客打交道，郑保山当然是义无反顾。再有，李阿姨不会使用店里的缝纫机，所以缝纫的工作也是郑保山来做。父母都会夸赞自己的孩子，李阿姨自然也不例外，但一些细节确实证实了李阿姨口中的郑保山的确名副其实。因为采访临近天作商城下班，笔者与他们顺道一起离开，郑保山锁好商铺后，很自然地把母亲的包接过来拎着，李阿姨走到转角处，突然记起，"家里的钥匙和今天的记账本我还没带呢！"郑保山挽起母亲，笑着说："放心吧，妈，我已经带着呢。""呵呵，一直都是我带，今天走得急，给忘了。"李阿姨解释道。"放心，阿姨，您这不是有儿子给你做秘书嘛！"笔者也忍不住插言，一群人欢笑离去。

顾客眼中的郑保山：采访接近尾声，正值一位顾客上门，因为接近商城关门，很多商户已经开始打烊歇业，她来得很匆忙，径直走向东方布艺的门面店，过来直接跟郑保山打招呼，看得出她应该是老顾客，后来得知是北京理工大学的学生，是来做床帘的。在天作商城下班时，各商铺都会断电，为此郑保山专门申请了缴费用电，就是为了应对有些学生下课后赶过来或是上班族下班时间紧等情况。尽管是老顾客，不会轻易跑单，但郑保山还是本着为顾客服务的宗旨，没有让她第二天再过来，而是问清她的需求后立即开工，选样、裁剪、缝纫、包装……整个过程水到渠成，郑保山工作起来也是得心应手，最后女同学看了质量和工艺后表示很满意，付钱后还不忘帮郑保山做宣传，"他们家就是服务好，你以后也可以尝试来他们家做"，笔者瞬间成了宣传对象，心中慨叹道："果然服务质量才是商业之道，顾客口碑就是郑保山和他的东方布艺最好的宣传渠道，赢得顾客就是赢得商机，殊不知笔者也是东方布艺的老顾客呢！"

无论是对父亲、母亲还是顾客，郑保山都做到了尽善尽美。尽管同样是"90后"，郑保山身上却没有那股娇气，他依然是快乐的他，也是父亲眼中独立有担当的他，母亲眼中贴心懂事令人心疼的他，顾客眼中保证质量服务周到的他。

北 京 梦

2009年秋来京创业，转眼已近四年，"最开始来北京，人生地不熟，业务量也没有那么大，现在情况都在好转啊"，郑保山依然保持他那快乐的微笑。四年的时间，郑保山的东方布艺由一间变成两间，人手由三人变成了两人。的确，做店铺都是积少成多、日积月累，除了良好的地理位置，还有他积攒了四年的口碑和顾客。

"四年一直在做布艺，最开始手艺从哪学的？以后想过参加一些相关的技能培训吗？"

"最开始来北京根本不懂缝纫，当时店里请了一位老师傅，从他那学的，后来他身体欠佳，做活赶不上，老师傅离开后我就自己一点一点摸索，现在手艺完全没问题，店里有我和我妈足够了。"因为业务熟练，郑保山也很精干，就没有聘请别的师傅来帮忙。对于培训，郑保山觉得目前自己还能胜任，他表示以后有必要也会参加一些培训，例如提高布艺的加工技术和相应的员工培训等。

"目前店面每天的营业额有多少？以后有什么规划？"

"平常的话也就两三百吧（除去成本之后的净营业额），新生开学会多点。也想过再扩大店面，或者在别处再置办一个店面，一点点扩大呗，到时候也去学点营销啊、管理之类的，直接做成布艺的直营厂家，做出自己的品牌啊！"据郑保山介绍，他们的店铺最大的消费群体是附近高校的学生，但因为都是小单生意，营业金额倒不如家庭装的床上用品。店铺支出主要是进货，目前东方布艺每两三天就进一次货，大批量的货差不多一周一次，他采用直接跟上海厂家订货，这样减少中间商，可以给顾客最优惠的价格。至于别的支出，应该算是商铺租金了，现在是每天 130 元，还在可以承受的范围内。

"那以后有在北京定居的打算吗?"

"没有。现在也是办了暂住证租房住，北京房价太高，我已经在老家镇上买了房。"在谈及对北京的印象时，郑保山乐观的人生态度令笔者折服，北京堵车，就骑电瓶车坐公交减少堵车；房价过高，就在老家落户在北京挣钱；空气质量差，就减少户外运动等待好天气；生病没有本地保险，就增强体质不要生病；物价成本高，就自己做饭减少开支；没有户籍影响就业，就自己创业不给政府添堵；工作时间长强度大，就给自己放一天假……

但是，在谈及未来子女的教育问题时，乐观的郑保山也有一定的担忧，"最理想的状态是家长在北京上班，孩子在北京也可以有学上，如果可以上到中学就最好不过，这样我可以在北京打开更大的市场。不过车到山前必有路，或许以后我的品牌就在安徽落户呢，所有问题都解决了。"似乎所有的问题到了郑保山面前都化成虚无，天下就没有解决不了的事，用他自己的话讲，社会生存的压力确实不小，尤其是在他年纪很小的时候就要面对这一切，但一直惦记着生活中的痛苦，人就会生活得不幸福不快乐，有什么样的收入水平就过什么水平的生活，都是生活都是过嘛，总得有时间一点点改善，这样人活着才有希望。

后　记

现实就是现实，摆在那里，不会有任何改变，能改变的只是自己的态度和作为。对于来自安徽农村的郑保山一家，北京就是暂住证、租房、没有北京医保只有新农合、长时间的工作、尽管有老乡照顾依然需要支付昂贵的租房费用的集合体，但这不意味着北京就是地狱，因为郑保山快乐的理念一直在传播，他也一直坚持用快乐剪裁出精美的布艺，剪裁出属于他和东方布艺的直营厂家和品牌梦。

9. 知识铸就未来，奋斗改变命运

受访者：杨春祥
访谈人：李筱玉
访谈地点：朝阳区双井某 M 记快餐店
访谈时间：2013 年 9 月 13 日 13：00～14：00

9 年的时间，从月收入不足 600 元的打工仔到年收入将近 40 万的包工头，这个 23 岁的小伙子用自己的经历为"奋斗"这个词做着别样的诠释。

与杨春祥的相识始于偶然，终于惊喜。因为杨春祥长期从事户外工作的原因，黝黑的皮肤使得他显出一种稍与年龄不符的老成。然而，一头新染过的头发加上流行的发型，以及眉宇间透露出的年轻人特有的那种"桀骜"，还是使得我这个陌生人断定他就是我的同龄人。经过简单的介绍和寒暄，热心的他很快接受了我的采访，用了 4 个多小时向我讲述了他一路走来的成长与收获。

初二肄业，打工 9 年，夯实技术

杨春祥，生于 1990 年 4 月，内蒙古赤峰市敖汉旗人，中专学历。2004 年初二肄业之后选择外出打工，先后在天津、辽中市、盘锦市、石家庄、山东从事摘棉花、搬运工、地下钻管等工作，2009～2010 年，他返校读中专一年（学习电焊、开车、电工等技术）。从 2011 年开始在北京从事地下钻管工作，凭借灵活的头脑和忠厚的人品，他现在已经从跟着别人干活的小工人变成了带领别人干活的年轻有为的包工头。

刚刚辍学的时候，杨春祥跟着亲戚前往天津摘棉花，"当时差不多摘一亩地能够挣到 600 块钱，自己也舍不得花，抽烟都买最便宜的烟来抽，我 8 岁就学会抽烟了。"谈起那段经历时，杨有点儿动情，即便是那段时光已经过去将近 7 年之久，那种艰辛似乎还历历在目，让他难以释怀。

采摘棉花是季节性的工作，干了两个整月之后，杨就结束了这份工作。之后，他又前往辽宁省辽中市谋生，在一家砖厂工作了将近一年。"在砖厂的时候，刚开始每个月只有 650 块钱的工资，后来我很努力地干活，慢慢地工资涨到了 1000 元。"在砖厂的工作很苦，而杨才十五六岁，"当时我每顿饭能吃 3 个馒头，晚上刚挨着床就睡着了。"

在外务工 5 年之后，杨深刻感受到知识和技术的重要性，2009 年他选择了返校读中专。"当时就是觉得这样去打工挺可惜的，毕竟年轻，多掌握一门技术也能多挣点儿钱，而且以后的日子也好过些。"抱着这样的心态，杨咬牙交了 1 万元的学费，到某中专学习了电焊、电工、开车等技术。这些技术对于他之后的发展很有帮助，"我现在能够很轻松地画出一个管道工程的基本施工图，很多老工人干了七八年甚至十来年都不行，我觉得跟读中专有关。"

中专毕业之后，杨到上海工作了将近一年，当时主要是做消防管道，一年差不多能挣 3 万块钱。后来因为项目的原因，他又转战北京，并在不到两年的时间内做上了包工头，截至访谈的时间，他说："现在差不多一年能挣 40 多万。"

杨的工作经历大抵就是这样，他说，自己之前还间或性地做了很多工作，"做的时间太短了，就不说了。"很难想象，这个只有 23 岁的年轻小伙子的生活竟然如此丰富和饱满，丰富得以至于我一度忘记了问他这些背后的付出和挣扎。

飘零半生，不改初衷，踏实做人

平日里，因为为人正直，他和身边的人相处得很好，尽管带的工人不少年龄都比他大，有的人 40 多岁。"我不少发他们工资，有什么事情都是摆在桌面上说，所以大家都服我，愿意跟着我干活。"下雨不能出工的时候，他也和工友一起打打扑克，喝喝小酒，"我还帮他们选衣服呢，觉得就跟一家人一样。"杨开心地说道。

因为办事靠谱，年轻能干，讲信用，杨和负责工程的老板之间也形成了良好的合作关系，一年到头他的手下从不愁没活干，"有的时候项目挤到一块了我们还得加班。"

生活中的杨总是以严格标准要求自己，他每天早上坚持锻炼，"工作的时候，我每天早上都早起跑步，每天跑 15 分钟左右，差不多 5000 米，因为这样的锻炼强度我几乎不会生病。"提起这样的好习惯，杨的脸上露出骄傲和自豪。

杨是一个热心肠的人，"很多时候，很多事情，在别人看来根本就不关我的事儿，可是我就是觉得跟自己有关系，尽自己的力量去帮助身边需要帮助的人，这是我的一贯原则"。

杨说，就在今年 8 月 30 日中午的时候，他偶然遇见一个很可怜的婆婆要过马路，面对川流不息的车辆，婆婆一脸的茫然和无助，后来他很果断地扶婆婆过了马路，在了解到婆婆没钱吃饭的时候，他又放下手头的工作陪婆婆吃了午饭，而事实是，他自己已经吃过午饭了，可是为了不让婆婆觉得很尴尬，所以又陪着婆婆吃了一顿。杨说，"这样的事情太小了，根本不值得一提，我觉得这是做人的基本道理。"可是，在这个物欲迅速膨胀，人人争名逐利的时代，还会有多少人记得这样的基本道理？又还有多少人愿意去坚持这样的基本道理呢？或许，是世人太忙了吧。

城市虽好，可"我的家在内蒙"

不管是在辽宁、上海还是北京，杨和城市人相处得都很愉快，他对于自己当今的生活状况很满意，也不觉得城市人有排外的观点，觉得这个社会还是相对公平的。可是，即便这样，他在城市里还是没有家的感觉，"我的家在内蒙"，他强调。

在问到现在工作的基本保障时，杨的脸上露出少有的迷茫无措。他说，好像负责工程的老板给大伙统一买了保险，可是具体是什么保险，他自己也不清楚，至于保险的受益人是谁，他更是不知道。他说，自己没有星期天，天天上班，只有下雨天可以休息，可是休息的时候，心里还很不安，祈祷着天快点晴，因为天晴了才好工作，"毕竟只有干活才有钱挣"。他说自己和大伙一样，住的是厂房，32 个工人加上他总共 33 个人住 4 间屋子，基本上 1 个屋要住 8 个人；平时在外地干活的时候，在旅馆住的是最便宜的床铺，33 个人差不多一个晚上就是 800 块钱。他说，自己平时舍不得花钱，生怕家里有什么意外，总是攒了钱存到银行，连衣服都是妈妈催着他买的。

提到妈妈，杨的脸上满是心疼。问到家里的状况时，杨似乎并不愿意提及，我们的交谈一度显得有点儿尴尬。一开始我并不理解，后来我才知道，他的妹妹因肺癌去世不到两年，"如果她还活着，今年应该 19 岁了。"前面提到，杨是内蒙古赤峰市敖汉旗人，虽然是汉族，但是因为受生活环境的影响，他家的生活方式和蒙古族相差无二，是典型的农牧结合的人家。妹妹去世后，杨的家庭总人口变成了 4 人，爷爷（80 多岁）、父亲（50 多岁）、母亲（50 多岁）都是地地道道的农民。全家有 100 多亩地，几十头猪，还有一些鸡，这些就是家里收入的主要来源。

土地主要种植玉米和高粱，前些年连年干旱，收成并不乐观。杨的妹妹从小就体质差，血压偏低，读初二的时候不幸患上肺癌，曾到辽宁沈阳等地医治。可是将近一年的救治未能挽回她的生命，小姑娘于 2009 年病逝，年仅17 岁。

言谈中，不难看出杨是一个很孝顺也很重视家庭关系的人，"我和妹妹关系很好，从小到大，都是她'欺负'我，我从来没有责怪过她。妹妹的离开对妈妈和爷爷造成的打击很大，我以前就经常给家里打电话，妹妹不在后，我每天都打电话到家里，虽是跟爸爸、妈妈、爷爷聊聊天，其实是想让他们放心，也让自己放心。"

杨的母亲是一位温和的妈妈，父亲则相对严厉。对于杨春祥的成长，他的父母采取的是一种相对自由的管理方式。据杨春祥说，"我是坏孩子，不喜欢读书，从小就经常打架，为此也挨了不少打。"他 8 岁的时候学会抽烟，12 岁的时候被母亲发现，可是母亲并没有告诉父亲，13 岁的时候被父亲发现，"当时，我爸就跟我说，我已经是十几岁的男孩子了，做事情要考虑后果，也要自己承担责任，他没骂我也没打我。后来，我觉得自己或许就是在我爸跟我说那段话的时候一下子长大了"。虽然是带着笑容地讲着，但那种独特的语气透露出杨春祥对于父母的感恩。

春祥说："我不是好孩子。"我在想，如果说"勤劳能干、关爱妹妹、心疼父母、照顾老人"，所有的这些都称不上"好"的话，那么"好"的标准又是什么呢？我想不出答案。

问到春祥对于未来的打算，他说自己打算再在外边干两三年，等攒的钱差不多了，就回内蒙去，在市里买车、买房、结婚，然后做小生意，"其实，我更喜欢稳定一点儿的生活。"

提到结婚，杨有点儿腼腆，妹妹去世之后，母亲抱孙子的愿望就更为强烈，先后几次安排了相亲，可是都没能成功。杨之前也有过女朋友，可是当时女方的母亲嫌他是穷小子一个，两人最终分手。他认为，"自主恋爱结成的婚姻会比相亲结成的婚姻幸福"，因为彼此了解更加深入，也有共同的经历和记忆。杨对于妻子的要求相对传统，希望对方能够做一个洗衣、做饭、照顾孩子的家庭主妇，可是，当他又用"活泼、可爱"这些词汇来表达对于未来妻子的要求时，我觉得眼前这个老成的小伙子其实本质上还是一个未能完全成熟的男孩。"最好她口才好一点儿，这个社会口才好的人才能混得出人头地"，他这种对于社会的注解也是这个社会留在他身上的痕迹。

对于自己未来的孩子，杨春祥尚未认真考虑过，"几个都行，儿子女儿都好，反正都养得起。"他有着满满的期待和自信。"将来一定教育孩子好好念书，回报社会，做个对国家有用的人。"

后　记

看着春祥对未来充满希冀的眼神，对稳定生活的向往，对家庭的担当，我想到了古人的话，"居庙堂之高则忧其民，处江湖之远则忧其君。"从春祥的身上，我丝毫看不到"啃老族"之类的所谓的"90后"的标签，相反，我看到的是一个自立自强、积极进取、心怀真善美的不断成长的青年形象。期待再过5年、10年，在不久的时光里，一个个这样的杨春祥可以成为促进整个社会进步的重要力量。

10. 留恋北京　可干不下去还是回家

受访者：王先生

访谈人：刘妮娜

访谈地点：北京市朝阳区某小区物业公司

访谈时间：2013 年 9 月 4 日 14：40～15：30

受访者王先生，24 岁，未婚，大专毕业，物业公司楼层管理员，河北唐山人。

亲戚介绍　初来北京

"其实人生挺奇妙的，我开始没想到能来北京，读书的时候认识的对象也在唐山，就想着毕业了回家找个工作、结婚、生个小孩。我思想挺简单的，喜欢不用我操心的生活。"说到这，王先生羞赧地笑了。"可是没想到毕业找工作的时候，一个在北京打工的亲戚回唐山，上我们家了，听我爸说我在找工作，就自告奋勇要给我介绍这边一个建筑企业的办公室文员职位（我大学学的是建筑文秘）。因为我们村的人很多在这边打工，过来相互也能照应着，我爸一听挺靠谱的，就让我过来试试。所以我毕了业就奔北京来了，可来了发现那个亲戚有点说大话，后来说因为一些原因没找好吧，就找了这个物业公司。"

听他说完来北京的原委，我能感觉到他语气中的无奈和徘徊，于是问道，"您对现在这份工作还算满意吗？"他很真诚，"说实话，我觉得不是太理想，主要就是工资太低，一个月才 2000 多块钱，除去吃饭、喝酒（我不抽烟）也就剩个几百块钱。""那您给家里寄钱吗？""寄钱就更没有了，他们还想给我钱我都没要，他们也不用我的钱。""您理想的工资大约是多少？""我觉得在北京工资起码得要四五千吧，要不真不够花。""80 后"年轻人特有的自信和自负让我有种说不出的五味杂陈，高预期与低回报所造成的心理落差或许是我们这一代人总在抱怨社会、抱怨命运不公的重要原因。

社会保险　单位帮缴

王先生单位帮忙缴纳"三险"，包括养老保险、医疗保险和工伤保险，没有生育和失业保险，也不给交住房公积金，不过这样王先生已经感觉很满足，并且由于女朋友办理过社保转移，所以对这方面了解不少。"我觉得社会保险还是很有用的，以后我们生的孩子少了，靠儿子养不了老，社会保险应该是国家给的保障吧，更可靠一些。我其实以前对社会保险挺不了解的，不过我对象去年在北京干了一年，后来家里找了个挺好挺稳定的工作，就回唐山了，我当时就帮她把社会保险转回了唐山，所以对社会保险有了更多的了解，现在异地转移社会保险都挺方便的。"

但当被问到目前是否使用过医疗保险或工伤保险报销医疗费或工伤费用时，他就连连摇头了，"还从没用保险报销过什么呢，我印象里我就没去过医院，工伤也没有，所以都没用上。"至于门诊报销，他说自己知道点，但因为拿药的次数不多，没有多少花费，而且去药店拿挺方便的，报销觉得麻烦，"说实话也不太知道应该怎么报，我身边人好像都没报过。"

培训容易　实践困难

谈到培训，王先生"嘿嘿"干笑了两声，"我只接受过我们单位组织的培训，是物业管理方面的，不过也就是去听听，感觉都是书本上的条条框框，听起来挺有道理的，就是很难把它落实到实践上。"不过他说如果还有培训机会，他还是愿意参加，毕竟不用花钱，听听还能长知识，何乐而不为呢。在被问到与当地青年就业机会是否平等时，王先生很认真地想了想，回答说："我没觉出北京人和我们有什么区别，可能跟我亲戚在这边，来了就有工作干有关吧。不过其实北京和家里相比，更靠本事，如果有本事我觉得和当地人、外地人这个没什么大关系。"可能是受我固定思维的影响，我追问了一句，"是不是有些岗位只限由北京户口的人参与竞聘？"他立刻像想到了什么，"哦哦，对，有些事业单位好像是规定只能有北京户口的人报考，这可能是有限制的，不过咱想考也考不上，所以也没往那处想。对于一般的岗位，我们的机会其实差不多，而且有些活儿他们当地人不爱干，像建筑、保洁、维修这些，我们老一点的一般都干这种活儿，还挣得多。"

我正好在纠结他嫌工资低的问题，问他："您感觉自己工资低，怎么没有选择刚才讲到的那几类工作，尤其建筑、维修的工资都在 5000 元以上"，他的脸上浮出一丝苦涩，但很快消失了。"其实就像我刚刚说的，这个工作我不太满意，主要就是工资太低，可留下来主要是因为这个工作轻松，出来了就想多待段时间，至少感受一下首都的生活，如果辞了可能也找不到更好的，就先这么凑合一下。而且我现在每天 8 小时工作，负责管理几个单元的物业，保障安全，解决一下业主的困难，还挺有成就感的。有轮休，平均下来每周能休一天。工资也不拖欠，基本按时发放，呵呵，如果这么想想也挺好的。"

孩子上学难　深有感触

由于王先生暑假时一直帮姐姐的孩子联系上小学的事，所以对北京市流动人口学龄儿童义务教育了解很多，跟我也是侃侃而谈，既为我详细解释了北京市目前学龄儿童义务教育的择校方式以及农民工子女上学难的原因，也表示如果自己的孩子不能被北京的学校接收，就把他（她）送回家去读书。"如果我孩子上学，我可能要安排到老家吧，如果在这上不了的话。因为可能还得找关系，不是那么容易上去的，好点的学校还是要交借读费（北京已经把借读费给取消了，您了解这个情况吗?）嗯，其实没取消，就是换了个名字，叫赞助费了，反正就是换了个词，不过还是那个意思。这一片儿的学校肯定上不去，必须得有房本的才行，有房本也得交赞助费，所以还是送回老家去得了。送回老家去肯定得父母带，我也可能是短期在这，看看干得好不好，不好的话还是要回老家去。"

因为有亲身经历，他对北京市公共服务改善最大的期望也在解决农民工子女上学难问题上。"现在上学太难了，打工子弟学校也进不去。我小侄女今年就上小学了，我们找了好多人才上去。去的是北苑小学——它就是教学质量可能要差一点，但是是什么费都不收的那种（免学杂费、赞助费，但也要找人）。不过说实话，只要有点条件的都不会去那个学校。现在北京也是划片区，'五证'①

---

① "五证"指子女的身份证和户口簿；父母或其他法定监护人暂住证；与本地用人单位签订的劳动合同或在本地的纳税证明；原户籍所在地乡镇政府或县级教育行政部门出具的同意流出就学的证明；户籍所在地人口计生部门签发的"流动人口婚育证明"。

齐了的网上报名，那些分学校的肯定会给你分，就是肯定有学上，但咱还得考虑离家或离上班地儿远近的问题。像我们在朝阳区，有的孩子被分到了海淀区，光接送孩子上学来回得 4 个小时，还上什么班啊，光接送孩子一天就过去了，逼得我们不得不提前找关系。可像北苑小学，它们那个片区可能是三号院那些小区，我们这边的想要去，不在它们那片区，就比较麻烦。咱北苑家园虽然也有小学，但是我们这种肯定是进不去的，一是我们没有房本，二是'五证'齐了也进不去这种小学，还得等着分配。"

单位宿舍　条件较差

王先生目前住的是单位宿舍，虽然不用付房租，但因为住的是地下室，条件较差，他不太满意。"我现在算是吃住在单位，单位宿舍就是 1 号楼的地下室，倒是不用付房租，节省了几百块钱，但条件挺差的，我那个屋子算大的，一个大开间，20 平米左右吧，刚好摆了 4 张床，住了 4 个人，有独立的卫生间。不过因为我们比较乱，放了不少杂七杂八的东西，4 个人住挺挤的。"王先生在描述的时候，他的同事还插话进来，"你知足吧，我和我老公住咱地下室还交房租呢，一个月 500 块钱。"王先生反驳道："你们两人住一屋，我们可是四个人呢。"

最让王先生忧心的就是住在地下室，"我觉得老住地下室可能对身体不太好，比较阴暗潮湿，我现在年轻还显不出来，担心老了以后得风湿，我有个老乡就因为在北京一直住地下室，现在回家治病去了，好像挺受罪、挺难根除的。"他说他也考虑过租房子，但房价便宜的住起来和单位宿舍差不多，房租贵的租了房子就没剩下多少钱了。"想想还是算了吧，说不定什么时候就回家了呢，呵呵，挨着吧。"

我问他有没有听说过公租房，一提到公租房，王先生的眼睛突然亮了，说话声音也大了一些，但可能想到自己不能租，眼神黯淡了，语气也弱了下来，"公租房听过啊，咱这个小区建的时候不也配建的公租房吗？我们也能租吗？不能吧，好像不能。如果能租的话，我当然愿意租，政府能给我们补贴些钱，让我们住得好些，这么好的事肯定愿意。毕竟住房条件差那么多，就算多付几百块钱我也愿意，几百块钱能住隔壁的公租房，我一定第一个报名。"

留恋北京　家乡却仍是归宿

最后我问王先生是否愿意放弃家里的土地，转成北京户口，他说没啥想法，转户口可能对下一代好，但对他来说，转不转都一样，转成北京户口对他也并没什么利处。而且即使不放弃家里的土地就能转成北京户口，他也很是迟疑，"我觉得北京生活压力比家里要大很多，我可能不打算长期在这，以后还是想回老家，所以北京户口也没什么大用处。"他说家里那边现在也有些小型工厂，工资并不低，就是没有社会保险这些，但有的工厂工资比北京这里还高，工作也是 8 小时。

听他说到这里，我笑了，反问道："您真的不想留在北京，成为北京的新市民？"他犹豫了一下，悠悠地说："其实也想，北京挺好的，想吃喝哪里都能找到地方，哈哈，但是真正生活起来压力太大了。我对象在唐山的工作已经算稳定了，我反正结婚是要回去的，结完婚出不出来到时再看，可能还是要出来，不过工作就不想再做这个了，还是想找份和自己专业相关的工作，挣得再多点。以后有了孩子，挣这点钱真是不够。"他说在他的印象里真想不起来在北京享受过什么公共服务，他们都有暂住证，但是没起什么作用。"可能也跟北苑这边的居住人群有关吧，除了你们这些业主，其他我们能接触到的，像建筑工人、小摊小贩、中介、维修工等，都是没有北京户口的外地人，我们上班下班挣工资，除了我小侄女上学的困难，让我对打工子女教育方面感受比较深，还真没觉出其他有什么差别，身边的人也都是这么过的。"

后　记

在王先生纠结于自己要不要留在北京时，我结束了此次访谈。但当我说出"我们今天的访谈可以告一段落了，谢谢您的配合"时，看着王先生的一脸落寞，我心里很不是滋味。他从开始的羞涩、紧张到慢慢打开话匣子，眼睛里的火苗也是一点点燃起，"这就完了？我才刚找到点感觉"，眼神倏忽间由明转淡。或许他也想借此机会理一理对未来的规划，也还在回顾自己究竟享受过哪些公共服务，可没有理出头绪，却又不得不再一次回到那朝八晚六的现实中去，上班、下班、吃饭、睡觉，像无数在北京打工的青年农民工一样。是啊，他们有什么时间和氛围思考呢？整个北京城连夜晚都在忙碌着，谁会停下来询问他们的工作情况、人生规划，谁又会有时间关心他们的饥饱和所需？他们只是无数打工青年中的一员，那么渺小的一颗螺丝钉，很多人就这么麻木的日复一日，随时光散去，消磨了斗志，丧失了梦想，在犹豫和徘徊中停滞不前。

我想，北京对他们中的大多数而言也许只是个标志性的符号，只是他们想出来见见的那个"世面"，他们不奢求北京给予他们多少，只要不来管他们、遣他们，他们能自在地挣钱就行，于是对公共服务听起来如此生疏，"真没怎么想过，也不觉得自己需要。"北京确实有很多值得留恋的地方，他们也想奋斗着向上，但在身处边缘、徘徊不前的现状下，"还有家乡可以收留我"，"干不下去还是回家"可能是支撑他们的重要信念，让自己少了希望，可能失望的时候就不会那么痛了吧。

11. 职业技术的受益者

受访者 1：程先生
受访者 2：魏女士
访谈人：李筱玉
访谈地点：北京市朝阳区金盏乡皮村工友之家
访谈时间：2013 年 9 月 12 日 15：30～17：00

程先生是河南洛阳人，外出务工已经 7 年多了，确切地说是从初中毕业以后就放弃了学业来到北京。我在位于北京市东五环外朝阳区皮村的"工友之家"活动中心见到了小程，这里是一个 2005 年由当地人自发建立的专门为农民工朋友打造的休闲娱乐场所。说是休闲娱乐场所其实也有些牵强，简单的几个乒乓球台，一块不大的空地，破旧的灯光、音响，和一个由影院淘汰下来的设备搭建而成的"新工人影院"，就是全部的家当。寻找"90 后"农民工并非易事，一方面他们的外表与当地居民并无差异，另一方面就是与"70 后"、"80 后"农民工群体相比，数量上相对较少。

在我找到小程的时候，他正和女朋友从门口进来，准备来工友之家的院子里找个地方休息。

曲折的打工经历

小程今年 22 岁，1989 年底出生，是个不"地道"的"90 后"，现在是一名氩弧焊的焊工，主要从事安装社区、街道宣传栏一类的工作。在了解他的工作类型时，他特意强调自己不是电焊工。"电焊是焊接铁的，我这个工作主要是不锈钢的焊接。"这引发了我对他工作的好奇。"您为什么选择氩弧焊这个工种呢？是它的工资或者就业有优势吗？"小程笑了，"哦，没有，我来北京也是由亲戚朋友介绍的，我表哥当时在西五环阜石路口那边有个活儿需要人手，我就来帮忙了。后来一直跟着师傅学，就是氩弧焊。像门头沟那边，现在是门头沟区了吧，那儿的社区宣传栏基本上都是我们安装的。"讲到这里，我对小程的工作和来北京务工的原因算是有了大体的了解。在刚开始外出务工的这段时间，小程就在表哥的施工队里给表哥帮忙打工，但当时表哥也只是能招到几个工人一起接活儿，没有实力建立自己的公司。从后面的访谈中可以看出，小程表哥的经历对他产生了不小的影响。

"那您这几年外出打工，有什么比较怀念的记忆或者与众不同的经历么？"我试图引导小程。他想了一想，"哦，我在桂林干了十个月。2009 年底吧，当时年轻嘛，想出去看看、闯闯，毕竟在北京跟我表哥干也好儿年了，北京啊天津啊河北什么的基本都去过了，觉得北京也就这么回事儿。人家不是说了么，'桂林山水甲天下'，我就想去看看。"说到这里，小程从最初的一问一答已经渐渐变得开朗起来，给我讲述自己的桂林记忆。"我记得好像是 9 月 2 号的火车，8 月底那几天，当时心都飞过去了，就觉得那几天过一天就和一年一样长。坐了 22 个小时的火车，第二天中午到的桂林。去桂林也有另外一个原因，老家那边有朋友在桂林开 KTV，一块儿租的房子，一个月 200 多一点。玩了几天以后就开始自己做生意了，一般是在市里的旅游景点附近卖一些工艺品，比如小船啊、竹筏啊什么的，都是桂林山水嘛，这种小玩意一个进价大概 10 块，可以卖 20，也能卖 15。那边外国人的旅游团多。"我问他具体是哪个景点还记得吗，这着实让他回忆了一会儿。"哦，就是那个美国总统克林顿演讲过的地方，骆驼山，后来就基本在那里卖了，还卖一些山水名画。"

小程说，这么干下来，每个月大概能挣 3000～4000 块钱。和为别人打工相比，小程更难忘在桂林的那段日子，"虽然不能像白领一样享受朝九晚五的工作生活，但是至少活得比较自由。在给表哥帮忙这几年，虽然工作稳定，但是往往接到了任务会起早贪黑地干，有时候为了赶进度要忙到半夜一两点。在桂林期间，自己也玩了不少地方。像市里的象鼻山，我们几个就从后门跳进去，省了门票钱，还能在湖里面游泳，那里面有不少人，边上经常有游船过来过去。还看过上刀山的表演，演员踩着刀在上面跳舞……"

表哥又接了"大活儿"，缺人手的时候又想到了小程，于是小程结束了摆地摊的桂林生活，回到了北京西五环。托奥运会的福，小程的表哥在 2008 年之前可以说"大赚了一笔"。北京的各个社区为了迎接奥运，都对他们提供的这种不锈钢宣传栏有很大的需求，促成了小程表哥施工队的发展。施工队也由原来的一个由 6 个人组成的类似小作坊的组织，成长为一个拥有营业执照、在工商局正式注册的小公司，有了会计、财务人员等现代企业的基本构成要素。他们也从最初制作安装单一型号的不锈钢宣传栏发展为集制作、安装、维修包括推拉门式、玻璃墙式、电子屏幕式等多种宣传栏于一身的专业性小企业。"光在河南洛阳，表哥就已经有三辆车了，还买了一幢 60 万元的大房子。他 2004 年开始创业，我就是那时候开始给他打工的，现在表哥已经有上百万的资产了。"从小程话里，不难听出他对表哥目前生活状况的向往。

接完表哥的大活儿，小程来到了一个位于东五环的大型滤料厂。奥运会过后，市民环保意识与日俱增，市政府对自来水质量、污水排放过滤等方面的要求也水涨船高。像小程现在所在的滤料厂，也是借助奥运逐渐发展起来的，他也觉得，奥运会不仅给北京带来了精彩的比赛和外国人对中国良好的印象，更促进了一大批行业的发展，是个难得的机会。在滤料厂，他负责弧焊不锈钢污水过滤设备中的零部件，也承担了诸如卸料工、装车这样的体力活儿。"弧焊是小时工资，每个小时 10 元。如果是做装卸，则是按件计价，每卸一吨 6 块钱。就是搬运包括砾石、石英砂这类的用于水处理的过滤材料，有 25 公斤一袋的，也有 50 公斤的。我们干得最多的时候，4 个人一台叉车，4 天运了 300 吨。"

"最后就是在皮村的这份工作了，从去年 10 月一直干到了今年 5 月，又回归了老本行弧焊。这两个月也没怎么干活儿，我马上就要回去了。"小程说这番话的时候脸上带着一点莫名的幸福，"我媳妇儿怀孕了。"坐在他身旁的那个少妇羞红了脸。

平稳的感情生活

原来这位身材稍显臃肿的女人怀有身孕，更令我惊讶的是他们才二十二三岁，就结婚半年多了。"在我们那里，结婚都比较早，我们是今年'五一'回老家结婚的。"小程告诉我。通过之后的了解，我发现小程和他爱人红梅虽然一度经历了异地恋的艰难过程，但是感情始终非常稳定，这也是促成两人结婚时间很早的一个主要原因。

"我俩是 2009 年正月初十吧，经过亲戚朋友介绍认识的。"小程一边跟我回忆，一边征求爱人的意见，确认他所说的这些时间真实准确，"当时我俩都是21岁，还小，什么都不太懂呢。"

"那你们俩是属于一见钟情的那种了？"

红梅在一旁补充："当时也没有吧……因为还不知道对方是个什么样的人，就先聊聊吧。彼此以前也不认识，不怎么了解。聊了有大概一年吧。"

"那他当时不是在桂林那边么？"

"我是2009年下半年去的桂林。"小程接着我的话说下去，"当时我也问她说，我要去桂林了啊，她也同意了，因为我在这边打工一直也没有在一起过。当时主要就是靠电话和短信吧，打电话有时候一打就是三个多小时。我记得在这边打电话一个月就得花三四百块钱，呵呵，还挺疯狂的。到了桂林以后那边有一种长途灵通卡，一分钟一毛钱，打一个多小时才十块钱，也还挺便宜的。我们是在2009年底腊月三十订婚的。年初认识，年末订婚。"

小程1.75米左右的个子，皮肤黝黑，身子精壮，一看就是多年打工练就出来的身板儿。红梅则皮肤较白，温柔少语，听完两人介绍，倒也觉得十分般配。"她就是比较老实，比较单纯。不像其他同龄的女的，心计比较多，所以当时就觉得挺好的。"

"那红梅呢？您是什么时候出来打工的？女孩子出来应该不好找工作吧？"

"我呀，我初中毕业以后也没有继续学，在家待了一段时间。2006年才出来干活儿，在亲戚开的一家水泥厂里，做一些轻体力的劳动。就是封边，每一个水泥袋子都需要封边，我就负责做这个工作。后来改行卖衣服了，不过是帮别人卖，在郑州那边。"

"那您什么时候来的北京？"

"我去年底来的北京，在西五环那边，当时他不也在么，我在一个超市里做导购，卖衣服的。现在来了这边就什么都不干了。"

淳朴的未来展望

"对未来有过什么展望么？小程？"谈完两个人的过去、现在，我把话题引到了未来这个充满不确定性的话题。

"我准备在洛阳先开一个小门市吧，还是做氩弧焊的。和那些大学生比，我肯定没有优势。我去过一个大学，就在北四环水立方那边（笔者注：可能是北京信息科技大学或北京科技大学），他们现在做弧焊都是电脑操作了，利用车床进行设计。我没有上过中专，没什么文化，现在也学习不了这些技术了，他们讲的理论我都不懂。听我郑州朋友说，一个那边的汽车公司想招一个大学生，年薪给 60 万元那个大学生还不去呢。"

小程的话中也透出一点遗憾。

"不过我有时候觉得学习也没什么用，像我这个职业光懂理论也不行，需要有实践经验。"

相比之下，红梅就显得没有太多明确的目标了。

"我就是先带带孩子吧。"

"那您准备等到孩子上幼儿园？"

"哦，那倒没有，时间太长了。可能孩子一岁半两岁我就要干活了，也没想好干些什么。"

"给您丈夫当好老板娘吧，哈哈！帮他管店里的钱。"我逗红梅。

"没有没有，我不太会算账，呵呵。"

对于这个即将诞生的小生命，准爸爸小程和准妈妈红梅也有自己的期望。小程说："我们会尽量让他做好，争取考上一个大学。"与城里孩子和家长整天徘徊报哪所重点高校相比，身为农民工的他们显得更加现实，考取一所大学，找到一份称心如意的工作也许就能改变一家人的命运。

"以前我在县里念书，教育水平比较差。以后我们在洛阳市里生活了，就能让孩子在好一点儿的地方学习了。"可怜天下父母心！小程自己虽然没有成长在良好的生活环境中，早早离开了学校步入社会，但是自己未来的一切又都是为了孩子而规划。而作为准妈妈，红梅则殷切地希望自己的孩子能健康快乐地成长。"他（她）只要能健健康康长大就行，我没有什么过高的要求。"

坚定的人生信念

转眼工友之家就要关门了，场地里的灯都熄了大半，就连用笔做记录也成了一种奢望。我只能凭借着自己的直觉，往昏暗的纸张上记录小程对他所认识的社会、对充满希望的未来的见解。

"我感觉，机遇加上争取才有可能成功，成功可能算不上，至少是赚大钱。像表哥那样，遇到了奥运会在北京召开这样的机会可能不多，所以也要自己创造机会。而且一定要自己干，如果给别人打工那就永远赚不到什么钱。像我们安装的那些宣传栏，普通的一个卖 2000 多元，成本其实也就七八百块钱，有百分之五六十的盈利（作者注：应该是百分之一百五六十），但是给表哥干活儿一个月也只能拿 2500 左右。因为都是亲戚嘛，也不能算是打工，就说是帮忙，所以也不好意思跟他说加钱。以后回洛阳了，自己开的话也只接大公司的单子，不干小活儿，挣不到什么钱。"小程最后的话淳朴、真挚，道出了自己外出务工这么多年来的经验和心声。

除了一些洗漱用品作为小礼物送给他俩，我还特意将自己珍藏在书柜中的两本小说拿了出来送给小程夫妇。两本都是美籍阿富汗裔作家胡塞尼的作品，一本是《追风筝的人》，一本是《灿烂千阳》。希望小程能如哈桑般对待朋友忠诚如一，也希望红梅像玛丽雅姆一样坚强面对生活。更重要的是两本书都是讲述身处弱势群体的主人公克服困难、走出痛苦的励志故事，希望这对农民工夫妇也能寻找到属于他们的幸福！

后　记

和小程相处的时间不长，但是我从他的身上看到了很多新生代农民工特有的性格与追求。一方面，和其他同龄人一样，小程渴望成功，渴望依靠自己的劳动获得财富。另一方面，小程又将希望寄托给了孩子，创造一切有利孩子成长的生活条件。

出身农民家庭，小程的骨子里透着中国农民的质朴、憨厚，又有"90 后"一代敢于接受新事物的勇气。16 岁时就离开家乡只身来到北京，早早扛起了家庭的经济负担。同时小程又不满足于现状，离开北京在桂林生活了大半个年头。不同地域的生活，不同工作环境的洗礼，让小程甚至比我们这些同龄人更成熟、对自己未来的规划更加明确。从一个打工者成长为一个小老板，应该是小程最简单、真实的人生规划。

同时我有几点感想：

一是，职业技术水平是决定农民工收入和层次差异的核心因素。

二是，务工阅历的扩展能较大地促进农民工市民化进程。

三是，借助亲友基础发展起来的新生代农民工具有物质、技术、见识上的优势。

四是，务实精神强的新生代农民工能够更充分地融入城市。

只有重视农民工的技能培养，才能让他们在城市里有底气的生活；只有生活有奔头，才能做好人生的规划；只有做好规划并踏踏实实去实践，生活才有希望；生活有希望了，安定、和谐，也就真正融入社会的血液中了。

12. 向上吧，青年

受访者：薄金龙

访谈人：赵晨莉

访谈地点：中央民族大学操场看台

访谈时间：2013 年 9 月 6 日 11：00～12：30

受访者薄金龙，男，24 岁，未婚，初中肄业，保安，山东烟台人。

"义薄云天""黄金""真龙天子"，三个如此格格不入的词汇，组合到一起会产生怎样的语言反应？那就是薄金龙对自己的评价，一个气质更偏向南方孩子的烟台男生，一个坚信"书中自有黄金屋"的嗜书小子，更是一个徘徊在理想与现实矛盾中的"北漂"青年。

"北漂"的日子

笔者常在思考，一个初中都没毕业、没有一技之长且身体瘦弱的男孩子，在一个让大多工薪阶层都感觉"压力山大"的国都如何自立。可是，薄金龙却用他真实却又强大的毅力证实了他的存在，这种存在不可小觑。

"为什么选择北京？"

面对如此尖锐的问题，薄金龙从容地讲述了他的故事：出生在山东烟台的一个小村庄，父母都是面朝黄土背朝天的农民，他玩笑般地说自己是典型的"农二代"。初中时因为自己的调皮再也无缘伙伴们的课堂，"在中国的教育里，顽皮好动、思维活跃的孩子从来不是老师的宠儿"，他这样解释自己已经永远再见的校园生活。本打算将自己放逐，不顾世事，父母的皱纹和叹气声却将他再一次拉回现实，在混沌了几年之后，他毅然选择了北上，打算在高校林立的北京寻求自己飞翔的梦。

"选择来北京，并不是为了打工挣多少钱，我希望在这里找到可以让我安心看书并且可以旁听大学课程的高校"，在旁人看来，这或许是最令高中生艳羡的大学生活，不用自己挣生活费，对父母从来是"钱来张口"，安静地躲在象牙塔里，不问世事不问前程地过几年"神仙"日子。可对薄金龙来说，现实永远都是最残酷的，父母给不了他花钱无忧的生活，他必须自谋出路；大学在别人眼中或许是天堂，但薄金龙却是入之无门，在上班时间老板不允许，旁听大学课程也是有困难的。

也许是上天眷顾，总有一扇门为薄金龙打开——中央民族大学的保安。在民大的理工楼、图书馆、大操场，你总能看到薄金龙跟这里的学生热情地打招呼或是和教授探讨问题，如果不是他身上那身保安制服，你或许真的把他当成了这里的学生。在民大，薄金龙为了抽出更多的时间看书学习，他申请最早的那期排班，早上五点钟起床，而校园里除了熬夜打游戏的夜猫子几乎所有的学生都还睡在各自甜美的梦里。下午两点钟下班后，薄金龙就沉浸在书的世界里，任思想和灵魂飘荡，无边无际，不受任何的约束。

天堂之外，还有现实。薄金龙在这段"北漂"的日子里尝尽人间冷暖。

"在学校做保安每个月能拿多少辛苦费，有没有享受保障？"

"保安嘛，当然挣不多，再加上我们属于外包单位，不归学校管，每月也就2200元。"而至于保险、保障更是谈不上，对薄金龙来说那些"五险一金"向来只是别人的福利，他们想都不敢想。

"北京房价飞天，你们工资这么低的话，住宿的问题怎么解决？"

"学校给我们提供了地下室。"民大的地下室，笔者曾一睹其真容，里面虽没有阴暗潮湿，但住宿人员较多，环境比较嘈杂，薄金龙想晚上写作、休息，往往不得其果，为此，他也比较苦恼。

"北京，虽是帝都，但也令很多年轻人望而却步，你怎么看待这这一现象？"

"是啊，正如大家所言，北京让人爱也让人恨。户籍限制、房价过高、交通拥堵、空气质量差……这些都是摆在眼前的屏障，问题的根源就在于管理制度的不健全。"薄金龙几乎代表了这样一类群体：他们生活在皇城根下，本以为来到北京，生活轨迹就会好转，可上苍似乎在沉睡，总是忘却这些疼痛的脚夫，北京的公共福利就在那里，可是他们从来分不到一小块蛋糕，以至于饿得忘却了疼，只记得活着就行。

"每个月2200元的工资，住地下室，没有保障，有时还要忍受一些无理的谩骂，转不了户口，看不到车子和房子，值吗?""有书就够了。"尽管是"北漂"的生活，用他自己的话讲甚至不如"蚁族"，但薄金龙毅然选择在帝都飘荡的岁月里坚守着对书和知识的信仰。

国图的常驻小子

每天晚上9点，国家图书馆闭馆音乐响起的时候，你总能看到一个熟悉的身影走出那气势恢宏的国图大厅，脸上总是一副陶醉而又依依不舍的神情，这就是薄金龙，国家图书馆的常驻小子。从下午两点下班到晚上国图闭馆，他整个人都沉浸其中，甚至更多的时候都忘记晚饭。"不会饿吗?"他羞赧一笑，"好多时候是忘记了的，有时候觉得饿但看得正精彩呢，忍不住继续看下去"，就是这样一个北漂的"农二代"，对于书本的渴望超越一切，这一点会让很多包括笔者在内的大学生汗颜，我们尚且疲于应付每日的课程，何谈安心养性静心多读些书。

"这样的状态持续多久了? 来北京以后的五年都是这样的吗?"

"也就是这三年吧，最开始两年是在学校（意指中央民族大学）的图书馆，可是因为工作时间还有图书馆管理制度的限制，我并不能经常去，不过这倒是能让我多去旁听大学的一些课程，很是受益。"

"会选择一些什么类别的课程呢?"

"社科类的，尤其是历史类的课程，我那两年听了很多。"确实如此，薄金龙不仅跟学校很多同学成了好友，就连学校一些爱才的老师也对他很是赞赏，校园里经常看到薄金龙与蒙曼等老师探讨问题的情景。"那些老师帮助我很多，经常推荐我去看一些经典的书目，后来我就尝试自己去涉猎更多的历史、时政、警务等，就选择了国图作为我的大本营。"

"去国图主要是看历史、时政、警务的书吗?"

"各种书都会翻看，不过最主要是这几类。"

"有哪本书最能深刻触动你?"

"虽然大家的著作给我足够的思考与启迪，但最触动的还是那本《工厂女孩》，它像一根针深深刺进我的神经，痛得很彻底。"丁燕这本书讲述一些在东莞每天固定在流水线旁、日夜重复机械操作的80后、"90后"打工女孩们在现代工业洪流中追梦的故事，最底层的生活往往也是最深沉的痛，正如薄金龙的写照。"她们潜伏着，沉默着，拥有最坚韧的力量。她们的生命，不仅仅由寒酸的服饰、寒酸的收入、寒酸的住所、寒酸的希望构成，如果不给予尊重，这些血肉之躯汇聚而成的海洋，会汹涌澎湃，湮没城市的每一个角落。"薄金龙连续用了几个寒酸来描述。

纵是如此，薄金龙仍是嗜书如命，国图这个大本营给了他最纯净的天堂，他汲取力量，像梦一样自由。

他们活在自己的小时代里

尽管中学辍学，薄金龙依然有自己的大学梦。他渴望大学里的自由，但对于现在的大学生沉浸在网络游戏和影视剧里，他有着不一样的看法。一般人认为，高中苦读三年终于进入大学，有了自己的时间和自由，但不懂自控经常选择放纵自己，结果学业不成能力也不行，毕了业也等于是失业。

"中学的教育压制了太多人，为了追求升学，很多人是放弃了自己的喜好，有些一直没有机会去发掘自己的兴趣。进入大学的他们，本应在几年前就应启动追寻，追寻各自的力量，去发现自己。可这些程序是在进入大学之后才开始的，大学本应是深入地发展自己，拓展自己，可很多学生毕业了仍是没有找到自己的专长和自己适合的发展方向。其次，进入大学后，大学生的自由与高中相较是被无限放大的，但生活在其中极其容易被琐碎腐蚀，纠结于其中的鸡毛蒜皮，甚至于为了奖学金拼命或是为了保研大打出手……他们的世界应该更宽广，有着更长远的想法，而不是贪图一时的游戏玩乐和极端方式追求奖学金；再者，为何会存在毕业等于失业的现象，而高校的就业率永远那么喜人，虚假数据造成了社会选择和政府政策的失真，高中选报志愿和政府就业形势引导参考的就业信息依托在不真实的数据上，自然会加剧一些稀缺专业的薄弱和所谓'黄金专业'的超饱和。"

笔者暂且不去评论薄金龙的理由是否充足，他对待此事的评论却耐人寻味，他称现在的大学生都是生活在各自的小时代里，但这个小时代是依托于社会的大环境，他们依然可以有各自的作为。"比如微博，你可以晒出自己美餐和旅游的图片，但你也可以运用微博改变周围人的生活，这就是两个层次，大多数局限了自己，只做到前者。"谈到这里，笔者有必要交代一下薄金龙是如何依托大社会的：他曾经在中央民大的校报上发现错误，用微博进行提示；针对时事法规，给国家部委发送邮件提出自己的建设意见；因国家图书馆无意之举，小孩子错失参观机会，薄金龙与国图沟通，顺利解决相关问题。

所谓"小时代"和"大社会"，薄金龙想要阐述的更多的是对这个社会状态的改进，他认为大学生应该跳出象牙塔才会更有能力去改变周围的一切，让大环境更美好，这是他的期望，也是众生的期盼。

为梦想，一直在路上

"执干戈以卫社稷，说礼乐而敦教化。"这是薄金龙最喜欢的句子，也是他致力于实现的梦想。北漂的路，从来都不平坦，正如他所说，"我们每天都在研析高端大气上档次的东西，但生活却总是给我们以沉重打击"，国图的世界很宁静，但他没有忘却自己是生活在现实中。因此，这又是一个理想与现实对抗的案例，理想一直在招手，可现实依旧很残酷。

"有想过 20 年之后的你，会是怎样？"

"当然，最理想的状态是就职于公安部。"他解释说，渴望自己的人生在维护国家长治久安的生动实践中放飞青春梦想，在保障人民群众安居乐业的不懈奋斗中书写人生华章。由此，在国图的岁月里，他也看了很多刑事侦查与技术、国家安全、政法干警法律法规、新警务工作的科技与合作、现代警务制度等方面的书籍。他称，公安警务系统是一项特殊的职业部门，自己多学习这方面的专业知识，将来考取相应的学历和资质，希望在公安部门人才引进时自己能大展身手。

"为何选择公安这个梦想航向？"

"在国家政治清明时不改变志向，国家政治黑暗时坚持操守。目前国内的移民潮越加明显，巨资商人、高官高管等都纷纷移民国外，当然目前的国内环境是不如国外，发展进程中总归会涌现大量的社会问题，但这并不代表卷款携逃、违法犯罪可以免受惩治，还百姓一份信任，还社会一份安定，我立志于此。"

"梦想可以有高度，现实一直很低迷，你怎样处理现在的挣扎？"

"的确，就我目前的状态而言，谈这样的梦想是远了些。再加上我都 24 岁了，家里一直催着我回去结婚，你知道，在农村里年轻人结婚都很早，爸妈也都为我承受了很大的压力，我不是浪子，不想让他们心痛，也并不是想要故意违背父母的意愿，只是我还在苦苦追寻自己的梦，不想就此放弃。"

这就是落差，赤裸裸的，令人心痛。一个保安的公安梦，为民除害，嫉恶如仇，他不是深陷在自制的书本天堂里不问世事，也不是深陷在柴米油盐的经济纷争里不可自拔，正因为有天堂和地狱的冲撞，有理想与现实的纠葛，他才在北漂的日子里，寻找了自学成才的路，一直努力向上，不放弃自己，也不放弃家人和理想。

后　记

二十几岁的年纪，应该是人生最浪漫的时节，却也是最失意的日子，因为我们一无所有。对薄金龙来说，梦想与现实的反差太大——没有保障的北漂生活，孤零零地忍受周遭的无视，可是一个小保安也有自己的公安梦和匡扶济世的远大胸怀。"执干戈以卫社稷，说礼乐而敦教化。"他常用这句话提醒自己。没有为自己铺垫前程的父母不可怕，他自己孜孜不倦去汲取力量，终有一天，所有的梦想都会开花，让那光芒璀璨了世人的眼睛，而他所愿的不过是"不为自己求安乐，但愿众生得离苦"。

当然，笔者也希望这个有点瘦弱但目光坚毅的男孩早日登上自己的梦想殿堂，但愿这国家图书馆的书籍为他筑造通往梦想的天梯，一步一步，勇敢向上。

13. 努力用劳动筑造"北京梦"

受访者：唐　莉

访谈人：李筱玉

访谈地点：朝阳区潘家园某小区地下室

访谈时间：2013 年 9 月 5 日 15：00～16：00

唐莉，女，1981 年生，祖籍河南。高中毕业，在北京从事家政服务业
10 年。

南下失意，飘零北京

高中毕业，高考落榜，无心向学，一心想见识大城市的唐莉离开了家乡，
投奔在广州打工的两个姐姐。唐莉兄弟姐妹四人，当年均在广东打工，大姐、
二姐年纪较大，在广州当住家保姆和陪床看护，因为为人诚恳踏实，雇主总能
推荐下家，所以收入无虞。大哥则在东莞给人看厂，颇得老板信任，在当地同
乡中也小有威望，也算是混得"有模有样"。当时打工潮刚刚兴起，大量农民
工涌入城市，加工企业报酬高、发钱准时，年轻的女工们争着去，"僧多肉
少"使得加工厂的挑人要求也是水涨船高，对纺织女工的年龄、样貌都有明
确的要求。唐莉到广州后，凭借其年轻伶俐、麻利勤快，很快找到了一份纺织
加工厂的活计。唐莉所在的厂子是最常见的劳动密集型企业，奉行典型的
"科学管理"思维，赏罚明确，强制加班，工作机械，但工资确实丰厚，唐莉
一个月的收入将近 3000 元，抵得上姐姐两个月的工资。老板是香港人，平时
也会为员工提供看电影等娱乐活动，厂庆的时候还会挑选有才艺的员工组成表
演队，每天训练，工资照发。唐莉对这种生活挺满意，偶尔文化上的熏陶也让
她觉得大开眼界。

唐莉在纺织厂打工的第二年，由于唱歌不错而被挑选到表演队里，也就是从那时候开始，她接触到厂里一些资深的打工者，尚显懵懂的她第一次有了"身份""权利"的意识。以前每当路过高楼林立、车水马龙的繁华街头时，她都会涌起自豪感，认为"这城市是我的，我想在这里有个家"。尽管粤语不通，偶尔出门被骗，她也只是一笑而过。然而，听着老员工们对于扎根城市的愿望，对于城里人的羡慕，对于户口的渴求，对于在老家的小孩、老人的思念，对于生活没有保障的危机感，她也逐渐感同身受。火树银花，不是她能拥有的；香车宝马，不是她能享受的，自己只是偌大城市的一个过客。

"这城市不是我的，我的家也不在这里。"

唐莉在纺织厂工作满两年轮换岗位，遭到一个小头目欺负，索性辞职去东莞投靠大哥，在东莞一个电子加工厂谋了一份营生。唐莉回忆起东莞的生活，至今仍心有余悸。彼时的东莞乡镇治安混乱，民风彪悍，帮派林立，出了厂子人身安全没法保障，待在厂里生活又极其乏味，仿佛被戴上了"紧箍咒"。再加上唐莉听说长期从事电子产品加工对身体损伤很大，干了 3 个月就辞职了。这时，一个同村的姐妹介绍她到北京干家政，说老板急缺人，唐莉怀着年轻闯一闯的心态答应了。临走前，她专门到广州去跟姐姐们学习了一段时间的家政服务。她说："别以为家政就是带孩子做饭打扫卫生，这里面窍门可多着呢，要是没人教没人带，自己的活很难做精细。"

就这样，唐莉来到了北京，从事家政服务，一干就是 10 年。这 10 年中，她由少女变为人妻，孩子也已经上小学二年级，在一间小小的地下室住了好几年。"地下室不能用煤气，吃了好几年电磁炉煮菜，但为了孩子，一定得在北京打拼下去。"

努力打拼，站住脚跟

来北京第二年，唐莉就和老乡结婚生子，婆婆一家在通州租了块地种田，自己的父母在老家带哥哥姐姐们的孩子。

受益于姐姐们的临时"特训"，加之唐莉干活卖力灵巧，事半功倍，很受老板器重，几个企业客户都是唐莉去领头做的。唐莉说，"干保姆、做家政，最重要的就是踏实、勤快，其次才是会干活。"这期间，她也和几个白领甚至金领们保持了良好的关系。"家政虽然辛苦，但这是自己给自己打工，只要肯干就能赚钱，比较自由。"找到了喜欢的工作，朋友圈子也渐渐打开，努力干活就有相应的报酬，唐莉干得格外卖力。

后来，由于老板要移民，唐莉所在的家政公司解散了。由于有固定客源，姐妹们之间也会互相介绍活干，唐莉排班反而更满。她为人诚恳乐观，奉行以诚待人的处世原则，与雇主们相处都相当好。

"您对目前的生活满意吗？"

"现在生活还行。老公和朋友几个人搞了个小搬家公司，收入还可以。我们家现在有两辆车，忙搬家忙不过来，在北京站住脚了，把我两个姐姐也从广州叫过来了，我们姐妹三个一起干小时工，姐夫和我老公一起搞搬家公司。"

"老家那边您母亲一个人照顾好几个小孩能行吗？"

"我母亲相对比较年轻，精力上还可以。现在稍微有点余钱，暑假刚刚把我母亲和几个外甥、外甥女接到北京来玩了一次，他们从来没来过北京，都很高兴。但是在北京花销太大了，7个大人8个孩子光门票钱就出不起，开两辆车每天油钱也好多，我们有一天干脆就去看看升旗，坐地铁在天坛外面转了一圈。赚的钱还是很不够用。"

"您平时开销大吗？"

"平时很节约。省下钱来先供孩子，孩子每个月最少开支1500元，每月还要还3000多块钱的房贷，租房子也要800多块钱，钱方面压力还是很大，每天都要勒紧裤腰带。平时菜都买最便宜的大白菜、小白菜，每周给孩子做几顿肉，从来不买新衣服，都是雇主不要的捡给我穿。"

唐莉去年把小孩接到北京，在朝阳区某公立小学上学，每个月往学校交1000多块钱，包括420块钱的兴趣班（学校开设了数个兴趣班，唐莉报了最便宜的画画班），300块钱的托管费（每周有两天下午3点放学，老师辅导学生，需要一定费用），200块钱的饭费和每周100多元各种名目的费用（书费、材料费等）。因为要照顾孩子，唐莉不能将自己的小时工工时排满，每个月收入下降了一半，只好在闲暇时帮老公搬家挽回一点"损失"。

至于房贷，唐莉说："在北京买房是不指望了，2008年我和老公咬咬牙凑了首付贷款在廊坊买了套小房子，把我们的户口和孩子的户口都迁到廊坊去了，将来上初中孩子就得去河北上了，要不我们也没有精力赚钱，供不起他。"

"户口迁出来家里就没有地了吧？"

"是啊，以后老了想回去种地都不行了。但都是为了孩子啊。北京的教育毕竟好，孩子在北京受的教育将来再出去上学也不吃亏。我们老乡的孩子在燕郊上的小学，三年级了还没学英语，我们家孩子一年级就学了，现在说得比老家上初中的孩子都好。"言语间她涌起自豪，用劳动筑梦，以实干圆梦。这句话在唐莉身上同样也适用。

"现在我们不是农民了，家里地没了，将来老了干不动了也不能回去种地了。"唐莉也充满隐忧。她说出了很多人想说不敢说的隐忧——

"将来我们老了谁来养活我们？"

成为市民，享受权利

人无远虑，必有近忧。唐莉在打工者中的幸福指数算是高的，但相比普通市民，生活仍充满不安定感，即便"深谋远虑"，也时时感到忧虑。

一怕生病，二怕搬家，三怕老无所依。

"我们都没上医保，小个体户也没人管这事，看病去医院动辄五六百上千块钱，这我要干多长时间的小时工啊。"唐莉每小时收 30 元钱，还是今年刚提的价，对一些多年的老客户，还是维持 25 元/小时的价格，看一次病 500 元，就要工作 20 个小时。

"孩子画画课要画'我的家'，回来很委屈，说别人家都在楼上，就我家在楼下，怎么画啊，我也只能教育他，父母没好好读书没本事，所以孩子就得加倍用功，珍惜现在的上学环境，要是回老家上学了和大城市里的同龄人差距就更大了。"

"那您想过搬家吗？"

"我和老公一直考虑搬家的事，为了孩子也得换个好点的环境，现在住地下室，一家三口住一个小间，放东西没地方放，孩子吃饭只能吃煮的，写作业都得挤着。"唐莉也想尽力给孩子营造一个好一些的生活环境，可是现在租房价格"步步高"，实在负担不起。

"我们就是给人搬家的，很多北漂都是负担不了连年上涨的房租，越搬越远。我们要想在离孩子学校近的地方租个房子，一间十来平方米的楼房最少也要 2000 块钱一个月，房东还指不定什么时候就要涨一涨房租，实在租不起。"

"这几年做得最奢侈的事情就是接母亲和孩子们来逛一逛北京城。有点积蓄都要存起来，以后孩子上学、我们养老，都是很大的开销。身体不能出问题，一出问题一是没钱治病，再一个也没法挣钱了，一家子的生计随时都可能断掉。"

唐莉由衷地希望，自己一家人也能理直气壮地做个市民，特别是孩子，一直在城市里生活，热爱城市。在城市打拼了一辈子，应该成为真正的"城里人"，病有所医，老有所养，最基本的生活能够保障，这不仅是身份上的转变，更是其身份所隐含的权利内涵的转变。

寄望孩子，寄语未来

唐莉最大的心愿就是孩子能快点懂事，培养一些自理和自立能力，这样初中时把他送到教育资源相对匮乏的廊坊读书，他也能有自主学习的意识。她说，孩子很喜欢北京，读书积极，追求上进，这是最让她感到欣慰的，"开学老师要求7点到校，非让我5点就叫起床，我家离得近，6点起床就行，结果孩子起来一看6点了急得哇哇哭"。

"孩子这么好，为什么初中还要送去河北呢?"

"我们也不舍得孩子，可是户口在河北，就算初中高中留在北京，将来还是要回河北高考，怕回去晚了，教材不配套，将来跟不上。当时落在廊坊也是考虑离北京近，我们开车一个小时就到了。况且留在北京，开销太大，我们还要给他攒上大学的钱，将来娶媳妇的钱。他留在北京，太牵扯我们的精力，存不下钱。"

"未来有什么打算吗?"

"我自己的话，考几个家政相关的证（现在已经考出来一个了），这几年慢慢往高端发展，争取拿下日本、韩国的客户，他们要求特别精细，报酬也特别高。我们没好好念书，没努力，小孩只能加倍努力了，我们也不求他出人头地，就是能堂堂正正地在城市扎下根来，做个好市民，有份好工作，娶个好媳妇，就行。"说话间，唐莉的孩子就要放学了，这位年轻的母亲说起孩子时双眼便炯炯有神，双手也充满了力量。

他们在这个城市生活、工作，对这个城市日渐熟悉、无比眷恋，他们渴望有一种渠道与这个城市血脉相连、融入其中。如果有一天不得不离去，希望这个城市里曾有他们留下的印记。

后　记

温总理曾说过，"要让老百姓过上更有尊严的生活"，但在这个社会发展阶段，倘若没有办法有尊严地生活，那就一定要有希望。

　　作为外来人口，唐莉从来没有放弃过打拼，在技能上力争上游，在家庭中辛勤付出，寄希望于用劳动创造家庭梦、托起北京梦。我们这些出生于经济发达城市的人生活在北京尚且如此有压力，像唐莉这种从农村到城市白手起家的人更是艰难。见惯了灯红酒绿和明规潜则，难免发出"王侯将相宁有种乎"的感慨。但是不能因为这样就自暴自弃、浑噩度日。通过奋斗，命运才有可能掌握在自己手里。

　　努力生活在北京，希望在不久的将来，能够有更多的人有安全感地行走在这个城市中，希望在不是太久的将来，这个城市的不同阶层、不同群体，都能够自得其乐地工作和生活。

14. 都市外乡人

受访者：纪涛

访谈人：赵晨莉

访谈地点：中央民族大学自行车修理铺

访谈时间：2013 年 9 月 16 日 12：00 ~ 13：00

受访者纪涛，男，33 岁，已婚，初中毕业，经营自行车修理铺，安徽巢湖人。

有这样一批人：他们生活在热闹非凡、车水马龙的大都市，眼望几十层的高楼，却居住在阴暗潮湿的小窝棚或地下室；看着宽广的大马路上车流不息，却仍是为乘地铁多花一块六而心疼不已；在这座城市生活了十几年甚至几十年，每年依旧要抽出时间去派出所办理暂住证……不管学界如何定义这类群体，蚁族、蜗居、边缘群体还是社会最底层，他们绝对是这个城市不忍言说的痛。

小修小补不差钱

20 岁来到中央民族大学开始做起自行车修理的行当，现年 33 岁，算起来纪涛在民大应该算是元老级的人了。最初的两年多是在民大家属院里工作，因为他工作卖力、踏实肯干，被领导赏识，便被指派到大学校园里的自行车修理铺去为学生提供服务，就这样，一晃十年过去了，现在的纪涛也早已由原来的单身汉变成了两个儿子的爸爸。

"老板，您快帮我瞧瞧这车是怎么了，一骑上车链子就响！"一个身材瘦弱的女孩子推着自行车满脸疑惑地等待纪涛帮忙搞定自行车。眼瞧着纪师傅三下五除二拧了几个螺丝，给车子链条上了点油，"嘎吱"作响的车子立马变得

169

静悄悄，大学生都笑言，"什么车子见了纪师傅都变乖巧了。""师傅，该给您多少钱？""不要钱，骑走吧！""不要钱？""不要钱，赶紧骑走吧！"就是这样，凡是来民大修车的，不管老师还是学生，只要是一般的小修小补，不需更换零部件的，纪师傅从来分文不取，"都在民大待了那么多年了，多少也待出感情来了，再说像这些小修小补，都不差那功夫钱。"纪涛微微一笑，"咱这也算是为民大做贡献了嘛！"确实，在学校外面的自行车修理铺里，即便是给自行车打气，都还要收取 1 块钱费用，更何况是修补类的差事，但纪师傅向来不管这些，他觉得跟民大的情结，远不是这几块钱能取代得了的。

纪师傅当年在安徽老家念完初中后因为成绩跟不上，便随了一个伯伯学了点修自行车的手艺，后来自家哥哥在民族大学家属院支了一个摊位需要人手，他便来了北京，开始了自己十几年如一日的修车生活。没过两年，家里人给他招了一门婚事，婚后没多久纪师傅便来到北京继续修车，妻子在家把大儿子抚养到两岁，也随着一起来到了北京，此时，纪师傅已经从民大家属院转战到中央民族大学校园里面，在学生公寓之间的自行车大棚里经营着整个民大的自行车市场。自行车修理铺毕竟是小本生意，修修补补的工作也挣不了多少钱，但纪师傅一直坚持小修小补不收费，他不是不在乎钱，他在乎的东西比钱重要很多倍。因为妻子来了之后，这里更成了他的家，而且家里的人都在一起，住宿的条件虽然差了些，但一家人的陪伴在纪师傅看来更是金贵百倍。

纪师傅的修理铺归学校后勤产业集团管理，但并不属于学校的正式员工，每个月只能从修理自行车中赚取生活费，按理说一块钱收费并不算多，但纪师傅的坚持也为他赢得了更多的尊重。同学们更觉得纪师傅是民大的一分子，而且是元老级的，民大的一切他都经历，民大的现在也有他的一份辛劳。

北京生活难周全

虽说在北京待了也将近 13 年，不过北京在纪涛师傅眼中并没有外界描述的那么美好，毕竟柴米油盐的生活处处都需要钱去打理。因为没有高水平的学历，也没有别的技术专长，纪师傅想要取得更大的事业空间，从事实层面来讲确实难度不小。就以修理自行车为例，纪师傅真可谓起早贪黑，每天一大早起床，只要有同学上门，不管什么时间，不管是否在饭点，纪师傅都以学生的利益为首，所以早上 7 点你可以看到纪师傅在修车，晚上 11 点修理铺前面还有车子在修补。

"每天的劳动时间能有多长?"

"基本从早上 6 点钟起床到晚上 12 点睡觉,只要有老师或同学来,都会忙着。"

"那每天的劳动强度是不是特别大呢?"

"要是在平时,基本上都是分散开的,倒也不怎么忙。但要是等到新生开学,那真是忙得连喝点水吃口饭的工夫都没有。"按照民大惯例,每年学校迎新,中国移动、中国联通和中国电信都会在学校搞一些市场营销活动,其中最受学生欢迎的当属充话费送自行车业务。无论学校大小,每个新生都会有在校园里拥有一辆自行车的想法,再加上一些老生的实际需求,每年 9 月新生开学,校园里总是自行车骑行的天下,因为是折叠自行车,学生没有工具无法自己组装,所以每年新生开学的时候也就是纪师傅最忙的时候。

谈及在北京生活的话题,就不得不面对医疗保险的问题。纵观社会现实,多数来自农村地区的农民工在外打工,几乎都没有享受所在地区的医疗保险服务,老家的新型农村合作医疗往往也发挥不了太大的作用。对纪师傅来说,"年轻啊,你就少生点病,不就没那么多事啦!"正值三十几岁的年纪,身体状况应该是非常不错的,健康问题一般不会轻易找上门,但这并不意味着潜在风险并不存在,在笔者问及如果身体出现异样,该如何处理时,纪师傅笑言,"如果真是这样,那就只能认栽了,没有医疗保险,我们根本负担不起这么昂贵的医药费。"因此,医疗保险的问题还是存在的,只是针对不同的风险群体影响效果不同罢了,但这并不意味着作为同样的社会公民,外来的农民工就要忍受这种永处边缘的排斥。

在北京生活,还要面对的一大难题就是住房问题。纪师傅一家在简易的自行车棚里居住,暂且不说冬冷夏热问题,就是修理铺里摆放的大量车胎、轮子等,就严重影响了居住的环境质量,更何况纪师傅的两个儿子都还生活在这里。

另外,由于纪师傅的时间几乎被全天候占用,尽管在北京待了十多年,他几乎没怎么在周边逛过,连附近的公园也很少去,妻子跟他一样,也几乎没怎么出过门,"出去了就要花钱,再说我们也基本没有时间出去啊!"纪师傅的妻子表达了这样的心声。

这就是纪师傅在北京的生活,一家人拥挤在两间自行车车棚里,几乎没有什么娱乐和社交活动,周边的公共场所没有机会去参观,享受不到正式员工的保险待遇等，可能"都市外乡人"这个称呼是最适合纪师傅以及像纪师傅这样的人了，每天在大都市里为生活奔波，却始终游离在大众的视线之外，艰难地在城市边缘独行。

孩子教育大过天

虽然在北京的日子过得并不富足，但纪师傅从未委屈过自己孩子的教育。年少的他没能继续念书，始终是一个缺憾，他希望自己的孩子有机会有能力去开拓更宽的视野，未来享受更有品质更有保障的生活，所以在孩子的教育方面，纪师傅几乎是不计一切代价。

纪师傅一直坚持在北京工作没有选择回老家，一方面是因为在安徽开一家修理铺基本没什么市场，老家人一般都会选择自己使用工具修理，所以在安徽基本不会有太大的营业收入；另一方面，如果选择在北京工作，自己的孩子就有机会在北京念书，与当地的孩子一起享受最基本的义务教育。对于这一点，纪师傅很是看重，他觉得，不管是安徽还是别的省份的农村学校，很多老师并不那么负责任，学校的教学内容也过于呆板陈腐，对孩子成长几乎没有什么启迪。因此，在义务教育阶段，尽可能让孩子接受北京当地的教育，也算是纪师傅的一个重要决定。值得庆幸的是，现在北京市放宽了外地生源孩子进入公立学校享受义务教育的限制，只要父母符合了基本的条件，孩子都可以享受在北京公立学校正常上学的权利。现在纪师傅家的大儿子已经在念初中，小儿子才刚两岁，纪师傅已经开始省吃俭用为将来孩子积攒念大学的费用了。

在孩子选择北京还是安徽念书的问题上，纪师傅和妻子并未达成一致意见。妻子认为大儿子初中念完，小儿子差不多也要开始上幼儿园，如果一直待在北京，将来费用肯定要大增，现在大儿子是义务教育阶段不收学费只收伙食费，两岁的小儿子断了奶粉暂时也不用去幼儿园，但很快就要面对大儿子的高中择校费、小儿子的托儿所入园费等，可能目前每个月3000多元的工资并不能支撑家里的开销，如果选择回安徽，在费用方面肯定会大为减少。但纪师傅认为，能在北京接受教育，对子女而言是一件好事，自己吃点苦不算什么。夫妻二人对此的看法并不一致，可能需要时间来磨合，也可能需要一个契机等待事情发生转变。

"撇开北京离谱的房价，如果你们能在北京买一套房，你们会选择在北京一直生活下去吗？"

"这个是肯定的呀！这样就不用为了孩子上学的问题发生争执了。当然这些都是异想天开了，在北京拥有一套房，哪是那么容易的事。"人的期待总是很美好，但现实往往叫人很无奈。

"除了孩子教育的问题，您对北京的公共服务体系有什么看法或是期待吗？"

"要说公用服务，我们应该是最没发言权的，一天到晚地忙活修理铺的事，哪有闲工夫去体验这边的公共服务啊！就连公交车，我们都好少乘的。至于北京堵车的问题，更是无从谈起了，我们没有面对这个麻烦。"

在北京生活的全部，只是为了两个儿子能接受良好的教育，至于自己连基本的公共福利都无法享受这个问题，甚至都不在纪师傅的考虑范围之内，某种程度上说，因为从来没有接触过所以无从谈起，但笔者认为，纪师傅是更看重北京的教育质量对孩子未来的影响，这是他生活在北京最关心的事，也是最看重的北京公共服务体系。

如果说北京是中国的代表，那纪师傅就是这个时代"都市外乡人"的缩影。他们渴望融入却始终在边缘徘徊，不管自己受了多少委屈只期待自己的下一代能走出这样的禁锢，换取一片新的天空。

后　记

纪师傅开着小小的自行车修理铺，每日靠着更换些零部件、修补车胎等赚取生活费，却从不失了自己"小修小补不收钱"的原则，这是一种品格；在现实面前，在谋求生活面前，纪师傅占用了一切吃饭睡觉之外的时间来工作，这是一种无奈；在孩子的教育上，纪师傅从来不在乎费用，尽自己最大的力量支撑孩子的学业和健康成长，这是一种期待。纪师傅的肩上，承受了太多这个时代赋予的沉重，游荡徘徊在城市边缘。他们身上仍有着属于自身善良特质的品格，却也被现实一点点消磨，而他们把最大的希望寄托于下一代，期待鲤鱼跃龙门改写历史，孩子就是希望，所以为了下一代他们会在更长的时间里继续之前艰苦的生活，这就是都市外乡人和他们的生活及挣扎。

15. 生活还是美好的

受访者：L女士
访谈人：郭月青
访谈地点：惠新西街某居民区
访谈时间：2013年9月3日18：40～20：30
受访者L女士，35岁，初婚有配偶，初中文化程度，个体肉店老板，河北易县人。

L女士所住的小区，并不是流动人口聚居地，而是和本地人混杂居住。L女士结婚后就一直住在这里。访谈的地点，按L女士的意思，选在了单元楼下的空地，L女士和笔者面对面坐着。L女士是经笔者的一位老师介绍联系上的，她和笔者的老师是邻居。

简单的寒暄过后，笔者并无打算直奔访谈的核心"公共服务"，只是不经意带出了"这次是想了解一下流动人口所感受到的公共服务现状"。听到"公共服务"四个字，L女士竟连连点头，迫不及待地给笔者讲述了两个亲身经历的故事。就这样，我们开始了两个小时的访谈。

社区服务　周到及时

"正赶上大年三十这一天。在家做着年夜饭，突然灯灭了，我一下子可慌了，不知道该怎么办，你要知道，那时候商店什么的都关门了。突然间一闪念，想到之前邻居说过有事儿就可以打一个电话号码，不多久就会有人过来帮忙。然后我就打着手电，拨通了供电局电话，说明了情况。结果，不出10分钟，灯就亮了。现在我们也不知道，他们怎么能那么快解决问题。"

"还有一次，我把家里门的锁忘在家里了，问社区（人员）能不能帮忙找人，社区立马就打电话联系了开锁的人。锁开了，一分钱也没收。这在我们那里是不可能的，（我们那边）开个门怎么也得要五六十块钱。"

看着 L 女士满面笑容的样子，就像是在夸自己争气的孩子，自豪、满足洋溢其中。

青春流动　情定北京

从河北易县来到北京，接近 20 年的 L 女士，在北京度过了自己的青春年华，在北京遇到了自己的爱情，在北京组建了自己的家庭。

谈到自己的"流动史"，她先是一愣，而后莞尔一笑，说了一句，"日子还真快啊！"我点头微笑表示赞同，回应道，"您跟我讲讲您的故事吧。"

L 女士今年 35 岁，初中毕业后，大概 16 岁就来京打工。家里生活条件不是很好，就提早出来打工自力更生。第一份工作是同乡介绍得来的，在一家服装厂上班。刚进厂的时候，周围的工人很热情，没把她当成外地人，"都把我当成邻家妹妹那样，照顾我，关怀我。从什么都不会，到熟练操作机器，一步步，都有前辈指点和鼓励。在这家服装厂，一做就是七八年。"后来，厂里的大姐帮忙介绍了一个对象，结婚之后，L 女士就从工厂里出来，和丈夫一同经营一家卖肉小店。

L 女士对北京人的印象很好，觉着他们待人客气，为人直爽，乐于助人。"从没想过，自己在厂里，不仅收获了人生第一份工作，实现了独立生活，还遇到了一个好人，完成了人生的终身大事。"L 女士认为自己运气很好，人生一步步走得很顺利。周围跟她条件差不多的同乡朋友，都转战了许多地方，打过工的地方双手加起来都不够用。有的到了 30 岁，还过着单身的生活；有的虽然结了婚，但和家人过着分离的生活。L 女士自己说，可能跟北京比较有缘，"一来就不走了"。

夫妻搭档　共筑事业

"您讲讲您和丈夫的小店生意吧。"

L 女士的丈夫是河北的。两人结婚后，决定利用之前的一些积蓄，自己单干。然后就在 M 市场租借了一个摊位，开始卖肉。起早贪黑，天天出摊，有时过年也不回家。一点点的空余时间，也是为了陪伴孩子。有时觉着生活真是又苦又累，但是一想到孩子，就感到生活还是苦中有乐，虽累但有盼头。简单的生活轨迹，普通、充实而幸福。

"您的收入怎么样？觉着满意吗？"

L女士的肉店生意分淡季和旺季。天气热的时候，肉容易变味，人们吃的量也减少，销售量就比不上秋冬季。平均下来，一个月毛收入一两万，除去成本（租金等）、吃穿用度（大概2500元），留下的大概只有五六千。L女士对目前的生活状况比较满意，她追求平平淡淡的家常生活，不奢求能过上有钱人的日子。

恶劣环境　坚决抗争

工作环境条件方面，L女士颇有微词。所在的市场，从外面看上去，气派漂亮，可是里面却是另一番景象。整个市场，通风口很少，风扇也不够。卖菜的、卖肉的……各种味道混合在一起，停滞在市场的空气中，飘之不去，一天下来，衣服上都沾上了那种味道，坐公交车、打出租车的时候，很是不好意思。对此，L女士联合同在市场的几家摊主，共同向上反映。一次又一次，仍在坚持。"我们整天在里面十几个小时，怎么能忍受？再说，来这里买东西的顾客进来也是一种折磨啊。"L女士的目光是如此坚定，声音是如此有力。笔者只有点头，完全被她的气场镇到了。

不过对于竞争机会，L女士认为，外地人的机会还是挺多的，只要自己有本事，就能够在这里立足。收入高的，是人家文化程度高、懂的东西多，收入低的也不是因为受到了不公平待遇。不能用辛苦程度来作为收入高低的判断标准，体力和脑力差别还是挺大的。有力出力，有智慧出智慧，不用心存不满，如果不满意现在的自己，就应该通过努力跳出现在的工作，提升一个层次。

现在想学习，不愁找不到方式跟途径。各式各样的培训班，各行各业的入门、初级、中级、高级书籍，信息量可谓海量的网络资源……只要想学，就有可能。

忧患风险　预存保障

刚住到这个小区的时候，就有社区的工作人员主动向L女士介绍社会保险的事情。L女士和丈夫很认同这种提前存储的保障方式。作为个体户，L女士认为更是少不了为自己的将来考虑，养老保险、医疗保险、生育保险都有参加。

养老方面，L 女士对笔者讲，现在年轻，感觉力大如牛，生病不吃药也能扛过去，好像离医院、离病床很遥远，但是说不定哪天就倒下了。现在花的是小钱，趁着有点余钱的时候为自己将来买单，靠自己的力量养活自己，不用依赖子女，这是件很值得的事情。

医疗方面，"没有在医院住过院，只是头疼脑热的时候，去药房买些药，吃吃就好了，还没有用到报销。"生育保险方面，L 女士一开始不清楚指的是什么，后来想起刚住进来时的一些事情，就明白了。她在这边上的环，每年都有检查。

另外，L 女士一家也有参加商业保险。险种涉及子女教育、意外伤害等。可以说，L 女士在保险方面，做的功课还是挺全的。"结婚之后，有一次去银行办理业务，等待办理的时候，看到有保险的介绍单。觉着挺有用的，就主动向工作人员询问具体的内容，随后就入了保。""保险也是分批买的，刚开始的时候只是给自己和丈夫上了意外险、分红险，有了孩子之后，加进了教育、婚假保险。意外险是管一年的，所以每年都会买一次，一次一人一两百元；其他的是长期保障，选择的是 10 年缴费，每年大概 4000 块钱保费。"

租客现实　房主梦想

L 女士提到房子，脸上平添了几分严肃和无奈。租房子租到什么时候？L 女士对买房似乎看不到希望。"房价没有涨到现在这个天价的时候，没有积蓄；等到有了一些积蓄，房价就已经飙到外太空了。"现在 L 女士跟丈夫一起住，挤在一室一厅的房子里，面积 30 平方米，厨房、卫生间、客厅和卧室各一小间。有暖气，也有空调。房租是一交一年，一年下来 3 万块钱，水电费不包括在房租之内。由于是老租客，房东的租金并未随着市场价增长得很快，只是象征性地多加了两三百块钱。对此，L 女士挺感动的，觉着房东人很好，不是只认钱的机器。

对于 L 女士一家，租金也是一笔不小的开支。这种硬性的花费，是无法节省的。她对于公共租赁房的政策基本不了解。整日两点一线的生活，回到家里已经累得只想睡觉。"公租房有的话就太好了！应该会比较便宜吧？房子不用太好，干净就好。"听到政府对住房有政策扶持，L 女士满眼放光，甚是惊喜。

具体的租金方面，"政府给个公道价就好了。"她说。

房租再便宜，对于一毛一分挣钱的L女士夫妻俩，也是一块巨石。如果政府能提供一些廉价的公租房，如果能让她们一家住上，那确实能为她们分担不少生活压力。

子女留守　何日团聚

L女士育有一儿一女。儿子年龄小，上幼儿园；女儿上小学4年级，都在老家，上学基本不花钱，全在姥姥家，由姥姥、姥爷照顾（L女士的公公婆婆已经去世了）。

"怎么没带在身边？"

"主要是看这个摊，早出晚归的，来不及接送，也没有时间照顾孩子。孩子还小，需要定点吃饭，定点睡觉。我们根本办不到这些啊。"

他们夫妻不能天天见到孩子，心里还是很想念。每年寒暑假，夫妻俩会接孩子过来住几天，但是那几天店铺生意就顾不上了。除此之外，她和丈夫会不定期地单独回去家里，帮帮父母，陪陪孩子，而另外一个人还要留在这边看摊位。

"父母毕竟上了年纪，好在身体都还硬朗，家里的地也都租出去种了。（照顾孩子上）主要是接送孩子，准备一日三餐。现在我们这样，把孩子带在身边，比起放在家里，并没有更好。我们也觉着特别对不住他们。""我们也尽量抽空就回去，还好离得近，一两个星期就会回去一次。除了看看父母，帮帮他们做做饭洗洗衣服，（我们）也担心父母会'隔辈亲'，宠坏了孩子。"

她说，周围朋友中的孩子，有一些已经上初中、高中，不少都是在老家上的，有的没有人照顾，就只能住校；有的还找朋友帮忙，让孩子平日在朋友家吃饭。想想就够凄惨的。自己还有家人可以帮衬，让自己较为安心地在这边打拼努力赚钱。

子女教育　顺势而为

在子女教育期望上，L女士认为并不一定要读重点大学。不同的孩子，适合的东西不一样，不能照着一个模子去塑造孩子，而是应该给孩子自己成长的空间。

"能读到哪，算哪。读个博当老师，很好；像我和他们爸这样自己创业，也不错呀。不过，英语还是要注意。现在都国际化了，要想向前发展，这个国际用语，还是要会一些基本的。"L女士的教育观念还是很与时俱进的。笔者在一旁不住地称赞她的观念和教育方式，说这样子顺势而为，顺其自然，往往会有意想不到的好结果。她也越说越有劲儿，感觉在心里也越来越坚定自己的这种理念了。

L女士对于孩子的教育并不担心，认为在哪里都可以学到知识。在家和在北京都差不多。北京的教育政策，对于他们决定是否随迁子女来说，没有什么影响。对于流动子女的教育政策，L女士不是很了解，只是通过一些新闻得知一个大概。"政策慢慢人性化了吧？借读费好像少了些，高考政策已经放宽了吧？"L女士不太担心子女教育的事情，"可能是孩子都太乖了吧。"

展望未来　房价当先

对于现在的生活，L女士整体来说还是挺满意的。工作，辛苦但还有盼头；生活，孩子挺乖，也有家人照顾；保障，自己也在为自己准备；户口，对于她来说，不是很重要，农村的户口、城市的户口，河北的户口、北京的户口，相差不多。只是对于房子，还是希望能有政策能够让她们买得起。

"生活在这里久了，已经习惯了这里的一切。当然希望能够有个自己的房子，就这么生活下去。孩子长大了，或许在北京上个大学，或许能在北京找到工作，这边有个房子，也能给他们提供个落脚的地方。毕竟，租的房子还是不踏实。哪天房子出问题了，哪天房东不租了……自己买了房，也就真的是在这边工作生活了。"

后　记

跟L女士聊了很久，我的情绪被她带着，一会儿高兴，一会儿难过，一会儿激动，一会儿也在帮她想想有没有更好的路可以走。

她的青春，大多不是在学校度过，而是在社会中成长。像笔者这么大的时候，她已经有了多年的工作经验，已经有了自己的积蓄，已经能够在异乡，一个人生活得很精彩。对于生活，对于工作，对于人生，她都是那么乐观，相信事在人为，相信政策会越来越好，相信未来是美好的。公共服务，她看到的都是光亮的一面，可喜的一面。她的感恩之心让人感动。对于外界，不奢求什么，只是说"要能如何如何就更好了"，而不是"政府应该如何如何"。

　　作为非市民，作为漂泊在外的异乡人，她对于自己现居的城市，是充满感激、期待和希望的。为这个城市做出了自己能做的努力，而没有要求城市对她做些什么。"慢慢来，一切都会好的。"

16. 一切为了孩子

受访者：张先生
访谈人：刘妮娜
访谈地点：北京市某高校打印店
访谈时间：2013 年 9 月 6 日 20：40～21：45

受访者张先生，37 岁，初中文化，已婚，育有两子，湖南娄底人。目前是一家小型打印店老板。由于张先生思路非常清晰，故此篇访谈基本还原了访谈人与张先生的对话。

为生存出来打工

问：能介绍一下您来北京打工的原因吗？

答：我老家是湖南娄底的，农村人，家里有 3 个老姐、1 个妹妹、2 个哥哥，从记事起家里就没有过饱饭吃，初中没毕业就不理上学的事儿了，帮家里干农活，可我们那里能种的地太少，家里一共就那么几亩田地，根本不够种的，饥一顿饱一顿，现在想想当年的日子真苦啊！因为家里穷，儿子多，没钱娶媳妇，我到了 27 岁才好不容易有个女子愿意跟我，我很感激她，越来越觉得妻子孩子不能老跟着我受苦，加上我三个老姐当时都到外面打工了，我也就跟着出来了。出来以后到广州、南昌、昆明、上海等好几个城市打过工，干过建筑、搬运、物流等工作，都是力气活儿。说实话，我对这些大城市没什么留恋跟这也有关，到的地方多了，心累了。

刚开始出来是为了活下去，拼命挣钱；现在留在这是为了孩子，给他们创造最好的学习环境，现在想想以前受的苦、受的白眼，还是觉得真憋屈！要我还是单身汉，我就回老家去，现在老家人也都能吃饱饭了，守着那一亩三分地儿我心里也安生。

问：您现在自己做老板了，还是想回家乡？

答：什么做老板，就是自己给自己打工罢了。我 33 岁才来北京，当时大儿子已经 5 岁了，兜里就只有 1 万多块钱，当时干了七八年才挣了一点钱。来北京是听老乡说我们湖南人在北京开打印店的很多，而且很挣钱，可过来以后发现湖南人是不少，可我也不认识他们，他们都是有网络的，我不在里面。不过我没放弃，因为在咱这旁边租的房子，就经常来校园里转悠，没转悠两天就发现宣传画板上关于打印的信息，不过还是请老乡帮了些忙，疏通了一下关系，开起了这个打印店，又把妻子儿子给接过来了。现在我想回老家也回不去了，在这能给两个儿子创造好的学习环境，我当年没上学早都后悔了，不能让他们走我的老路，正好在学校里面住也能给他们些熏陶。

一切为了儿子

问：正好您聊到儿子，能聊聊您儿子的就学情况吗？

答：上学这真是件大麻烦事啊，大儿子 9 岁，小儿子 6 岁，大儿子已经上小学三年级，现在在读私立小学，每学期借读费 1400 元，这点花费倒是没什么，主要是有钱没地儿花最焦心了。大儿子上小学的时候，找遍了老乡，本来想去公立小学的，教学条件好，也没有这那的费用，可咱真是进不去，就我们这点关系，找谁都不行。最后去了私立小学读，还挺好的，儿子在里面读书挺开心的，不过我觉得私立学校教育质量不好，这让我挺不放心的。再过两三年他就要上初中了，到时去哪里上、有没有学上还不一定……

张先生刚想再往下说，想了想，停了一下。算了，给你说也没用，我知道你们只是搞调查的，这些事儿跟你说也帮不上，走一步算一步吧。实在不行就回家上去，其实这也是早晚的事，即使初中在这边上，也不能参加北京高考，还得回老家去，上的课程都不一样，你说怎么能考好（张先生干笑了两声，像在对自己说似的），其实我也知道早让他回老家去上学好，可我还是想想办法让他在北京多待两年，这里毕竟是首都，他有印象了以后考大学考回来就给我争气了。看来还是没有说服自己，张先生声音低了一些。我抽根烟吧？可以吗？

问：可以，6 岁的小儿子是不是也要上学了？你怎么替他打算的？

答：他哥在北京上学，弟弟不在北京上的话不是要记我仇啊，还要在北京上！6 岁的这个也到了该上学的年纪，但是还没有报上名。我以前一直没有办暂住证，现在到期了，但因为办理暂住证需要房东的房产证什么的一些证明，房东现在出差不在北京，所以一直没办好，小孩上学要暂住证，否则没法报名，这直接影响到了小儿子报名的问题。这边办暂住证不方便，以前住在离学校较远的平房里，那时候反而有社区的人催着，办起来比较方便。我现在也是很着急，可没办法，等着吧。

你说我要不要北京户口，如果光我和老婆的话，我们要个北京户口有什么用呢？房子、车买不起，早晚还得回家去，家里的那几分地以后就能养活我们俩了，换了城市户口那几分地也没了。可你要是真让我办北京户口，我得赶紧抢着去办，那几分地不要了都行。为什么？一切都为了孩子。我们有了户口，他们就能划片儿在北京这边上学、考试、考大学，一样的高考分数我们那儿的都出去打工去了，这边就能上个本科，我挣钱不都为孩子有个好前程吗？

不入保险　没用！

问：您有没有参加社会保险？

答：没有，我觉得没用！我有两个儿子，老了还怕他们不养我，不养我我也得养着他们啊！供他们上学、有出息，不也是为了以后能跟着沾点光嘛。我们在这边入城市社会保险，没有固定的工作单位，人家不给入的，回老家那个农村保险，以后一个月领个十几二十块钱有什么用？再说以后是个什么世道还不一定呢，我现在也没闲钱投到里面去，我爸妈快四十岁了才生了我和我妹，他俩现在年纪大了，买药看病用钱，基本上都是我在给，一个月挣的钱给老的、给小的都不够，哪有心思交我自己的。

问：您现在月收入大约多少？

答：月收入还行，这个不方便透露。

问：不考虑将来领钱的话，您现在入个医疗保险对您也有好处吧？有个病灾的可以报销一部分。

答：有什么好处，我一年四季也去不了一趟医院，去年就感冒了一次拿了药，其他时候身体好得很，要医疗保险干什么，不是都补贴别人了。

听到张先生的这套逻辑我突然语塞了，觉得他说得没道理，但也不知怎么跟他解释，他却像明白了我的心思，说其实那些保险说起来也有点用，以后发点钱什么的，不过我就是不相信别人，自己的钱放在别人手里，就算知道以后能拿回来心里也不踏实，还是给孩子攒着吧，到时好给他们买房安家。

求之不得的公租房

问：您现在住房是怎么解决的？

答：我们现在一家人住在学校里面，就是这个打印店的楼上，属于私人出租房，30多平的房子租金加水电费每月要3500块，是我们家的第一大开销，儿子上学是第二大（开销），其他吃喝花不了多少钱，学校里面的饭菜比外面还便宜。如果不考虑价钱，我对现在的住房条件还比较满意，相当于一室一厅一卫。

问：儿子跟你们一起睡？

答：小儿子和我们一起睡，大儿子自己睡，我们三个睡卧室，在客厅放了张小床，大儿子睡，晚上给他拉上帘子，白天拉开，床还能当沙发用。

问：您了解北京市的公租房政策吗？如果有资格，愿意申请吗？

答：公租房我没了解过，和我们这些外来人员没什么太大关系吧，如果符合条件我当然愿意申请，肯定比我们现在租的便宜。不过我估计就算符合条件，这种好事也落不到我们这些没关系人的手里，北京这个地方关系网太庞杂了，我们这些网外面的人还是别做白日梦了！

未来可能还要留在北京

问：以后想回家乡吗？

答：除非以后老得不能动了回家种地，估计我是不会回我们县城了，挣的钱不多，能干的活儿也不多。还是北京这边工作机会多，像我现在搞打印店，在家里根本开不起来，没有市场。我也没受过教育，其他技能培训也没有，现在年纪大了，回家里没有厂愿意要。

问：有没有想过再学个一技之长？

答：还学什么呢？这么大年纪了，学都学不会，花些冤枉钱，我这辈子就这样了，下面就看我两个儿子的了。我留在北京也是为他们好，在大城市生活的孩子，就是比农村和小县城里的视野宽，有自信！

问：在公共服务方面您有什么期望？

答：期望当然是让我们这些来京打工群体能享受更多的福利和服务，尤其在孩子教育和住房方面，这是花钱的大头。现在北京当地孩子义务教育阶段已经免除各种费用了，我们孩子上公立学校还得交赞助费，而且进不去；公租房根本不朝我们开放，就算开放也只是一小部分人，我们只能租租金高得要死的小房子。但说实话，如果北京能在这两个方面给外地人和当地人一样的服务，可能就更没人愿意离开了，北京岂不是更挤了？所以我觉得根本不可能！还是走一步看一步吧！

后 记

在我看来，张先生是我多个访谈对象中思路最清晰的一个，他有着不像是一个37岁的人就会有的沧桑和从容，对公共服务也有着自己的看法和期待，这也可能与他的历练和实际需要有关，子女教育和住房是他目前迫切需要解决的问题，也是决定其生活质量的重要因素。但张先生也有其顽固的一面，不愿参加社会保险，指望儿子养老，渴望把钱攥在手里，对于他的这种传统思想我这个外人并无权说三道四，只是我内心生出疑问：如果真到老年，他会不会为自己现在的固执后悔？那时后悔了该怎么办？

17. 该去，该留?

受访者：G 先生
访谈人：郭月青
访谈地点：北京市通州区某旧货市场旁
访谈时间：2013 年 9 月 8 日 15：00 ~ 16：30

1995 年来到北京，从铁房子的小卖部做起，发展到如今的小超市，其中的辛酸历程，不只是从马路的一侧移到另一侧那样简单。说起近二十年的创业发展史，G 先生很是感慨。

1968 年生，陕西人，农业户口，高中学历，初婚有配偶，一女一儿。妻子是老乡，学历、婚育状况同 G 先生。

京郊二手市场附近的这家店，是 G 先生一家在京的生活来源和居住场所。20 平方米左右的百货小超市，日常所需的基本食品、衣服、生活用品种类齐全。走在其中，虽然面对的是整齐的货架，干净的地面，但还是给人一种浓烈的乡土气，与走在家乐福、沃尔玛等大型连锁超市中的感觉还是不一样，后者让人更有一种现代感，更让人有挑选的耐心和购买的欲望。

"平日都是些什么人来?"笔者问道。

"附近工厂的工人，二手市场的人，旁边的居民，主要就是这些。"G 先生脱口而出。

"您和他们接触感觉怎么样?"

"各种各样的人都有啊，有实在的老实的，也有偷东西的，也有赊账买东西的。"

G 先生说，在这里将近二十几年，见过的人、经过的事多了，也就习惯了。不过这边人员还是很杂，管理人员很不容易和他们打好交道，治安、卫生等问题较为突出。笔者注意到，G 先生并没有把自己和日常接触最多的周围人看作是一类人，用的是"他们"，而不是"我们"。

高中毕业，弃学打工

成绩一直名列前茅的 G 先生，高考时发挥失常，没有考上大学。而凭借之前优异的成绩和良好的表现，陕西师范大学的保送名额落到了他的身上。可是，不想被学生嘲笑脸上有道疤的 G 先生，未和家里人商量，就坚定地拒绝了保送的机会，毅然选择了复读重新来过。但是事与愿违，第二年，G 先生又落榜了。于是，G 先生结束了自己的学生生涯，开始了职业生涯。

这么算来，G 先生的农民工身份，从 1988 年起就拥有了。

结婚成家　女儿出生

"妻子是亲戚介绍的，见了几面，觉着还比较合适，就试着谈谈，然后就结婚了。那时没有想那么多，只是机械地见面，门当户对，个性能够接受，就结婚了。"

现在的 G 先生说起以前，用了一个形容词"傻"，没出过省，眼界很窄，思维很局限。结婚后一年，女儿出生。女儿属狗，小时候极其爱哭。"她妈妈在服装厂做裁缝，不是很忙。我当时在咸阳工作，一星期回家一趟。那时没有分家，跟着我这边的妈住。孩子出生后，主要是爷爷奶奶带着，我们俩只是个辅助。"这样过了一年。

兄长扎根　来京创业

G 先生的哥哥年长 G 先生 4 岁，是 1985 级的大学生，读的畜牧专业，毕业后分配到北京的一家制药厂工作，随后在北京安了家。

"我哥当时的厂子在京郊新建了一个加工厂，就在这附近。1990 年这里还很荒凉，能看到麦地，那个厂子周围没有什么配套设施。我哥和我认为做些日用小百货的东西，应该会受欢迎。"

当时的 G 先生在西安的一家工厂做普通工人，各方面待遇不好，由于是跟家里一起过，家里也有农田，种的有蔬菜，养的有公鸡、母鸡，所以日子还算凑合。但是当年立志要当大学生、干一番事业的 G 先生怎么能够忍受老婆孩子热炕头的生活，怎么能够忍受一直干着凭体力出工的职业，怎么能够忍受成家的自己还依赖父母生活？G 先生的哥哥由于是制药厂的中层干部，跟相关负责人联系了一下，租给 G 先生一间工厂附近的铁房子，以供出售日用百货。

随后，G 先生带着妻子和女儿来到北京。在哥哥的帮助下，开始了铁房子小卖店的经营。铁房子大概 17 平方米，这小小的地方，被分割成了前后两部分，前面是柜台和少量商品，后面是住宿的生活区和货品储藏区。吃饭就在 G 先生哥哥的工厂，那里有食堂。卫生间也是使用工厂里面的公用卫生间，洗澡是在附近的公共澡堂。

就这样，G 先生一家生活在了北京郊区的小铁房子里。平日里，G 先生的哥哥会经常过来，帮着卖卖东西，打打饭，有什么东西缺了，就拿自家的东西过来救急。有时，会骑着自己的摩托车帮着弟弟去城里进货。

"没有哥哥，我不会来到北京。没有哥哥，我也不能撑到现在。在这边什么也没有，外地人，说话不一样，刚开始很不习惯。"G 先生回想当初，说话的表情是复杂的，有怀念，有不堪，有感激。

女儿教育　辗转艰难

G 先生的女儿 Y 今年 18 岁，在西安外国语大学读书，大学一年级。Y 在初三之前，都在北京读书，中考的时候，想到以后高考要回原籍，就直接回家上的高中，就读于宝鸡中学。

从小跟着 G 先生在北京生活、上学，已经习惯了这边的环境，刚开始听说要回老家，Y 又哭又闹，坚决反对。但面对残酷的现实，主观情绪是没有用的。最终还是在中考前一年送回了老家。

"我们两个（G 先生夫妇）在这边做生意，孩子在老家跟着爷爷奶奶。"

提到教育政策，G 先生坦承，自己和哥哥四处打听，也没有合适的理由将孩子留下，回去还是最实际的做法。作为外地人，在本地没有户口，女儿从幼儿园开始，就一直掏高价（赞助费、借读费）。其实交钱并不是最让人反感的事情，随着收入的增加，学校赞助费对于 G 先生一家的压力不是很大。主要是必须回老家高考这件事，无力改变这个现实。"如果可以放宽，允许女儿在这里考试。多交点钱也无所谓。孩子在这边都已经有了自己的好伙伴，她是多么不舍得离开。但是，考虑到两边的课本不一样，回去晚了，对孩子没什么好处。"

已经升入大学的 Y，算是了却了 G 先生的大学梦，也让他松了一口气——女儿并没有因为中途转学而影响成绩，考入了理想的大学。"不然的话，我该多么愧疚啊。"G 先生叹了口气。

儿子降生　喜忧参半

2006 年春节，儿子在北京降生。儿子的出生，一方面圆了家里老人抱孙子的愿望，另一方面给 G 先生增加了新的压力。"刚培养出一个大学生，又要重新养活一个孩子了。"无奈而喜悦的笑容看着那么让人心酸。儿子断奶后被送回老家，由 G 先生的父母照看。夫妻俩继续在京经商，直到现在。只是会在春节期间回老家多住几天，陪陪父母，见见孩子。平常的日子，每一两个月，两个人会交替着回家看儿子。这种和子女两地分居的日子，G 先生很是无奈，G 先生的妻子也为此事和 G 先生吵架，埋怨他没有本事赚大钱，让母子团圆。

对于儿子，G 先生没有让他来北京读书的意思，打算让他一直在老家生活，读书就在那边。"陕西省的教育质量也不错，名牌高校也多，过来这边，说不定还要再回去，这样折腾孩子，还不如一直在家那边。"

各方保障　全凭个人

作为自己给自己打工的个体户，G 先生坦言，只有自己管自己，自己为自己买单。不论是经济，还是医疗、养老，凡事都要自己操心。现在的 G 先生在商业保险公司购买了几种保险，大病医疗保险、意外伤害保险和养老保险。G 先生的保险是在哥哥的推荐下购买的，哥哥一家人都买了保险，觉着 G 先生更加适合买份保险为平日的生活和今后的生活提前做打算。趁着年轻，身体好有资格买，保费又便宜。一年下来，G 先生的保险费大概 1400 元。家里那边就没有买什么保险了，比如新农合之类。"这边有就好了，买多了没有必要。"G 先生说。

该去该留　两难抉择

G 先生所在的城乡接合部面临改造，商店被划入其中，不出几个月，就会夷为平地。现在的他面临着一个抉择：是该离开北京，回到家乡做生意、务农；还是留在北京，在其他地方接着做自己的百货生意，或是改行做别的？

"家里那边还留着我的地，现在都长满了草，父母会在一边种些蔬菜，稍加利用。但是已经好久没有种过庄稼了。"G先生说到老家自己的农田，没有很强的感情色彩，只是轻轻道来。

去？政策环境不熟悉

来这边将近20年，说话已经变得带有北京郊区的音调，饮食习惯也接受了这边的口味，不再一味地吃辣，一味地吃面条。这是生活方面。脱离了家乡这么久，如今打道回府，自己还能适应吗？过去了这么多年，家乡的变化也是很大的，家乡对于自己已经有些陌生了。

"做生意是件挺费神的事情。当地的环境很是重要，尤其是官道上的状况，做生意必须要把握好。之前我因为贩卖烟花爆竹进过派出所。当时没有把握好政策指向，听别人说卖那个赚钱，就一下子进了好多货，准备在年前大捞一笔。可谁知，公安人员查出了问题，自己也被抓进派出所，直到两天后交了保障金和罚款，才被放了出来。除了这种"明令禁止"，政府鼓励什么，你就应该做什么，适时把握好方向。在咱们国家这个大环境下，政治是引导方向的，做什么都要站对队，顺势而为。对于生意人，也是如此。"

"不做生意，别的事情也做不了啊。年纪大了，没有技术，学历又低，哪里愿意要这种临近退休的老人？回到农村去？那就更不可能了，你都已经出来混了20年，还是在北京，到头来回去种地，这未免太失面子了。"

留？家庭团聚是难题，住房、教育是关键

坚持留在北京，另外找个地方继续做自己的生意，没有什么不可以。但是这样夫妻两个人还行，家里面的孩子怎么办？G先生渴望家人能生活在一起。女儿已经长大，之前也和自己一起生活了很长时间；儿子年龄尚小，难道还要走同女儿一样的道路？这样太对不住孩子了。分分合合，见一面如此之难，孩子又要不断地更换地方、适应新的环境。如果这边的房价能低一点，教育政策能宽一点，那该多好！儿子在这边上学，一家三口团圆，女儿放假时也能过来玩。将来如果在北京工作，也有个家在。在笔者尚未提到对公共服务的期待的时候，G先生就忍不住发出了自己的感叹！"适当的钱我愿意出，因为我也知道，不加条件的允许外地人留京，对于北京的发展是不利的。应该规定一些条件，限制外来人盲目流入北京。如果有一定的标准，我愿意去努力。"G先生并没有抱怨政府不严厉坚决地打压房价，不允许非户籍人口在京高考，而是看到了政府公共政策公共服务的难处，"政策是方向，不能轻易改动，一动就会引发一系列其他方面的长期变动，社会就会变得不稳定。"所以，G先生只是想想，梦想有这种政策，能够满足自己的愿望。

后　记

G先生独到的眼光、吃苦耐劳的精神、顾全大局的意识，很让我感动。在个人发展上，他懂得把握好方向，踏踏实实地坚持做事；在家庭生活上，他懂得体谅家人，珍惜平平凡凡团聚的幸福；在心理状态上，他懂得乐观向上，感恩所有，没有唉声叹气、消极度日，坐等天上掉馅饼。只是作为外地农民工的他，受到的限制更多，所做的选择更难以取舍。笔者期待，这样优秀的农民工，未来会有公平选择的机会，也有平等奋斗的途径。

18. 在现实中追逐服装"梦想"

受访者：M 先生
访谈人：郭月青
访谈地点：北京市天通苑北某小区
访谈时间：2013 年 9 月 9 日 13：00～14：30

M 先生，45 岁，初婚有配偶有一个儿子，初中学历，服装加工厂小组长，在北京工作居住了 3 年，来自河南。

没有暂住证，也没有听说过暂住证的 M 先生，来北京打工之前，户口没有发生过改变。目前的这个阶段，M 先生将之定位为事业发展期，他想抓住这几年有空余的时间，好好干。积累到一定的资金，开始自己单干，而不是给别人打工。

打工的他，没有感受到什么不平等，没有感到自己的工作辛苦，自己总是一直很开心地在做事情。每天从早上 8 点开始，中午有 1 个小时的吃饭休息时间，然后接着工作，直到晚上 6 点，才基本结束。一周工作 6 天，天天如此，周周如此，月月如此。工作环境在 M 先生的描述中，也是基本让人满意的。M 先生总是说，现在就很好，如果能改善能提高当然更好啦！

职业流动篇

过去：学艺—打工—创业

在此之前，M 先生也一直在服装行业打拼。初中毕业后（大概 1985 年），他就没有再继续念书，而是早早地在老家拜师学艺，学习做衣服。作为内陆城市，直到 20 世纪八九十年代，改革开放的春风才吹到了郑州。下海经商，做服装生意成了一种潮流。M 先生年轻气盛，准备趁着年轻闯一闯，于是专门坐绿皮车到广州，学习如何做生意，开拓自己的视野，获取新的思路。后来跟着别人来到郑州，在服装店帮忙，为他人做服装生意。M 先生在积累了 5 年经验和资金之后，开始了自己的创业之路。他认为自己的资金有限，眼光也比不上沿海的生意人，应该在一个稍微闭塞的地方做生意，于是他选择了甘肃，在那边自己开服装店，卖童装，生意一天比一天好。

现在：打工

正当 M 先生的事业蒸蒸日上之时，家里人逼婚的气势也越来越强，M 先生的压力也越来越大。最终忍受不了，M 先生回到了河南老家，在家人的介绍下相亲结婚生子。自己家和妻子家都是河南的，父母也给自己在县城买了新房。全家均不赞成 M 先生在甘肃继续做下去，认为那是落后的地方，在那里当老板还不如去北京打工，离家也近一些。M 先生不得不打道回府，盘出了自己在甘肃的生意，转战到帝都，从零开始。

同样做的是老本行，只是从老板变成了农民工。从 2010 年来到北京之后，M 先生就一直在这家服装厂工作，现在负责生产线上操作缝纫机上的车位。"不是手动的，而是通过电脑进行操控。电脑知识用的都是些基本的，而且我做的工作就是那么几个，只用到了几个程序，只需要记住几个流程就好，点击鼠标，很简单的。而且，我们之前会有培训的。工厂提供的免费的技术培训那种。"

社会保障篇

M 先生住在工厂提供的职工宿舍中，位于一个超大型的外来人口聚居地，离工厂有一个小时车程。房租一年一交，大概 100 块钱一个月。M 先生住的是四人间，就像普通的大学宿舍一样，大概 15 平方米。设施方面，屋内只有桌子和床，洗漱间和洗澡间都在房间外，一层的人共同使用。夏天有空调，冬天有暖气。同住的还有两个人，年纪比较小，都是 20 多岁，未婚，跟 M 先生一同进的服装厂。

对于住房条件，M 先生没有表现出一丝不满，只是很平静地跟我描述它的外形和构造，没有特别的喜欢，也没有特别的厌恶。

平日里 M 先生不需要做饭，工厂有专门的食堂，供应工人一日三餐，中午和晚上都是一荤两素一汤，味道还不错。哪天想改善伙食，变个口味，M先生会买菜自己做着吃。当然是用自己买的电磁炉。在不用工作的休闲时光，M先生会和同事们打打牌，看看电视。

M先生目前拥有的保障分为两类：一类是工厂提供的保障，由工厂和个人共同分担，包括工伤保险、养老保险；一类是商业保险，是M先生在甘肃时在做保险的朋友那里购买的，包括大病医疗保险和分红险。缴费方面，前者是从每个月的工资里扣除一部分，个人承担的钱数很少，M先生说每个月大概加起来有100多元；后者每年的保险大概600元，分20年交付完毕，分红险每五年返还500元。到目前为止，这些保险仍是保险，尚未被M先生用过，花钱买个保障，花钱买个安心，M先生是个很现实的人，很自力更生的人，在工作生活上，自己努力奋斗，不愿依靠别人的特殊照顾。因此，"自己为自己买了保险，为风险投资，挺值得"。

有为风险投资的意识，坚持依靠自己的力量生活的M先生，让我肃然起敬。从小出来打拼的他，见识了太多的世态炎凉，看到了太多的天灾人祸，感受到了必须冷眼面对一切，自己保护好自己，自己对自己负责，而不是依靠外界。

子女教育篇

M先生只有一个儿子，现在河南老家那边上初中。提到儿子，M先生一时竟说不出话来，表情有无奈，有思念，也有歉疚。

独自一人在北京打工赚钱，只有在过年和极个别工活不忙的时候回家。每次回家，儿子的变化都大得出人意料。最近M先生特地买了台新笔记本，每星期跟儿子视频一次，看看胖了没有，长高了没有，有没有什么不开心的事情，学习状况如何等。

"有想过接孩子过来吗？"

"自己当然希望全家能够团聚。但是这不现实。我自己在这边买不起房子，把家人接过来也是受罪。还不如自己在这边赚钱，让他们娘儿俩在家里过得舒服些。"

教学质量，M先生没有担心过，认为在哪里只要好好学，都可以学到知识。现在在家那边上学免学费，而在北京，为了进一所好一点的幼儿园，都要提前走后门、排队报名。"孩子在家读书，我会更为安心，起码能够吃好睡好，有什么事情有朋友照应。而在北京，人生地不熟，孩子会感到孤单，我也没有办法保证能无微不至地关心他。"M 先生对待孩子的教育，也并没有一味地跟风，报这个补习班，报那个兴趣班，而是给他推荐一些他认为有利于孩子成长的书籍，这些书或是朋友推荐，或是网上浏览所得，或是自己逛书店时的发现。M 先生对孩子的成长没有强求，没有规定孩子必须读什么书，必须做什么工作，也没有在平日的交流中表达自己的倾向。健康成长，心理健全，快乐生活，是 M 先生给自己培养孩子定出的目标，也是对孩子的期望。

"刚才提到的缝纫机电脑技术培训课的老师，就是像你们这么大的年轻人，他们上手快、脑子活，电脑上面玩儿得很溜。他们教我的时候，我很忐忑，因为自己年龄挺大了，脑子什么的都不好用了，反应不过来，担心自己一遍又一遍还是学不会。没想到，他们很是耐心，哈哈哈，也让我对'90 后'孩子的看法有了很大的转变。也对自己'00 后'孩子的成长更有信心。"M 先生兴奋地说道。

政策服务篇

当笔者问他，认为政府应该在哪些方面提供服务，自己对公共服务有什么要求时，M 先生思考了半天，表示自己从没想过要政府专门为农民工出台什么法律法规，特别照顾在京打工的他们。"工资能够按时足额发放吗？房子方面没有什么更高的要求……""啊，这么说来，是有一条，住房上的，如果政府有些补贴就好了。有些补贴，我可能就会在外租房子，孩子放假了也能过来住两天。现在这样，就算孩子过来，也不方便，更别说孩子他妈了。"

后　记

M 先生从打工仔成长为个体老板，再因为生活所迫变回打工仔的状态，这一路走来，一直过着"单飞"的生活。从个人角度出发，他当然渴望能和家人住在一起，生活在一起。但是，高不可攀的租金和房价，对外地儿童的教育壁垒，挡在前方，使他不得不绕道而行。

政府对于农民工所提供的公共服务，在工资方面已经出台了一系列政策法规。就内地而言，深圳最早通过立法解决欠薪问题。早在 1997 年 1 月 1 日，深圳就开始实施《深圳经济特区企业欠薪保障条例》，建立了欠薪保障基金。

欠薪保障基金由深圳市政府向企业收取。该《条例》明确规定，每年每户企业应缴纳一次欠薪保障费，标准为上年度市政府公布的最低月工资的 70%，在企业成本中列支。在企业生产经营遇到严重困难，破产或濒临破产、资不抵债，无力支付员工工资的情况下，政府用欠薪保障基金垫付员工工资。

当笔者把这一政策法规告诉 M 先生时，他激动地连连点头。"没想到政府还是关注我们的，想着我们的。那这下，我可以更放心地干下去，政策会越来越人性化，越来越好的！" M 先生洋溢着充满希望的笑容。

笔者也相信，未来的城市，尤其是外来务工人员较多的城市，将会出台更加完善的公共服务政策，从就业、住房、保障、子女教育、户籍制度等方面，切实保障所有人的权利。

19. 大学路上，感谢有你

受访者：李英娥
访谈人：赵晨莉
访谈地点：中央民族大学图书馆七层
访谈时间：2013 年 9 月 12 日 9：30～11：00
受访者李英娥，女，48 岁，已婚，小学文化程度，保洁人员，河北张家口人。

在中央民族大学的西南角，历届民大学子奋发求学的图书馆就坐落于此，那孜孜不倦的学子们总有她们的陪伴，她们起早贪黑为学子们收拾战场、不辞辛苦，只为给同学们提供一个干净整洁的自习室。她们就是负责图书馆卫生的保洁阿姨，笔者将要采访的李英娥阿姨就是其中的一员。

三 易 其 主

李英娥 2011 年 10 月来京，在亲戚的介绍下来到为中央民族大学提供物业管理的 A 物业公司，被分派到图书馆做清洁工作。从此在图书馆进进出出的人中，多了一位亲历民大学子奋斗的见证人和护航人。

初来民大，李阿姨对这所大学就很是喜欢，"学校还挺美的，而且这里的孩子很有活力，也很有礼貌，看着就特让人喜欢。"环境虽好，工作却辛苦，尤其是在图书馆负责清洁打扫。学校图书馆一共 14 层，除去 7 层的图书借阅室和 11 层的文档资料室，其他楼层都遍布着供学生自习的桌椅，再加上每年考研大军人数只增不减，图书馆向来是人满为患，泡图书馆的学生多了，打扫卫生也就绝非易事，这倒不是因为学生没有素质，随意丢弃垃圾，人流量大的直接后果就是自习大厅及卫生间有很多的果皮纸屑，因此，对图书馆的保洁阿姨来讲，这并不是一份美差。

李阿姨在民大的两年，一直在学校图书馆负责保洁工作。两年间，图书馆物业几经变更。就在李阿姨来民大两个月后，A物业公司与学校签订的合同到期，B物业公司上岗，本着"自愿选择去留、为学校服务"原则，原来与A物业公司签订合同并在中央民族大学担任保洁工作的员工可选择继续留任，李阿姨当时感觉在民大工作还挺顺心，就选择留了下来。不料好景不长，B物业公司因为合同存在问题，也与民大终止了服务，C公司接手了管理。与"铁打的营盘流水的兵"正好相反，任物业公司来回变换，李阿姨都一直坚守在民大图书馆为广大学子服务。

对于这三家物业公司与保洁人员之间的工资、福利等服务约定，李阿姨最有发言权。早在李阿姨来中央民族大学之前，A物业公司已与学校合作多年，并且对待公司所属的工作人员，也是尽力践行"尊重、保障权益和以人为本"的原则，并不因为他们只是保洁和保安而故意克扣工资、不提供福利。B物业公司因为合同问题，似乎一直没有签订正式的合同，对于福利向来是能省则省、能少则少。至于C物业，毕竟是刚进入民大接手，至于如何对待员工也就要再进一步观察。

"因为是为学校提供服务，大多节假日是不能休息的，公司怎么给你们计算工资、福利呢？"

"节假日的时候，A公司都会给我们发放3倍的节日工资（即节日福利金等于平时日工资乘以假期天数）再加上节日费，而且比我早来的那些保洁说，像是'三八'节、中秋节都还会送礼品给大家，主管的领导对大家也很是和气。不过B公司就差了些，节假日都没有3倍节日工资，更不用说福利费了，后来是因为大家集体反映，他们才给了100块钱的节日费。C公司也刚来，还没碰到什么节日，不过马上要过中秋，看看什么情况吧！"

在李阿姨等保洁看来，这些福利金并不是非要不可，而是物业公司给出的福利保障会让她们更有存在感和赢得尊重，因为言谈间笔者发现李阿姨并不了解节假日法定工资的规定。

"您看，在图书馆这里做保洁工资并不高，再加上物业公司的待遇不如之前，是什么原因让您选择留下来继续工作呢？"

"在这里挣得不多也比在家什么都不做好呀，起码还有点工资。待遇是差了些，不过这里环境好，学生也都很好，总体来说还可以吧。"可以看出，李阿姨对工作要求并不高。

怜子心中苦

李阿姨来自河北张家口，育有两女。大女儿已经从河北师范大学毕业，现在北京青鸟做培训师；小女儿正值初三，留守家中。说起孩子，李阿姨内心五味杂陈，泪湿眼眶。

早在来北京工作之前，李阿姨一家四口虽不是大富之家，但也是小康生活、其乐融融。在张家口时，李阿姨一直在家饲养牛羊，并且承包了几亩田种植蔬菜，不管市场景气与否，每年收入都还可观。李阿姨本想着再操持几年积攒点钱，就改换成一个门店，做点小本生意，毕竟年纪大了没有那么多体力，可天不遂人愿，就在门店梦想实现之前，家里的牛羊生了怪病，为医治牛羊李阿姨家投入了很多医药费，结果却是徒劳，牛羊一批批死掉，医治费也投入了太多。再加上蔬菜市场那几年不景气，耗费体力又大，李阿姨家最终放弃了养殖牛羊和种植蔬菜。当时李阿姨的大女儿已经念大学，可小女儿才刚上初中，迫于经济压力，李阿姨与丈夫必须外出寻觅工作来养家糊口。

就这样，李阿姨与丈夫告别了家乡，告别了女儿，来到了北京务工。大女儿虽说已经进入大学，自立能力也比较强，但无论大小假期都要回家待上几天，陪陪父母，李阿姨也早已习惯大女儿这样的依恋；再说小女儿，刚进入初中，本来可以每天下课后回家享受妈妈做的美食，听听妈妈温情的唠叨。可随着家里的变故，这一切都要改变——大女儿节假日回家只能面对空空的屋子，小女儿在最依赖父母的年纪就要安排在学校住宿，周末虽有姥姥、姥爷看护，但还是缺失了父母在身旁的温馨。想到这一点，不仅是两个女儿感觉酸楚，李阿姨也是痛心不已，眼角泛湿。

"小女儿现在学习成绩怎么样？"

"她呀，一直都好聪明的，小学时候一直在班级排第一、第二，念了初中以后，我们又没在身边，她姥姥、姥爷虽然也一直催促她学习写作业，可是没什么效果，关键是住宿在校他们管不到她。我是真痛心，不该把她自己留在家里，好好的孩子给耽搁啦！"说话间，李阿姨已是眼泛泪水。

稍稍平复心情后，李阿姨接着讲小女儿一直都很乖巧，但在李阿姨他们最初来北京工作时，小女儿一直拒绝跟他们讲电话，"她是觉得我们把她自己丢在家里不管，小孩的叛逆心理嘛，也不怪她，小小的年纪就要自己承担起一切，照顾自己还要照顾姥姥、姥爷。"李阿姨一声叹息，可怜天下父母心，哪有做父母的故意将孩子置之不理，只是现实生活让人无奈罢了。

"后来呢，小女儿的心结解开没有？"

"过了半个学期也就好了，估计长大了也就谅解大人的不容易啦！现在隔两天就要给我煲电话粥，关于她的同学、老师还有好朋友，她都开始跟我讲了。"只是谅解归谅解，小女儿的成绩始终没能再恢复原有的优异，现在在班级里只能算是中等水平，李阿姨表示很是担忧，毕竟过了年学业就开始最后的冲刺，中考怎么样、能不能考上最好的高中，这都是李阿姨心头最牵挂的事情。

北京冷暖

都说"如人饮水，冷暖自知"，在北京漂着的生活自然没有那么惬意，李阿姨也不例外。今年48岁的她，除了在家里养过牛羊种过蔬菜之外，也没有别的技能，在亲戚介绍下进入物业管理公司进行简单培训后就立即上岗，从事保洁清理工作。虽然也与物业公司签订合同，但合同中并未规定任何的保障服务项目，"五险一金"统统没有，"他们哪会给我们什么'五险一金'啊，这个行业门槛低，要来的人很多，我们如果强行要求，肯定连工作都没得了。"就是因为物业公司和保洁人员都是这样的心理，保洁人员的福利一直得不到保障，每个月拿着1800元的工资，却干着18000元的辛苦活。

虽然得不到保障，但并不代表没有这种渴望。对李阿姨来说，因为早些年过于操劳积攒了不少毛病，但在北京苦于没有医保，病痛发作时只能是忍着，实在忍不住就请一天假。"我家在农村嘛，有入那个新农合（新型农村合作医疗的简称），不过现在人在外地，也没什么用处啊！即便是回家，只有住院才能给报销，这样来回路费、不上班没有工资、再加上自己负担的一部分医疗费，太不划算啦！"新农合远水解不了近渴，李阿姨忍着病痛坚持上班，不仅是为那点微薄的工资，还因为图书馆负责清洁的阿姨本来就少，如果回去看病，别的阿姨虽然也能代为打扫，但肯定没那么仔细，因为每个人的任务量都很大，因此李阿姨对于在民大图书馆自习的同学来说意义重大，她不仅是图书馆的保洁，也是学生们的心灵净化者。

在图书馆二层、五层自习和七层借阅图书的同学，应该都记得李阿姨：40多岁的年纪，每天都会把自己打扮得干净整洁，那温情的微笑总能让人脑海中闪现出"母亲"这个词。因为大部分的学生都是二十一二岁的年纪，李阿姨很自然地都把这些学生当作自己的孩子：有不开心的事情可以跟她诉诉苦，李阿姨会帮大家支支招出出主意；在图书馆看书累了困了的时候，可以去自习室外面的大厅走走，李阿姨会陪着聊聊天，给同学逗乐解闷消除疲劳；也有一些女孩子失恋了心情不是很好影响看书，李阿姨还会负责开导……总之，李阿姨为同学们做的早已超出一个保洁的职责范畴，在大学路上，在人生航向上，她更像是心灵的净化者——为学生解除疲劳、清扫烦恼。

李阿姨表示，她很喜欢与民大的孩子交流，感觉这些孩子有想法又爱学习，"尤其是考研啊，每天都很辛苦，要看很多的书，做很多习题，也有些孩子来得最早走得最晚，非常用功。"的确，有些同学还会将自己考研成功的好消息跟李阿姨一起分享，李阿姨亲历了他们付出的汗水，很为他们感到欣慰。"这些孩子付出那么多，应该得到这样的好结果。他们也很能做事，希望小女儿将来也能考中北京这边的大学。"

从事实层面来说，李阿姨她们在图书馆做保洁的确很辛苦，在公司不能享受正常员工的福利待遇，北京的公共服务对她们来说也大多是摆设，大量的公园、博物馆、展览馆等公共资源，她们都没有时间去体验去感受，同时北京的拥堵、居住困难、空气质量差等难题却是一个不落。好在大学良好的氛围和与她交心的学生给了她所有不完美中的一点温暖。

后　记

其实漂在北京对李阿姨来说，意味着没有户口、没有房产、没有保险，有的只是暂住证，住的只能是地下室，病了只能忍着，在这样的情形下，还要忍受低收入、与家人分离和超强度的工作量。但李阿姨始终是充满温情的，她对同学们坦诚以待，学生们对李阿姨也是礼貌有加。笔者在民大念书的几年，庆幸结识了这样的她，她让我们在图书馆自习时的枯燥变得生动，也让我们的大学生活变得温暖，我们衷心地向李阿姨道一声"大学路上，感谢有你"！

20. 我们来北京为挣钱　不是享福

受访者：唐女士

访谈人：刘妮娜

访谈地点：奥林匹克森林公园

访谈时间：2013 年 9 月 11 日 15：30～16：25

受访者唐女士，51 岁，不识字，安徽安庆人。已婚有配偶，一儿一女，配偶和女儿均在北京打工，配偶做装修工人，女儿在大兴服装厂工作，儿子仍在安徽上大学。

来北京一直当保姆

唐女士来北京八九年了，一开始是亲戚在北京当保姆，介绍她来北京，来了以后就在阳光家政等家政公司做小时工、保姆，可以算是个"资深保姆"了，"我一开始做小时工的时候，一个小时才 6 元钱，后来过了两三年涨到了 9 元一小时，现在已经涨到 15 元了。你说说，翻了一番还多。"

她告诉我，她到现在这家固定当保姆，算是机缘巧合。"我当时在阳光家政的时候做小时工，正抱着孩子在楼下玩，碰见一个姑娘也推着孩子遛弯，她就问我哪里人，干了多久了什么的，留了我的电话，说要是雇保姆的话就告诉我。当时我也没当回事儿，可没过几个月她就给我打电话了，然后我就来她家了，没在家政公司继续做。"现在一个月工资是 2600 元，包中餐，早上 9 点过来，晚上 6 点下班，孩子妈妈与唐女士一起照顾孩子，除此之外，唐女士还负责做饭和收拾卫生。"家里老人都不过来，说是爷爷奶奶在德国，外婆外公也不愿过来。孩子倒是挺好带的，不认生，我一过来他就跟我，你看你抱他，他也跟。"

唐女士说她没接受过培训，就是靠经验在带孩子，或者听孩子父母的意见。我问她怎么不接受些培训，当个"金牌月嫂"，她说"本来就没上过学，年纪也大了，学东西学不会还丢人浪费钱"。不过她也提到以前所在的家政公司，有的年轻人学了月嫂证①，会做月子餐、绑束带这些，赚得就多，像我说的那种"金牌月嫂"一个月能赚 1 万，说的时候眼里还是充满了羡慕的神情。我问她有没有想再换个工作，她觉得应该不会再换了，"明年可能就回老家了，家里有个爷爷②都 70 多岁了，现在身体还好，万一身体不好了，我得回去照顾，再说现在人家都不愿意要年纪大的，也干不动了。（您才 50 多岁，不老）老了，怎么不老（呵呵），现在我们那的农村社会保险 55 岁开始就发钱了。"

对于在北京找工作是否有困难，她说挺容易的，"我来了就一直在阳光家政当小时工，现在又来这边做保姆，如果我明年还想干，还会有活儿，这几年孩子特别多，你看这街上多少推婴儿车的，尤其我们院子里下午孩子多得我都嫌吵，就带他来公园里逛。"唐女士说完，看看我，好像觉得说了大话，还有点不好意思似的帮孩子擦了擦口水，"当然不比你们工作稳定，我们还是有没活儿的时候，工资也低，我女儿就不愿意干我这行。她在服装厂，挣得多，一个月能挣四五千，不过好像不给交保险，她在家里入的农村保险。"

在老家参加社会保险

唐女士一家人都是在农村老家入的社会保险，"我们都在家里入的农村社会保险③，好像是一年交 100 元，老了以后每个月领 50 元。以前我在家里的时候都是我去交，现在我们都出来了，都是爷爷在管，具体的我也不清楚太多了。"但具体的医疗保险报销的方法，她表示也不是很清楚，"没报销过，我们现在出来了回去报销也不方便，没什么大毛病药店买点药就可以了。不过爷爷好像是报销过，听他说现在能用医保卡买药吃了，他用过。"虽然现在还没有尝过参加社会保险的甜头，但对社会保险的保障作

---

① 指母婴护理师证。
② 指唐女士的公公。
③ 指新型农村合作医疗保险和新型农村养老保险。

用，唐女士持的是肯定态度，"我觉得有用，在这方面我还是明白的，呵呵，孩子工作也都不稳定，我们老了以后能有个零花钱，不用麻烦他们，挺好的"。

即便这样，唐女士在老家参加社会保险还有一个弊端，就是农村社会保险只有医疗和养老两项，没有工伤保险，不过唐女士说她不担心这个，"我没考虑过，我这个工作没什么工伤吧，就是可能抱孩子抱久了肩膀疼、炒菜做饭收（拾）卫生把手烫了、腰闪了什么的，忍忍就过去了，以前在家干活吃的苦比这还多，我们都是能吃苦的人，不娇气。"她爱人的工作危险可能大一些，单位给他们入了工伤保险，但唐女士觉得没什么用。"他出来得早，年纪大了也干不了几年了，他们搞装修对肺不好，这些慢性病如果到70岁才出来，保险还是报不了。咱们没文化，只能出力气，身体还是自己照顾好了最好。"说到这里，唐女士的脸上露出一丝抱怨，这也是我唯一一次在她脸上看到了对生活的无奈和不快。

住在城乡接合部　不愿住公租房

"我们住在半截塔（村）①，天通苑那边，我们好多同乡都住那，房租一个月400块。条件还行，我们住一间，女儿女婿离得远，自己住。"开始我还没太听明白，半截塔是什么，后来经过解释，才知道半截塔是个村庄，属于城乡接合部，村里的居民加盖的房子出租给外来打工人员。不过我还是觉得房租很便宜，唐女士解释说主要因为地方偏、住户多，"呵呵，肯定不是我们自己住，不然哪有那么便宜。我们两个人住一个隔间，他那个房子里还有好多人，一共三层，一层得住十几个吧。"仿佛怕我听不明白，唐女士又继续解释，"我们住在村里，我们租的这家盖了三层，听说光吃房租一个月挣一万元！不过环境挺好的，我们住的那个村基本上都是外地人，我们住得挺习惯的，像我们住的那一层都是安庆人。"

至于公租房，唐女士表现得很没兴趣，"公租房？那不是给当地人的嘛，肯定不会让我们住。"唐女士边笑着边摇头，我赶忙补充，"假如您可以参与申请呢？"唐女士继续笑着，"呵呵，那我们也住不起，公租房比我们住的贵多了，我们不用住那么好的，来北京是来挣钱的，不是来享福的，能凑合就凑

---

① 半截塔村位于北京市昌平区东小口镇辖村，属于城乡接合部，南边与天通苑小区接壤。

合了。"接下来问到收入，唐女士还是掩饰不住的笑意，"他挣得比我多，一个月五六千吧，我2600，两个人差不多8000元一个月。两个人一个月差不多花1000多就够了，但1000以内肯定还是不够的，光房租一个月就得400，还有水电什么的，北京这边消费高，东西价格也高，花花就没了。还有公交费呢，他爸爸还整天坐地铁，一次就是两块钱。"

外孙像他舅舅一样　爷爷带

唐女士告诉我，她觉得最对不起的就是小儿子，"其实想想我挺对不起小儿子的，他上初中、高中学业最忙的时候我和他爸都在外面了，爷爷为他上学出了不少力，所以他跟爷爷特别亲，跟我们俩就有点陌生。不过儿子懂事、学习挺自觉的，能考上大学，我们俩也感到欣慰了，出来打工再苦再累都值了。"我问了一句，"当时您出来打工，有没有想过把儿子带在身边读书?"唐女士显得有些激动，连抱孩子的手都哆嗦了一下，"怎么没想过? 我刚出来的时候他念初一，当时我就想才刚上初中，如果能让他来北京念书就好了，就找人打听，根本没可能! 我们挣一年都不够给交借读费的，而且来了也不能在这参加中考，高中还是不能上，想想算了吧，就让他从初一住校了。你想想那么小的孩子，以前他和他姐在家的时候他什么都不用做，我们走了以后他（不但）自己照顾着自己，放假还得帮爷爷干农活、收拾家。我第一次出来过年回去看见他，我都哭了，又黑又瘦的，吃饭能为一块肉跟他爷爷打起来，他非得让爷爷吃，爷爷非得让他吃。所以我们也很感激爷爷，（他）现在身体大不如从前了，我明年看看就回去伺候他去，然后在家里找点零活干，儿子再过两年毕业挣钱我们的压力就小了。"

唐女士的外孙刚出生半年，女儿就来北京了，女婿从孩子出生到现在就见了两次，回家最长待了半个月。孩子在家也是爷爷带，所以他们家里人都说这孩子像舅舅，以后能有出息。不过唐女士长叹了一口气，"这都是安慰自己的话，那么小的孩子，怪可怜的，可是没办法，把孩子带在身边没法上班了。女儿想孩子都想死了，她上班一周歇一天，不好请假，女婿自己干稍微自由点，所以我说回家半个月就是前一阵女婿想儿子想得不行了，回家去了，还照了一堆照片回来，女儿看照片跟我哭了好几次，我还说她，想孩子就回家去上班，挣得也少不了多少，还能陪着孩子，可他们非说趁年轻要多挣点钱，咬着牙非得在北京再多待几年。现在的孩子野性大，管不了。"

不想要北京户口　买不起房

唐女士告诉我，她从来没有留在北京的打算，不想要北京户口、买不起房，以后女儿女婿也是要回老家去的。"没办暂住证，我们住的那里也没有要求办，没感觉什么不方便。不想留在北京，买不起房，而且这里生活压力太大，精神压力大。家里的三亩地租出去了，一年一亩300多块钱，一共能收1000多块，爷爷在家花够了。现在家里的土地三年一租，等我们老了回去还要收回来的，我们家里已经盖了个二层楼。"说到这，唐女士侧了侧头，用手抹了一下鼻子，我隐约看到了她脸上的笑意，但转过头又恢复了平常表情，"我以后回家去自己种点蔬菜、粮食，没有污染，老了过得多开心，比在城市生活舒服多了。我们没什么大本事，也没什么大要求，没病没灾的，不给孩子添麻烦，以后在家种地自给自足，养老保险给个零花钱，我就满足了。"

"女儿女婿他们的工作也不稳定，以后可能还是要回我们小县城去，孩子还在家呢，跟着他们来上学不现实，他们也已经在我们县城里买房子了，现在都空着没人住，我催他们早点回去踏踏实实过日子呢。儿子的房子也有，家里那块地肯定是他的，不过我和他爸爸想他是大学生，肯定不爱再回家去种稻子，如果他以后和媳妇去城里住，我们给他们添10万元钱买房，这些年攒起了这么一点钱。"

后　　记

访谈结束时，唐女士一直在问我，"没有问题了吧？4点多我得回家了，天冷别把孩子冻着。不知道我说的你能不能用啊，我们农村人懂得少，你和我说这么久要是都没用真是浪费你时间了。"当我肯定她的访谈很好、对我帮助很大后，她仿佛如释重负，"那就好！"可我送礼品时她又坚持不要，"您给别人吧，我家里有。""耽误您这么长时间，这是应该的。""没关系，没关系，真不用。"她一边推脱一边要走，我急忙把礼物塞到她手里，她才勉强拿着了。

没走两步路，正好遇到一个也在看孩子的伯伯，那个伯伯其实早就看到我们，在等着和她说话了。"推销洗发水的？"[①] 伯伯问，"嗯嗯"她慌张地回答，

---

① 我们的礼品是洗发水。

然后急急地走开了。伯伯用意味深长的眼神看着我，当时我心里真是不舒服，想跟伯伯解释，又不知从何说起，尴尬地扬了扬手里的问卷，转身走开。

一直到回来整理录音时，我才慢慢理解了唐女士的举动和心情，她怕人笑话。在访谈中，她总在说自己是农民，但实际上最在意别人这样看她。家里盖了房子其实心里很开心，但又觉得这对城里人来说不算什么，于是忍住笑意，是怕被人笑话。接受农民工公共服务访谈，还收了礼品，熟人问起，她又不好意思回答，还是怕被人笑话。

可以说，从唐女士身上我看到了老一代农民工身上特有的朴素、认真和不自信，他们辛勤努力，靠劳动挣钱，本应是最可爱的人，却因城乡和地区差距被看作"农民工"，而这也是他们心中最不愿正视的"痛"。我常在想，包容、厚德是北京精神的特征和品质，对待这么一群默默奉献的人，即便不给他们北京户口，是否应该给予他们应有的尊重和最基本的公共服务呢？

21. 不缺钱，打工为锻炼身体

受访者：李先生
访谈人：刘妮娜
访谈地点：北京市海淀区某小区空地
访谈时间：2013 年 9 月 12 日 9：30～10：25

受访者李先生，58 岁，小学文化，曾做过铁路无线电维修，电视、空调买卖、维修等工作，目前为海淀区某小区保洁人员。已婚有配偶，配偶在大庆做美容生意，育有一子，在中央电视台做游泳教练。鉴于他独具特色的语言风格，本篇访谈也将还原原汁原味的访谈记录。

能干就干点，对身体有好处

我来北京 20 多年了，40 岁的时候刚好赶上职工下岗那拨，我在之前就已经自己干了好几年了，八几年开始单干的，内退以后在家待着没啥事儿，那时候管得严，不是说来就来的，当时是北京有熟人，才来的。一开始过来在旧货市场搞旧货，我在旧货市场有个摊子，也卖也维修，修理电视、电脑还有其他家电，后来就一直在北京搞维修了，搞了 20 多年。以前维修地点多了去了，全北京哪儿都去过。像这空调、电视都修，还给海尔搞空调售后。（问：那时候是不是自己单干了？）那时候也是自己干，就是接他们的维修单，那时候工资高，比现在强多了。现在眼神不行了，今年头一年干这个（保洁工作），老婆去年回了东北，她是搞中医的，回去帮她侄女开美容店了，美容店正好需要她这个中医技术。

（问：呵呵，你们俩都没闲着啊？）闲着干啥去？没事跟人家瞎聊天，聊不好还挨揍。我现在做保洁员，不累，就是不累才干的，转悠转悠就完事儿了，当锻炼身体了。这个工作是他们招人，我来应聘的，现在工资 1700，退休工资 2800，呵呵，反正够用了。一个月开销也就六七百吧，住在单位宿舍里。抽烟 100 多块钱，就不喝酒了。（问：您给孩子钱吗？）他用不着我的。（问：那孩子给您钱吗？）我也用不着他的。（问：平时过来看您吗？）一般不过来看，他也忙，就是打个电话问问。

现在还每年回老家去，因为跟单位有联系，每年交党费，不交的话自行退党。（插：哦，您不想退党？）呵呵，入了还能退吗？我们这个年代想的事情和你们这个年代不一样。（插：你们想什么事？）我们当年就是要求上进，为党和人民服务，不像你们现在，不知道在想些什么。像我就愿意工作，为人民服务。我对这份工作其实有点不满意，可也只能当它是玩儿玩儿消遣吧，别的玩儿的不会，打牌打麻将都不会。咱不怕辛苦，不怕累，就怕闲着，闲着闲着就闲出病来了。

（问：您以后要回大庆吗？）还是在这边吧，在这边买的房，不过离着远，我们在房山买的。（插：您挺能吃苦的！）你说人过日子不就得吃苦嘛，起码能干的时候多干点，孩子没啥想法。孩子可以养我们，不过我们用不着，能干就干点，对身体也有好处。（问：您觉得工作环境还行？）一般吧，这个活儿，因为啥，我干了一辈子无线电，对这个活儿不太适应，体力活儿，那是脑力活儿，现在想着干几个月就不干了。想着以后还开修理铺儿，其实挣钱就是活动活动，能把房租费挣出来就行了。

社会保险好　老年有保障

我当时在铁路上的时候单位给入的保险，现在住院能报销，每个月还发 2800 块钱的养老金，这多好。我们这还有些保洁员，说 1980 年的时候，他们村里乡镇企业让他们一起入保险，他们还觉得入保险有什么用，存钱利息多高啊。现在倒好，人民币贬值了，钱不值钱了，他们存的那点钱给孩子盖个房子就没了。老了没有固定的收入来源，后悔了，可悔青了肠子也没用，他们心态和我不一样，我干活儿是为了锻炼身体，没压力；他们是为了给自己挣口饭吃，真挺苦。（问：您认为社会保险有用？）就现在来说社会保险还是有用的，尤其是你们这一代，孩子少，有了保险挺有保障的。（问：您觉得保险比孩子更有保障吗？）应该是这样的，还是保险更稳定，孩子万一挣得不多，而且现在大城市买房这么贵，孩子养活自己都不容易，哪来钱给我们啊。还是自己能养活自己，心里更有底。不过现在这个单位不给我们入保险，以前单位给入的。我们这边的保洁员都没有保险，那些年轻的物业管理员给交"三险"①，不过我们这边挺多保洁员都是年纪比较大的，退休前就有保险，所以他们才更愿意招，给他们省钱了。

我已经用医疗保险报销过了，看个病什么的，我们可以随时随地享受医疗服务，我们在北京这边有两家定点医院，已经办了。我前两天还去看病拿药了，看眼睛，不过这边报销比例比在老家低一点，也差不了多少钱，我们现在没大病，等以后有大病了，这个医疗保险就更起作用了。

对公共服务没啥要求

我的暂住证早就过期了，也没续办过，不是在北京也待得好好的，现在不是以前了，没事儿。（问：您在北京工作的这20年，有没有觉得与当地人就业机会不平等？）就跟当地人相比来说，我没觉得什么，我甚至比当地人还好找工作，为啥呢？咱有技术、能吃苦，哪儿都能用上，只要我不想待着就有活儿。（问：这些年您有没有参加过维修方面的职业培训？）还培训什么？我去培训他们还差不多，我无线电修理都是自学的，年轻的时候好像上过补习班，但后来凭的都是经验了，技术这东西学会了一辈子都忘不了。我以前还收过几个徒弟，现在都自己干维修，干得挺好。

（问：您觉得北京房租贵吗？如果可以申请公租房，您愿意吗？）租房这个事儿怎么说呢，租房贵肯定贵，但贵也是有道理的，中心城市肯定贵的，我还是能承担得起，有能力就能承担得起，没能力就承担不起。我也不想申请公租房，我也不差钱，比我过得更苦、过得更累的有的是，如果农民工能参与申请公租房，应该让给他们，他们才最需要。我就是业余休闲，活动活动，我在房山有房子。

（问：您孩子当时在哪里上的学？）儿子在老家上的学，我出来的时候，他已经上初中了。而且在黑龙江游泳少年班，就没让他过来，过来还不如在家条件好，老婆当时在家照顾着他。当时就算能来上，我也没想过让他来，那时候算是在北京打工，过的日子真苦，还常常被赶，就过年过节的回家过几天好日子，我们那批人都是这样。

---

① 包括养老保险、医疗保险和工伤保险。

儿子是 20 岁才来的北京，高考考来的，当时是黑龙江省队的，考的是北京体育大学少年班，他来北京上学了，老婆跟着过来，我们在房山区买了房子，才算是真正在北京安了家。如果儿子不到北京来上学，可能我还是要回东北去。

（问：您觉得现在北京的教育政策对外地人有没有放松？）我觉得是这样，我们那一代人很少有想着把老婆孩子一起带过来的，因为 90 年代初人口流动还没放开，我们过来也有被送回去的危险，来也是想着多挣点钱。我看现在三四十岁的人过来打工，挺多把孩子带在身边的，听说比以前松多了，找找关系能上学。不过我现在孩子年纪大了，我也不太关注这些事。

都这把年纪了　不想迁户口

我现在户口在老家呢，以前是农村的，后来当兵、转业工作，就转成城市户口了，现在一寸地也没有了，想吃自己种的菜是吃不着了。（问：您愿意到北京落户吗？）我这个岁数迁个户口干什么？都这时候了，还要北京户口干啥，快 60 岁了，半身埋进黄土的人了，收拾收拾都要去世了，给国家添这麻烦干什么？（插：迁户口可以享受北京的医疗、交通、补贴这些福利服务）我有医疗保险，刚刚说的有两家定点医院，户口迁不迁过来都一样。（插：还有坐公交车免费的交通福利呢）那点钱儿不用免费，一个月也就坐个十次二十次的，用不了十块钱，省那钱儿干什么，再说北京户口也不是想要就有的。（您儿子是独生子女，北京市有这方面的政策，他可以把父母接过来照顾，同时户口一起迁过来。如果这样您愿意迁过来吗？）以后再研究吧，我对这个北京户口没什么大兴趣，我当时买房不用户口，在哪儿买都不用，现在需要了，不买不就完了，已经买了，哈哈，这不赶上先前那拨了吗？

以后就在北京这边住了吧，家里的房子不值钱，几万块钱儿，到时候处理了就行。我当时在房山买的房子才 5700 一平，买了 120 平，现在都涨成 2 万一平了，（插：您现在是百万富翁了）呵呵，什么百万富翁，那不过就是个房子，还不知道啥时候啥房价呢。

（问：对北京公共服务还有什么期待？）这个事儿我没想过，因为我也没需要，因为啥呢，我们有病什么的有医保啊，对我们这个岁数的人来说，就是生病事儿最大。不生病，什么都好说。生病了，医疗保险能报销，给孩子的负担小。呵呵，北京新市民？听着挺新奇的，我这一辈子，没靠过别人，来北京也是机缘巧合，以后老了在北京养老也是顺水推舟的事儿，没有那么刻意，也不用给我提供什么特殊的服务，我当心点，好好照顾自己就行！

后　记

跟李先生谈话很有趣，他操着浓浓的东北口音，轻描淡写地跟我讲他在北京的这20年，感觉困难艰辛仿佛是上辈子的事情，几句话就被轻轻带过了。谈到无线电和儿子，他满脸抑制不住的骄傲，不同的是，他曾经靠无线电维修养活了自己和整个家，对儿子却一点儿不愿麻烦，总在说，"他忙"，"我们用不着他"。

李先生可算是50年代出生的打工者的典型代表，有着一颗爱劳动和为人民服务的心，不矫揉造作，对国家对政府对别人要求不多，却愿意为国家为社会为他人奉献全部力量。他本来可以领着退休金在家里安享晚年，却情愿住地下室干保洁，挣钱自给自足；在谈到申请公租房时，他首先想到的不是能廉价住好点的房子，而是愿意让给其他打工者，"他们比我过得更苦"。

他也有着年过半百人的豁达与从容，不愿落户北京，原因是"快60岁了，半身埋进黄土的人了，收拾收拾都要去世了，给国家添这麻烦干什么"。对于公共服务他全无要求，他最大的事儿就是看病，有医疗保险能报销，足够了。多么可亲可敬的打工者啊，如果我们这些年轻一些的也能像他一样豁达，多贡献，少索取，热衷争取权利的同时多为社会尽一些义务，社会是否会更加和谐和充满阳光呢？

附　　录

22. 关于新生代农民工问题的研究报告

全国总工会新生代农民工问题课题组

农民工是改革开放进程中成长起来的一支新型劳动者大军，是我国现代产业工人的主体和现代化建设的重要力量。近年来，农民工中的新生代群体越来越受到党和政府以及社会各界的广泛关注。2010年中央一号文件《关于加大统筹城乡发展力度　进一步夯实农业农村发展基础的若干意见》明确要求，采取有针对性的措施，着力解决新生代农民工问题。为认真研究新生代农民工问题，并为解决好他们的实际问题提出切实可行的意见和建议，全国总工会成立了由中国工运研究所、全国总工会研究室、基层组织建设部、保障工作部等部门参加的新生代农民工问题研究课题组。2010年3～5月，课题组先后赴辽宁、广东、福建、山东、四川等省的10余个城市，就新生代农民工问题进行深入调研，并在广泛收集文献资料的基础上，形成此研究报告。

在本报告中，新生代农民工系指：出生于20世纪80年代以后，年龄在16岁以上，在异地以非农就业为主的农业户籍人口。本报告所用数据资料，大部分来自国家各部委公布的统计数据，另有一部分来自当前关于新生代农民工问题研究的调查数据。

一 新生代农民工概况与基本特征

（一）新生代农民工问题是传统农民工问题的延续和发展

农民工问题是我国城镇化、工业化和城乡二元经济社会结构下，政治、经济、社会体制等多种因素的综合性产物，是与农民工现象相伴相生并不断凸显的社会问题。新生代农民工是在改革开放下成长起来的新一代群体，新生代农民工问题是传统农民工问题在新阶段的延续、体现和发展。随着改革开放以来我国工业化、信息化、城镇化、市场化、国际化程度的不断提高，他们的就业和生活环境相比传统农民工有了很大改善，对工作和生活有更高的、不同的要求，但在城乡二元社会体制没有彻底被打破之前，在劳动力市场供大于求的就业结构下，他们与传统农民工有着类似的社会境遇，面临一些共同的基本社会问题。总之，这个群体的出现对我们解决农民工问题提出了与时俱进的新要求。

（二）新生代农民工的概况

1. 新生代农民工占外出农民工的六成以上，在经济社会发展中日益发挥主力军的作用

据国家统计局公布的数据，2009 年，全国农民工总量为 2.3 亿人，外出民工数量为 1.5 亿人，其中，16～30 岁的外出农民工占 61.6%。据此推算，2009 年外出新生代农民工数量在 8900 万左右，如果将 8445 万就地转移农民工中的新生代群体考虑进来，我国现阶段新生代农民工总数约在 1 亿人左右。这表明，新生代农民工在我国 2.3 亿（2008 年为 2.25 亿）农民工中，已经占将近一半，他们在我国经济社会发展中日益发挥着主力军的作用。

2. 平均年龄 23 岁左右，初次外出务工时基本为初中刚毕业的年龄

根据当前三项规模相对较大的新生代农民工调查数据（一项为中国人民大学 2010 年对全国 29 个省、自治区、直辖市共 1595 名新生代农民工的调查；一项为珠三角新生代农民工的调查数据；另一项为全国总工会研究室 2009 年组织对千家已建工会企业的问卷调查）显示，新生代农民工的平均年龄为 23 岁左右，这要求我们在认识新生代农民工时，必须关注与其所处特定年龄阶段相关的一系列特征和问题。

同时，新生代农民工的初次外出务工年龄更低，基本上是一离开中学校门就开始外出务工。一项调查显示，在珠三角，传统农民工初次外出务工的平均年龄为26岁，而在新生代农民工中，80后平均年龄为18岁，"90后"平均年龄只有16岁。16岁、18岁的年龄，基本上意味着新生代农民工一离开初中或高中校门就走上了外出务工的道路，也意味着与传统农民工相比，他们普遍缺少离开校门后从事农业生产劳动的经历。

3. 近80%的人未婚

据全国总工会研究室2009年的调查，新生代农民工中的已婚者仅占20%左右。国务院研究室2006年发布的《中国农民工调研报告》显示，当时农民工中80%以上的人已婚。数据对比显示，新生代农民工主要是一个未婚群体，这意味着，这一群体要在外出务工期间解决从恋爱、结婚、生育到子女上学等一系列人生问题，这与外出期间80%已成家的传统农民工相比，存在很大差别，这是我们考察新生代农民工问题不可忽视的方面。

4. 受教育和职业技能培训水平相对传统农民工有所提高

据国家统计局数据，2009年，在新生代外出农民工中，接受过高中及以上教育的人所占比例，30岁以下各年龄组均在26%以上；年龄在21~25岁的人占31.1%，高出农民工总体平均水平7.6个百分点。而2008年进行的第二次全国农业普查数据显示，在外出从业劳动力中，具有高中以上文化程度的仅占10%。同时，新生代农民工中，接受过职业培训的人员所占比例达36.9%，高出传统农民工14个百分点。数据对比说明，尽管新生代农民工仍以初中及以下文化程度为主，职业技能水平有待进一步提高，但是，相对传统农民工，他们的文化和职业教育水平已有较大提高。

5. 在制造业、服务业中的就业比重有所上升，在建筑业中的就业比重有所下降

新生代农民工就业的行业分布呈现明显的"两升一降"特征，即在制造业、服务业中的比重呈上升趋势，在建筑业中呈下降趋势。《中国农民工调研报告》显示，2004年农民工在制造业、服务业和建筑业中的就业比重分别为33.3%、21.7%和22.9%；而国家统计局2009年数据显示，外出农民工中从事制造业、服务业、建筑业的比重分别为39.1%、25.5%和17.3%。数据对比可以发现，5年间，制造业和服务业分别上升了5.8个百分点和2.6个百分点，建筑业则下降了5.6个百分点。这说明，相对于传统农民工，新生代农民工显露出了行业倾向性，开始偏向于劳动环境和就业条件更好的行业。

6. 成长经历开始趋同于城市同龄人

从成长经历来看，新生代农民工没有经历过父辈那样从农村到城市的变化过程，与城市同龄人更为趋同。很多新生代农民工自小就跟随父母移居城市，或是在农村初中（高中）一毕业就到城市"谋出路"，因此他们对城市生活环境比对农村生活环境更熟悉、更适应；即使出生、成长在农村，他们在务工前也同城市里的同龄人一样，大多数时间在学校读书，不熟悉农业生产。据统计，89.4%的新生代农民工基本不会农活，37.9%的新生代农民工从来没有务农经验。而且，许多新生代农民工出生在城市，在农村没有土地等生产资料。据安徽阜阳市统计，该市无地农民工占外出农民工的26.3%。随着城镇化进程的推进，这一群体势必将越来越大。此外，新生代农民工大多只有一两个兄弟姊妹，"较之父辈，生活是优越的，没有挨过饿，没有受过冻，温饱问题在他们头脑里没有什么概念"，"忍耐力和吃苦精神远不及父辈"，这一点与城市同龄职工也颇为相似。

（三）新生代农民工的四大特征：时代性、发展性、双重性和边缘性

新生代农民工作为农民工中的新生群体，一方面，因其与传统农民工同处城乡二元经济社会结构中，面临共同的社会境遇，自然潜移默化了这一群体共有的一些特征。另一方面，又因其出生成长于改革开放、社会加速转型的时代背景下，而明显带有不同于传统农民工的时代烙印，同时，他们所处的特殊人口年龄阶段又使其身上呈现出同龄青年共有的人格特征。概括地说，新生代农民工身上呈现出四大群体性特征——时代性、发展性、双重性和边缘性。

时代性的体现：新生代农民工处在体制变革和社会转型的新阶段，物质生活的逐渐丰富使他们的需要层次由生存型向发展型转变；他们更多地把进城务工看作谋求发展的途径，不仅注重工资待遇，而且也注重自身技能的提高和权利的实现；大众传媒和通信技术的进步使他们能够更迅捷地接受现代文明的熏陶，形成多元的价值观与开放式的新思维，成为城市文明、城市生活方式的向往者、接受者和传播者。

发展性的体现：新生代农民工年龄大多为20岁出头，其思维、心智正处于不断发展、变化的阶段，因此外出务工观念亦处于不断发展、变化中，对许多问题的认识具有较大的不确定性；他们绝大多数未婚，即将面临结婚、

生子和子女教育等问题，也必然要承受许多可以预见及难以预见的人生经历和变化；他们大多刚从校门走出 3～5 年，虽然满腔热情、满怀理想，但是，职业经历刚刚开始，职业道路尚处于起点阶段，在职业发展上也存在较大的变数。

双重性的体现：他们处于由农村人向城市人过渡的过程之中，同时兼有工人和农民的双重身份。从谋生手段来看，靠务工为生，重视劳动关系、工作环境，看重劳动付出与劳动报酬的对等，关注工作条件的改善和工资水平的提高，具有明显的工人特征；但是受二元体制的限制，他们的制度身份仍旧是农民，作为农民的后代，也不可避免地保留着一部分农民的特质。

边缘性的体现：新生代农民工生活在城市，心理预期高于父辈、耐受能力却低于父辈，对农业生产活动不熟悉，在传统乡土社会中处于边缘位置；同时，受城乡二元结构的限制与自身文化、技能的制约，在城市中难以获取稳定、高收入的工作，也很难真正融入城市主流社会，位于城市的底层，因此，在城乡两端都处于某种边缘化状态。

二　新生代农民工的观念转变

新生代农民工与传统农民工在观念上存在一些明显差异，概括起来，集中体现为"六个转变"。

（一）外出就业动机从改善生活向体验生活、追求梦想转变

传统农民工外出就业的主要目的是"挣票子、盖房子、娶妻子、生孩子"，总之，是为了改善比较贫困的生活状态。而正值青春年华、职业道路刚刚开始的新生代农民工，外出就业的动机带有明显的年龄阶段性特征，用实地调研中一个 26 岁新生代农民工的话说，就是"体验生活、实现梦想"。

一项调查也证明了上述观点。关于外出就业的目的，选择"出来挣钱"的，20 世纪 60 年代出生的农民工占 76.2%，70 年代出生的农民工占 34.9%，80 年代出生的农民工只占 18.2%。同时，在 80 年代出生的农民工中，选择"刚毕业，出来锻炼自己""想到外面玩玩""学一门技术"，以及"在家乡没意思"的人高达 71.4%。

（二）对劳动权益的诉求，从单纯要求实现基本劳动权益向追求体面劳动和发展机会转变

20世纪80年代，农民工刚刚在我国大规模出现时，他们外出就业的目的相对单纯——挣钱，因而对劳动权益的诉求也相对较低，甚至认为只要能够按时足额领到劳动报酬，社会保障和职业健康等其他劳动权益可有可无。而对于新生代农民工而言，就业背景、家庭环境和个人文化技能水平的不同，为他们外出就业创造了相对宽松的环境，他们对劳动权益的诉求向更高层次发展。用他们的话来说，那种工资不高、吃住不包、合同不签、保险不上、发展（机会）不大的单位，只有傻瓜才去。他们就业选择不仅看重硬件——工资，更看中软件——福利待遇、工厂环境、企业声望乃至发展机会等。新生代农民工对劳动权益相对较高的主观诉求，既体现为当所在单位与自己的诉求存在一定差距时"用脚投票"催发的高跳槽率上，又表现为对就业行业、就业岗位和单位正规程度的更高要求上。

（三）对职业角色的认同由农民向工人转变，对职业发展的定位由亦工亦农向非农就业转变

新生代农民工所经历的从校门到厂门的短暂历程、从学生到工人的角色转换，很大程度上决定了他们在情感上疏离农村，从职业角色上认同实际职业身份而非户籍身份，从职业发展定位上倾向于非农职业。一项调查显示，对于职业身份，在新生代农民工中，认为自己是"农民"的人只占32.3%，比传统农民工低22.5个百分点，认为自己是"工人/打工者"的人占32.3%，高出传统农民工10.3个百分点；而在20世纪90年代出生的农民工中，这一差异更加明显，认为自己是"农民"的人仅占11.3%，这一比例几乎是传统农民工的1/5，认为自己是"工人/打工者"的人占34.5%，这一比例是传统农民工的2倍多。另据一项调查，关于"未来发展的打算"，选择"回家乡务农"的，在新生代农民工中只占1.4%，而在当前仍旧外出就业的传统农民工中这一比重为11%；新生代农民工中有27%的人打算"做小生意或创办企业"，几乎高出传统农民工10个百分点；新老两代农民工中均有占到一半以上的人选择打算"继续打工"。

（四）对务工城市的心态，从过客心理向期盼在务工地长期稳定生活转变

传统农民工近似于候鸟的打工方式和亦工亦农经历造就了他们的城市过客

心理。据 1999 年清华大学对农民工家庭的一项调查显示，89.7% 的农民工表示将来一定会回到家乡定居，只有 10.3% 的人表示不回到家乡定居。其他学者根据历年来农村外出流动人口数据估算的结果也大致如此，即在传统农民工中，大约有 10% 的人逐渐在城市沉淀了下来。然而，据中国青少年研究中心发布的新生代农民工研究报告，在新生代农民工中，有 55.9% 的人准备将来"在打工的城市买房定居"，远远高于 17.6% 的农业流动人口整体水平。数据对比说明，相对传统农民工，新生代农民工希望在务工地长期稳定生活的愿望更加强烈。

（五）维权意识日益增强，维权方式由被动表达向积极主张转变

传统农民工自我维权意识较弱，维权能力不高，权利被侵犯时往往采取忍气吞声或被动恳求的方式解决。而新生代农民工比上一代有更强的平等意识和维权意识，对获得平等的就业权、劳动和社会保障权、教育和发展权、政治参与权、话语表达权，以及基本公共服务权等方面，都比父辈有更高的期待，并表现出维权态度由被动表达向积极主张转变。据一项调查显示，当权益受到侵害时，新生代农民工中因为怕被报复而不向有关部门投诉的人只占 6.5%，是传统农民工的一半；采取投诉行为时，新生代农民工中有 45.5% 的人选择以集体投诉方式进行（几个人一起去投诉），高出传统农民工 17.6 个百分点。

（六）对外出生活的追求，从忽略向期盼精神、情感生活需求得到更好的满足转变

不同年龄阶段的人有不同的生活及精神需求。传统农民工外出务工时年龄较大，大多已婚，他们为了实现挣钱的目标，大多不得不对情感、精神生活采取忽略或无所谓的态度。而新生代农民工平均年龄为 23 岁左右，初次务工的年龄不足 18 岁，正处于婚恋期、思想彷徨期和情感高依赖期，他们更渴望在外出就业的同时，爱情能够有所收获，思想可以交流，困扰能够倾诉。据国家统计局的调研报告显示，2006 年，在租赁房和自有房中居住的农民工只占 20.1%；而当前在新生代农民工中，住在租赁房和自买房中的人所占比例已经上升到 37.7%，这从另一个方面说明他们对精神、情感和家庭归宿的更强需求。

三 新生代农民工面临的主要问题

新生代农民工作为农民工的一部分，与传统农民工一样面临一些共同的问

题，比如，工资拖欠、劳动合同签订率低、社会保障水平较低、职业健康安全保障不足等基本劳动权益保障问题。同时，由于具有不同于传统农民工的新特征和新诉求，新生代农民工面临的问题又有其特殊性。

（一）工资收入水平较低、务工地房价居高不下，是阻碍其在务工地城市长期稳定就业、生活的最大障碍

据公安部 2007 年的调查，按照自身收入水平，74.1% 的农民工愿意承受的购房单价在 3000 元/平方米以内，19% 的农民工愿意承受的购房单价为 3001 ~ 4000 元/平方米，愿意承受 4000 元以上购房单价的农民工只占 6.9%。然而，据调研，3000 元/平方米的房子主要集中在中西部地区的县市及以下城镇，在农民工集中流入的东部沿海地区，即便是小城镇的房价也远远超过了 3000 元/平方米。例如，东莞市当前的房价已经接近 6000 元/平方米，即使是房价相对较低的沙田镇和常平镇，房价也在 3500 元/平方米以上，大多数建制镇的均价也在 5000 元/平方米以上。对比农民工所能承受的房价与现在农民工流入集中地的房价，可以推断，如果按照当前新生代农民工的收入水平，假定他们的工资增速能够赶上房价的涨速（目前来看这一假定基本不成立），按照商品房价格购房，新生代农民工中最终能够实现在务工城市购房定居梦想的比例也不会超过 10%。

（二）新生代农民工的受教育程度和职业技能水平滞后于城市劳动力市场的需求，是阻碍其在城市长期稳定就业的关键问题

据中国劳动力市场网发布的信息，2009 年城市劳动力市场对高中及以上文化程度的劳动力需求占总需求的 60.2%，对初中及以下文化程度的劳动力需求仅占 39.8%。然而，据当前已有的调查数据综合判断，当前在新生代农民工中，具有高中及以上文化程度的农民工只有三成左右。同时，城市劳动力市场中需求量最大的是受过专门职业教育、具有一定专业技能的中专、职高和技校水平的劳动力，这部分劳动力占总需求的 56.6%，而在新生代农民工中这部分人只有二成左右。也就是说，在知识和技能逐渐代替简单体力劳动作为劳动力市场选择标准的背景下，如果新生代农民工的受教育和技能水平不能获得比劳动力市场需求更快的发展，按照他们目前的技能水平估算，只有大约三成的人能够在城市长期稳定就业。

（三）受户籍制度制约，以随迁子女教育和社会保障为主的基本公共需求难以满足，是影响其在城市长期稳定就业和生活的现实性、紧迫性问题

新生代农民工基于自身阅历和切身体验，对子女受教育的期望都非常高。他们中越来越多的人正是为了让子女能够在城市接受更好的教育而选择在务工地就业和定居。据中国流动人口监测报告显示，2009 年农村流动人口子女中，70.2％的子女随同父母流动，只有 29.8％的子女留守农村。然而，农民工随迁子女入学难问题仍相当突出，据教育部 2008 年发布的一项研究报告显示：农民工随迁子女在公办小学就读的比例，北京为 63％，上海为 49％，广州仅为 34.6％。学龄儿童中未上学的比例，北京为 3.81％，上海为 3.56％，广州高达 7.19％。农民工子女半数以上都有转学经历，在转学 3 次及以上的农民工子女中，大城市最多，中等城市最少。一些城市公办学校还存在收取借读费和赞助费等行为，大城市最突出。随着新生代农民工年龄的增长，他们中越来越多的人将步入育龄阶段，与此相伴，随迁子女教育问题，也必将越来越成为他们在务工地稳定就业、生活时不得不面对的现实性、紧迫性问题。

国际社会的成功经验表明，社会保障替代土地保障，是农民实现从农村迁移到城市、从农业转向非农业的一个不可或缺的基本条件。对于新生代农民工而言，要想实现在务工地长期稳定就业、生活的目标，必须至少享有三个层次的社会保障：其一为解决年老和疾病时后顾之忧的养老保险和医疗保险；其二为解决失业后暂时生活困难的失业保险；其三为防范沦入贫困境地的最后一张保障网——最低生活保障。然而，据调查，目前新生代农民工中，享有养老、医疗、失业保险的人所占比例仅为 21.3％、34.8％、8.5％，且不说企业的缴费标准大多以各地的缴费下限为准，而且城市最低生活保障的保障对象为当地城市户籍人口，农民工基本上没有享受该项保障的权利。显然，目前新生代农民工实际享有的社会保障水平，与他们所企盼的在务工地城市稳定就业和生活的诉求距离还相当悬殊。

（四）职业选择迷茫、职业规划欠缺、学习培训的需求难以有效实现，是阻碍其实现职业梦想不可忽视的因素

新生代农民工大多刚迈出中学校门，他们带着对媒体中、社会上成功人士的羡慕和崇拜，期盼通过自身的努力实现美好的梦想。但是，他们的心智

发展尚未成熟、思想尚未稳定、身份认同尚不清晰，面对铺天盖地、瞬息万变的信息和复杂的社会环境，确定具体职业发展目标的能力仍旧不足；加上"家庭小型化"趋势所导致的更低挫折耐受力，他们制定及实施职业规划的能力更低。同时，他们继续学习的愿望非常强烈，据调查，69.7%的人表示迫切需要了解专业技能知识，54.7%的人表示需要学习法律知识，47.8%的人表示希望提升文化知识，但是，由于闲暇时间较少、下班时间较晚、学习培训机构距离较远等因素，导致他们能够便捷、安全、有效地接受专业学习培训的渠道严重匮乏。在上述因素下，新生代农民工的职业发展目标、就业单位频繁更换，学习培训的专业技能缺少可持续性或者不适应市场需求。这既浪费了他们大量人力、物力和时间，又不利于其人力资本的积累和企业用工的稳定。

（五）情感、精神的强烈需求不能很好地满足，是困扰他们的首要心理问题，也是在现实生活中最少得到关注的深层次问题

新生代农民工正处在交友、恋爱、结婚的黄金期。同时，他们刚走出校门，仍处于"半成人"阶段，对思想沟通和情感交流的需求更强。由于上班时间长、接触面较窄、工资收入低、就业行业农民工男女比例失调（建筑业和制造业男性多、服务业女性多），这就使他们普遍面临想交友没时间、想恋爱没人选、想倾诉没对象的困境，再加上企业管理和文化建设的不足，以及社会人文关怀的欠缺，婚恋和精神情感成为困扰他们的首要心理问题。据中国青少年研究中心的调查，"感情孤独"已成为新生代农民工面临的主要困惑，在北京建筑业接受调查的农民工中，超过七成的人将"感情孤独"作为困难的首选。在实地调研中，透过一些新生代农民工略带羞涩的话语，常让我们感到其内心闪烁的隐痛和不安。

（六）劳动合同签订率低、欠薪时有发生、工伤事故和职业病发生率高等劳动权益受损问题，是亟须解决的突出问题

共同的经济社会环境，同样的农民工身份，差距不大的人力资本状况，使新生代农民工在基本劳动权益实现上与传统农民工相比虽然有所提高，但是总体境况相似，仍旧面临着一些共同的、亟待解决的基本问题。这些问题突出表现在劳动合同签订率低、欠薪时有发生、职业卫生健康保障不够等方面。据一项在广东的调查显示，2009年，新生代农民工的劳动合同签订率只

有 61.6%；遭遇工资拖欠的人所占比例为 7.1%；人均拖欠工资 1538.8 元，差不多相当于人均 1.5 个月的工资。另据国家人口计生委发布的 2009 年流动人口监测报告显示，60% 的农业流动人口就业于工作条件差、职业病发病率高和工伤事故频发的低薪、高危行业。同时，据调查，新生代农民工发生工伤事故时，仅有 60% 的用人单位为其支付医疗费用。其中，服务业最差，这一比例仅为 47.3%。

四　对策与建议

党和政府对农民工问题始终高度重视，近年来出台了《国务院关于解决农民工问题的若干意见》等一系列政策措施，农民工工作取得了重要进展。随着我国进入加快城乡统筹发展、加快经济发展方式转变的新阶段，随着农民工群体内部出现明显的结构性变化——新生代农民工已经成为农民工的主体并必将成为产业工人的主体，该群体具有一些不同于传统农民工的新特征、新诉求和新问题，这些诉求和问题的积累已经开始显露出对我国社会稳定、经济可持续发展、农民工家庭幸福及其个人发展的负面影响。这就使有针对性地解决新生代农民工问题成为国家发展中事关大局的紧迫问题。

由于我国城乡二元社会结构的长期性、城镇化的过程性、市场经济的趋利性和社会利益结构的凝固性，使得农民工问题十分复杂。新生代农民工问题既涉及农民工的共性问题，又有其群体特殊性。问题的解决既要着眼全局和长远，着力完善制度和体制、机制，大力提高已有政策、措施的效力和效率，促进问题的根本解决；又要从新生代农民工群体的特殊性出发，以促进新生代农民工市民化为目标，以新生代农民工市民化最关键的环节——就业培训、住房、社会保障和公共服务为重点，以素质门槛、学历门槛、技能门槛、人力资本积累门槛、社会保险缴纳门槛和稳定居住门槛等为主要标准扩大户籍改革的口子，采取有针对性的措施，力争尽快取得新进展。

（一）以新生代农民工问题为重点，将解决农民工问题纳入国家和地方经济社会发展规划之中，纳入常住地公共预算之中

要以贯彻中央《关于加大统筹城乡发展力度　进一步夯实农业农村发展

基础的若干意见》为契机,以新生代农民工市民化作为统筹城乡协调发展的战略目标,将解决农民工问题纳入国家和地方经济社会发展规划。各级政府应以常住人口为基础,把农民工工作纳入国民经济和社会发展的中长期规划和年度计划中,明确发展目标、细化阶段任务、保障资源和措施、落实领导和机构分工、完善人员配备。中央政府各相关部门应重点就新生代农民工最需要的职业教育培训、子女教育、住房改善、社会保障、户籍改革和城市公共服务中心建设等方面,制定专项规划,并督促各地因地制宜制定地方专项规划。力争到"十二五"期末使目前已有及新增的"两后生"(指初中、高中毕业后未考取大中专院校,又不愿意复读的学生)80%以上能免费接受一次职业教育,已经进入劳动力市场的农民工80%以上接受初、中级职业技能培训;确保各地90%以上的农民工子女,能够进入公办学校和政府委托的普通民办学校接受免费义务教育;力争农民工工伤保险实现全覆盖,医疗保险达到60%以上,养老保险达到50%以上;解决至少20%的外来农民工进城落户问题;力争农民工劳动合同签订率达到90%以上;所有城市建立农民工工资支付保障金制度和工资正常增长机制,所有城镇建立农民工就业—服务—维权—传染病预防一体化的公共服务中心。

建立按照常住人口配置土地、公共设施、预算等公共资源的制度,将农民工纳入常住地公共预算,并逐渐加大对农民工公共预算的存量和增量投入。建立农民工服务和管理工作的经费保障机制,各级财政应将涉及农民工的就业技能培训、社会保障、子女教育、计划生育、权益维护、治安管理和信息系统建设等有关经费,纳入本级财政预算,提交同级人民代表大会审议,并确保用于农民工的预算在存量和增量上逐年科学、合理地增长。将农民工纳入政府公共服务体系,使之享受与城镇职工同城化待遇,逐步实现公共服务统一政策、统一制度、统一管理和统一服务。多渠道多形式提供农民工居住场所,发展公共租赁住房,建设农民工公寓,鼓励和支持有条件的企业设置夫妻房,探索建立农民工住房公积金制度,鼓励有条件的城市将有稳定职业并在城市居住一定年限的农民工逐步纳入城镇住房保障体系,改善农民工居住条件。深入贯彻落实义务教育法,落实以输入地为主和以公办中小学为主的政策,加快将农民工随迁子女义务教育纳入公共教育体系,纳入城市发展总体规划和教育事业发展规划,保障农民工随迁子女接受义务教育权益的落实。开展做文明新市民活动,引导新生代农民工按照现代城市文明要求规范自身行为,提高文化素质,促进精神文明建设。

（二）通过试行新生代农民工城镇落户制度，加快推进城镇化建设

户籍问题是新生代农民工融入城市的一大瓶颈。中央明确提出统筹城乡发展的战略决策，要求把解决符合条件的农业转移人口逐步在城镇就业和落户作为推进城镇化的重要任务，这为我们从根本上解决农民工问题尤其是新生代农民工问题指明了方向。各地应积极、稳妥地创新和推进户籍制度改革，对在中小城市、小城镇实现稳定就业创业而又放弃农村责任地的农民工，取消准入门槛；在稳定就业前提下，农民工有条件进行投资或有不低于城市人均住房面积的住房，或单位提供相应面积廉租公寓的，准许转入城镇户口；大城市和特大城市要积极研究放宽新生代农民工进城落户的相关政策，采取积分制落户办法，将教育、技术资格、工龄、社保缴纳年限等作为积分内容，优先考虑将农民工劳模、农民工高级技能人才、农民工人大代表等农民工优秀分子转变为市民。可考虑通过稳定居住、社会保险缴纳、学历和职业技术、突出贡献、人力资本积累等标准，力争每年解决3%的外来农民工——即300万人进城落户问题，以使符合条件的农民工能够转入当地城市户口，享有与当地市民平等的待遇。当前的过渡措施为：一是逐步剥离附加在户口上的社保、住房、子女教育等社会福利，引导人口有序迁徙流动和就业。二是普遍推广居住证制度，进一步清理取消歧视性规定。三是大力发展县域经济，改善县城和中心镇的就业创业条件和人居环境，加强基础设施建设，提高综合承载能力，促进农民工及其家属向小城镇集聚。通过不懈努力，力争到"十二五"期末，我国城镇化率达到50%。

（三）加强对相关法律制度的完善、落实和监管，加大维护新生代农民工劳动经济权益的力度

进一步完善立法和政策，为解决新生代农民工问题创造法制环境和制度保障。针对新生代农民工文化、职业技能的不足，研究建立农村中等职业教育免费教育制度、农村新成长劳动力免费劳动预备培训制度，创新农民工培训机制，鼓励和支持企业开展针对性上岗技术培训；针对恶意欠薪行为，修改刑法，设立"恶意欠薪罪"；针对随迁子女高中阶段教育困境，研究制定农民工随迁子女接受高中阶段教育的方案；针对公共服务享有和传染病预防的薄弱环节，研究制定农民工城市公共服务中心指导意见等。

贯彻落实劳动合同法及相关法律法规，积极指导新生代农民工签订劳动合

同，规范企业经济性裁员。以中小劳动密集型企业、城乡接合部和乡镇企业为重点，开展打击非法用工专项行动，督促企业依法规范用工。促进建立农民工工资正常增长机制，完善工资指导线、劳动力市场工资指导价位和行业人工成本信息指导制度，推动农民工与企业其他职工同工同酬。督促企业改善管理，强化科学管理和人性化管理理念，积极履行社会责任，使广大职工实现体面劳动。以贯彻落实《城镇企业职工基本养老保险转移接续暂行办法》为契机，努力提高新生代农民工基本社会保险的参保率。加强农民工职业病防治和职业健康保护，搞好农民工安全生产培训教育，严格执行高危行业农民工持证上岗制度，依法保障农民工职业卫生和生产安全。

2010 年 6 月

23. 2012 年全国农民工监测调查报告[*]

一 农民工规模

（一）农民工总量达 26261 万人

据抽样调查结果推算，2012 年全国农民工总量达 26261 万人（见表 1），比上年增加 983 万人，同比增长 3.9%。其中，外出农民工为 16336 万人，增加 473 万人，同比增长 3.0%。住户中外出农民工为 12961 万人，比上年增加 377 万人，同比增长 3.0%；举家外出农民工为 3375 万人，增加 96 万人，增长 2.9%。本地农民工为 9925 万人，增加 510 万人，增长 5.4%。

表 1　全国农民工数量

单位：万人

农民工数量	2008 年	2009 年	2010 年	2011 年	2012 年
农民工总量	22542	22978	24223	25278	26261
1. 外出农民工	14041	14533	15335	15863	16336
（1）住户中外出农民工	11182	11567	12264	12584	12961
（2）举家外出农民工	2859	2966	3071	3279	3375
2. 本地农民工	8501	8445	8888	9415	9925

（二）中西部地区农民工人数增长快于东部地区

从输出地看，2012 年东部地区农民工达 11191 万人，比上年增加 401 万

＊　本报告由国家统计局于 2013 年 5 月发布。

人，增长 3.7%，东部地区农民工占农民工总量的 42.6%（见表 2）；中部地区农民工达 8256 万人，比上年增加 314 万人，增长 4.0%，中部地区农民工占农民工总量的 31.4%；西部地区农民工达 6814 万人，比上年增加 268 万人，增长 4.1%，西部地区农民工占农民工总量的 26.0%。

表 2　按输出地分的农民工地区构成

单位：%

类别＼地区构成	2012 年			2011 年		
	东部	中部	西部	东部	中部	西部
农民工	42.6	31.4	26.0	42.7	31.4	25.9
1. 外出农民工	31.5	36.7	31.8	31.6	36.6	31.8
2. 本地农民工	60.8	22.9	16.3	61.4	22.7	15.9

（三）东部地区农民工以就地就近转移为主，中西部地区以外出为主

从不同地区看，东部地区农村户籍劳动力中农民工占 54.9%，其中，外出农民工占 20.2%，本地农民工占 34.7%；中部地区农村户籍劳动力中农民工占 37.2%，外出农民工占 24.3%，本地农民工占 12.9%；西部地区农村户籍劳动力中农民工占 28.7%，外出农民工占 19.2%，本地农民工占 9.5%。东部地区本地农民工比例高，而中西部地区外出农民工的比例高。

二　农民工流向及就业地域分布

（一）在中西部地区务工的农民工数量增长较快

从农民工的就业地区来看，2012 年在东部地区务工的农民工达 16980 万人，比上年增加 443 万人，增长 2.7%，占农民工总量的 64.7%，比上年降低 0.7 个百分点；在中部地区务工的农民工达 4706 万人，比上年增加 268 万人，增长 6.0%，占农民工总量的 17.9%，比上年提高 0.3 个百分点；在西部地区务工的农民工达 4479 万人，比上年增加 263 万人，增长 6.2%，占农民工总量的 17.1%，比上年提高 0.4 个百分点。

分省看，农民工就业地区主要分布在广东、浙江、江苏、山东等省（见图 1）。与上年相比，广东、浙江、江苏、上海、河北、重庆等省市的比重有所下降。

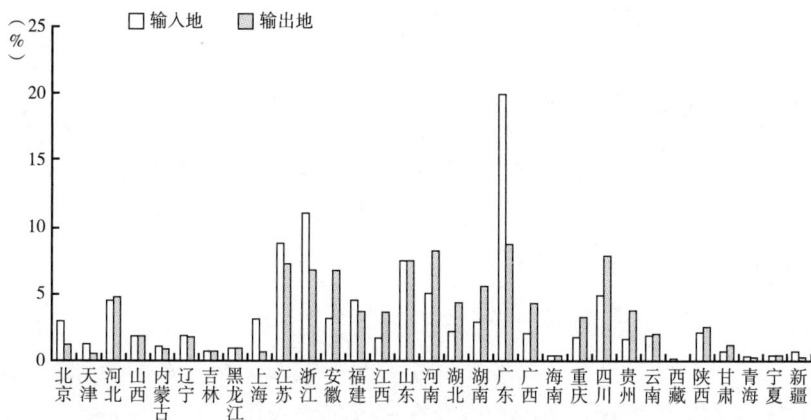

图 1　2012 年农民工在输入地与输出地分布

（二）在长三角和珠三角地区务工的农民工总量增加，比重下降

2012 年，在长三角地区务工的农民工为 5937 万人，比上年增加 109 万人，增长 1.9%；在珠三角地区务工的农民工为 5199 万人，比上年增加 127 万人，增长 2.5%，增长速度分别比上年快 1.6 个百分点和 2.4 个百分点。在长三角和珠三角地区务工的农民工分别占全国农民工的 22.6% 和 19.8%，分别比上年下降 0.5 个百分点和 0.3 个百分点。

（三）跨省流动农民工所占比重继续下降

在外出农民工中，在省内流动的农民工为 8689 万人，比上年增加 299 万人，增长 3.6%，占外出农民工总量的 53.2%；跨省流动的农民工为 7647 万人，比上年增加 174 万人，增长 2.3%，占外出农民工总量的 46.8%。在省外务工的农民工比重比上年下降 0.3 个百分点。

分地区看，2012 年东部地区 83.7% 的外出农民工在省内流动，其中在乡外县内者占 32.0%，在县外省内者占 51.7%，跨省流动的农民工仅占 16.3%（见表 3）。中、西部地区外出农民工则是以跨省流动为主，分别占66.2% 和 56.6%。

表3 不同地区外出农民工在省内外务工的分布

单位：%

地区 务工分布	2011 年			2012 年		
	乡外县内	县外省内	省外	乡外县内	县外省内	省外
东部地区	32.1	51.3	16.6	32.0	51.7	16.3
中部地区	13.0	19.8	67.2	13.1	20.7	66.2
西部地区	15.4	27.6	57.0	15.4	28.0	56.6
全　　国	20.2	32.7	47.1	20.0	33.2	46.8

（四）在地级市务工的农民工比重提高

从农民工外出就业的地点看，在直辖市务工的农民工占10%，在省会城市务工的农民工占20.1%，在地级市务工的农民工占34.9%，在县级市务工的农民工占23.6%，在直辖市和省会城市务工的农民工所占比重比上年下降0.7个百分点，在地级市务工的农民工所占比重比上年提高1个百分点。

三　农民工性别、年龄和教育培训情况

（一）农民工以男性为主，年轻农民工比重逐年下降

分性别看，男性农民工占66.4%，女性占33.6%。分年龄段看，2012年全国农民工以青壮年为主，其中16~20岁的农民工占4.9%，21~30岁的人占31.9%，31~40岁者占22.5%，41~50岁的农民工占25.6%，50岁以上的农民工占15.1%（见表4）。调查资料显示，40岁以下的农民工所占比重逐年下降，由2008年的70%下降到2012年的59.3%，农民工平均年龄也由34岁上升到37.3岁。

表4 农民工年龄构成

单位：%

年龄段 年份	2008	2009	2010	2011	2012
16~20 岁	10.7	8.5	6.5	6.3	4.9
21~30 岁	35.3	35.8	35.9	32.7	31.9
31~40 岁	24.0	23.6	23.5	22.7	22.5
41~50 岁	18.6	19.9	21.2	24.0	25.6
50 岁以上	11.4	12.2	12.9	14.3	15.1

（二）农民工文化程度以初中为主，青年农民工和外出农民工文化程度相对较高

2012 年，在农民工中，文盲占 1.5%，小学文化程度者占 14.3%，初中文化程度者占 60.5%，高中文化程度者占 13.3%，中专及以上文化程度者占 10.4%（见表 5）。外出农民工和年轻农民工中，高中及以上文化程度者分别占 26.5% 和 36.4%。外出农民工的受教育水平高于本地农民工，农民工受教育水平又明显高于非农民工。与上年相比，30 岁以下年轻农民工组高中及以上文化程度比重增加 2.4 个百分点，明显高于其他组农民工。

表 5　2012 年农民工的文化程度构成

单位：%

文化程度 ＼ 类别	非农民工	全部农民工	本地农民工	外出农民工	30 岁以下青年农民工
不识字或识字很少	8.3	1.5	2.0	1.0	0.3
小　　学	33.8	14.3	18.4	10.5	5.5
初　　中	47.0	60.5	58.9	62.0	57.8
高　　中	8.0	13.3	13.8	12.8	14.7
中　　专	1.5	4.7	3.3	5.9	9.1
大专及以上	1.4	5.7	3.6	7.8	12.6

（三）没有参加过任何技能培训的农民工占多数，青年农民工参加农业技术培训的比例低

在农民工中，接受过农业技术培训的人占 10.7%，接受过非农职业技能培训的农民工占 25.6%，既没有参加农业技术培训也没有参加非农职业技能培训的农民工占 69.2%。青年农民工接受非农职业技能培训的比例要高于年长的农民工，年长的农民工接受农业技术培训的比例要高于青年农民工，年龄层次越低，接受农业技术培训的比例也越低。比如 16~20 岁的农民工，参加过农业技术培训的人只占 4.0%，参加过非农职业技能培训的人只占 22.3%，两项培训都没有参加过的人占 76.0%（见表 6）。

231

表6 2012年不同年龄组农民工参加培训情况

单位：%

类别 年龄段	参加过农业 技术培训	参加过非农 职业技能培训	两项培训 都没有参加过
16～20岁	4.0	22.3	76.0
21～30岁	6.2	31.6	66.0
31～40岁	11.0	26.7	68.0
41～50岁	14.9	23.1	69.5
50岁以上	14.5	16.9	74.5

四 农民工就业情况

（一）农民工从业仍以制造业、建筑业和服务业为主，从事建筑业的比重提高

在农民工中，从事制造业的人所占比重最大，占35.7%；其次是从事建筑业者，占18.4%。从事服务业者占12.2%，从事批发零售业者占9.8%，从事交通运输仓储和邮政业者占6.6%，从事住宿餐饮业者占5.2%（见表7）。从近几年调查数据看，变化较明显的是建筑业，农民工从事建筑业的比重在逐年递增，从2008年的13.8%上升到2012年的18.4%，从事制造业的人所占比重则趋于下降。

表7 农民工从事的主要行业分布

单位：%

行业 \ 年份	2008	2009	2010	2011	2012
制造业	37.2	36.1	36.7	36.0	35.7
建筑业	13.8	15.2	16.1	17.7	18.4
交通运输、仓储和邮政业	6.4	6.8	6.9	6.6	6.6
批发零售业	9.0	10.0	10.0	10.1	9.8
住宿餐饮业	5.5	6.0	6.0	5.3	5.2
居民服务和其他服务业	12.2	12.7	12.7	12.2	12.2

（二）在东部地区务工的农民工以从事制造业为主，比重略为下降

从农民工的从业地区看，2012年在东部地区务工的农民工以从事制造业

为主，占44.6%，比上年下降0.2个百分点，在中部、西部地区从事制造业的农民工所占比重分别为23.2%和15.4%（见表8），中部地区制造业比重比上年提高0.2个百分点。东、中、西部地区建筑业比重分别比上年提高0.5个百分点、0.8个百分点和1个百分点。

表8 2012年农民工在不同地区从事的主要行业分布

单位：%

区域 行业	全国	东部地区	中部地区	西部地区
制造业	35.7	44.6	23.2	15.4
建筑业	18.4	13.9	25.5	28.4
交通运输、仓储和邮政业	6.6	5.6	8.2	8.8
批发零售业	9.8	8.5	12.6	11.9
住宿餐饮业	5.2	4.4	5.8	7.6
居民服务和其他服务业	12.2	12.4	11.3	12.1

（三）受雇人员的增长快于自营人员的增长，自营比重继续下降

在外出务工农民工中，受雇人员占95.3%，自营人员占4.7%（见图1）；

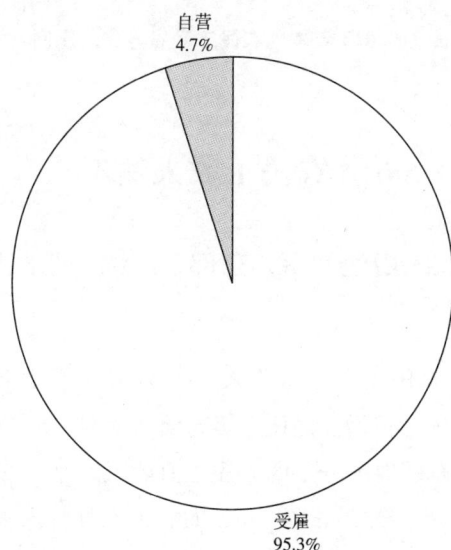

图1 2012年外出务工农民工受雇与自营比例

在本地农民工中，受雇人员占 72.8%，自营人员占 27.2%（见图 2）。自营人员主要从事批发零售业，占 38.9%；其次是从事交通运输、仓储和邮政业，占 19.3%；从事制造业者占 11.9%；从事服务业者占 11.2%。在外出农民工和本地农民工中，自营农民工所占比重继续呈下降趋势，本地自营和外出自营农民工所占比重分别比上年降低 0.9 个百分点和 0.5 个百分点。

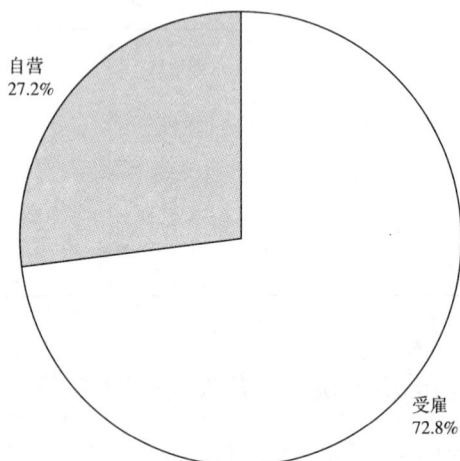

图 2　2012 年本地农民工受雇与自营比例

五　农民工收入情况

（一）农民工收入增速回落，东部、中部、西部地区农民工收入趋同

2012 年末，外出农民工人均月收入水平为 2290 元，比上年提高 241 元（见表 9），增长 11.8%，但增加额比上年同期减少 118 元，增幅回落 9.4 个百分点。分地区看，在东部地区务工的农民工月收入水平为 2286 元，比上年增加 233 元，增长 11.4%；在中部地区务工的农民工月收入水平为 2257 元，比上年增加 251 元，增长 12.5%；在西部地区务工的农民工月收入水平为 2226 元，比上年增加 236 元，增长 11.8%。另外，在境外就业的农民工月收入水平为 5550 元。

表9 外出农民工在不同地区务工月收入水平

单位：元/人

年份 区域	2008	2009	2010	2011	2012
东部地区	1352	1422	1696	2053	2286
中部地区	1275	1350	1632	2006	2257
西部地区	1273	1378	1643	1990	2226
全 国	1340	1417	1690	2049	2290

注：农民工就业地区除东部、中部和西部地区外，另有0.3%的外出农民工在港澳台地区及国外就业，境外就业的农民工月收入水平为5550元。

（二）在大中城市务工的农民工收入水平相对较高

从外出农民工的就业地点看，在直辖市务工的农民工人均月收入为2561元（见图3），比上年增加259元；在省会城市务工的农民工月收入为2277元，比上年增加236元；在地级市和县级市务工的农民工月收入分别为2240元和2204元，分别比上年增加229元和222元。大城市的务工收入水平和增加额都高出中小城市。

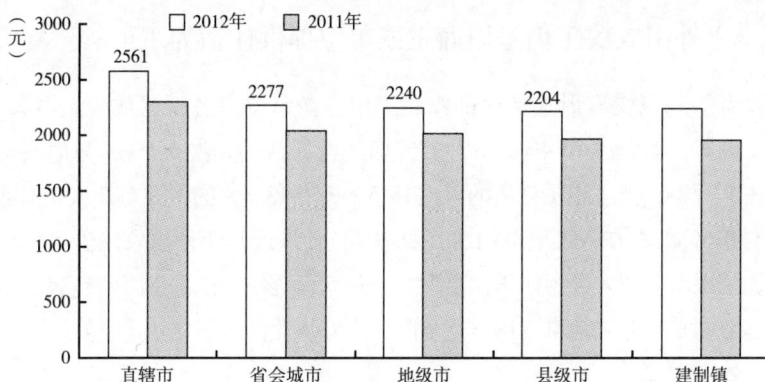

图3 不同务工地区月收入水平

（三）不同行业收入水平差别较大，住宿餐饮业和服务业平均收入水平较低

从外出农民工从事的主要行业看，收入水平较高的是交通运输、仓储邮政业和建筑业的农民工，人均月收入分别为2735元和2654元；收入较低的分别

是服务业、住宿餐饮业和制造业的农民工，人均月收入分别为 2058 元、2100 元和 2130 元。

（四）中西部地区农民工在东部地区务工收入结余少

扣除生活成本，外出农民工每人月均收入结余 1557 元。而中部、西部地区农民工在东部地区的收入结余分别是 1518 元和 1344 元，都低于在本地区务工的农民工平均收入结余。中部地区农民工在中部、西部地区务工比在东部地区务工多得 64 元和 130 元；西部地区农民工在中部、西部地区务工比在东部地区务工多得 228 元和 90 元。数据还显示，中部、西部地区农民工在省内和省外务工收入结余相当，而东部地区农民工去省外务工的结余为 2118 元，比在省内务工高 496 元。相比而言，中西部地区的农民工在东部地区务工生活开支较大、收入结余少，因此在中西部就业机会增加的情况下，农民工更倾向选择就近就业，这也是当前农民工流动格局变化的一个主要原因。

六　外出农民工居住情况

（一）外出农民工仍是以雇主或单位提供住宿为主

2012 年，在以受雇形式从业的农民工中，在单位宿舍中居住的人占 32.3%，在工地工棚居住的人占 10.4%，在生产经营场所居住的人占 6.1%，与他人合租住房的人占 19.7%，独立租赁住房的人占 13.5%，有 13.8% 的人在乡外从业但回家居住，仅有 0.6% 的人在务工地自购房（见表 10）。从近几年外出农民工居住情况的变化看，呈现出与他人合租住房比重上升、独立租赁住房比重下降的趋势，另一明显变化趋势则是在务工地自购房比重下降、乡外从业回家居住比重上升。

表 10　外出农民工住宿情况

单位：%

住宿情况＼年份	2008	2009	2010	2011	2012
单位宿舍	35.1	33.9	33.8	32.4	32.3
工地工棚	10.0	10.3	10.7	10.2	10.4
生产经营场所	6.8	7.6	7.5	5.9	6.1
与他人合租住房	16.7	17.5	18.0	19.3	19.7

续表

住宿情况＼年份	2008	2009	2010	2011	2012
独立租赁住房	18.8	17.1	16.0	14.3	13.5
务工地自购房	0.9	0.8	0.9	0.7	0.6
乡外从业回家居住	8.5	9.3	9.6	13.2	13.8
其 他	3.2	3.5	3.5	4.0	3.6

（二）四成外出农民工雇主或单位不提供住宿，也没有住房补贴

从外出受雇农民工的居住情况看，49.5% 的农民工由雇主或单位提供免费住宿；9.2% 的农民工雇主或单位不提供住宿，但有住房补贴；41.3% 的农民工雇主或单位不提供住宿也没有住房补贴。与上年相比，由雇主或单位提供免费住宿的比重下降了 0.4 个百分点；不提供住宿，但有住房补贴的比重提高了 0.4 个百分点。

七 外出农民工权益保障情况

（一）拖欠工资状况继续改善

2012 年，从外出受雇农民工拖欠工资情况来看，被雇主或单位拖欠工资的人占 0.5%，比上年下降了 0.3 个百分点（见图 4）。建筑业农民工被拖欠工资的人占 1.5%，比上年下降 0.4 个百分点。从近几年调查数据看，被雇主或单位拖欠工资的农民工比例逐年下降，说明解决和遏制农民工工资拖欠的一系列政策措施取得了明显成效。

（二）农民工签订劳动合同状况改善不明显

2012 年，与雇主或单位签订劳动合同的外出农民工占 43.9%，与上年基本持平。从近几年调查数据看，外出农民工与雇主或单位签订劳动合同的行业所占比例变化不大，没有明显的改善。分行业看，2012 年未与农民工签订劳动合同的行业所占比例为：建筑业占 75.1%，比上年上升 1.5 个百分点；制造业占 48.8%，比上年下降 0.8 个百分点；服务业占 60.8%，比上年下降 0.6

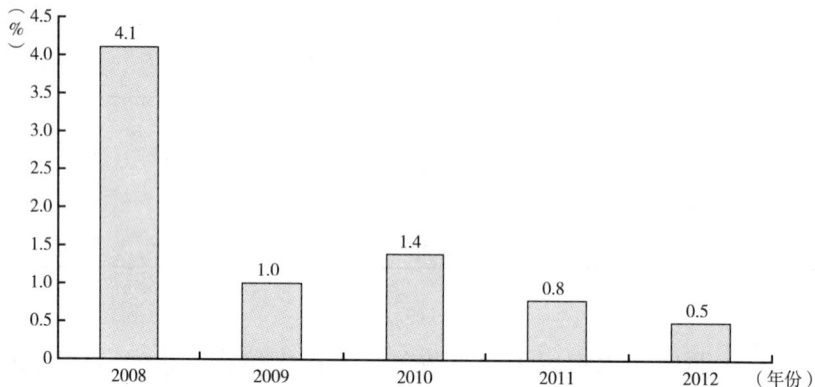

图4 外出农民工被拖欠工资的比重

个百分点；住宿餐饮业占62.4%，比上年下降2.2个百分点；批发零售业占59.9%，比上年下降1个百分点。

（三）外出农民工参加社会保险的水平有所提高，但总体仍然较低

2012年，雇主或单位为农民工缴纳养老保险、工伤保险、医疗保险、失业保险和生育保险的比例分别为14.3%、24%、16.9%、8.4%和6.1%（见表11），分别比上年提高0.4、0.4、0.2、0.4和0.5个百分点。从近5年调查数据看，外出农民工在养老保险、医疗保险、失业保险和生育保险的参保率提高了4个百分点左右，而"五险"中参保率相对较高的工伤保险没有明显提高。

表11 外出农民工参加社会保障的比例

单位：%

险种＼年份	2008	2009	2010	2011	2012
养老保险	9.8	7.6	9.5	13.9	14.3
工伤保险	24.1	21.8	24.1	23.6	24.0
医疗保险	13.1	12.2	14.3	16.7	16.9
失业保险	3.7	3.9	4.9	8.0	8.4
生育保险	2.0	2.4	2.9	5.6	6.1

（四）中西部地区农民工参保比例低于东部地区

从输入地看，不同地区的农民工参加社会保障状况仍存在一定的差距。2012 年中部、西部地区的农民工参保比例比较接近，落后于在东部地区务工的农民工参保比例（见图 5），2012 年中部地区各项保险参保率的提高幅度略高于东部和西部地区。

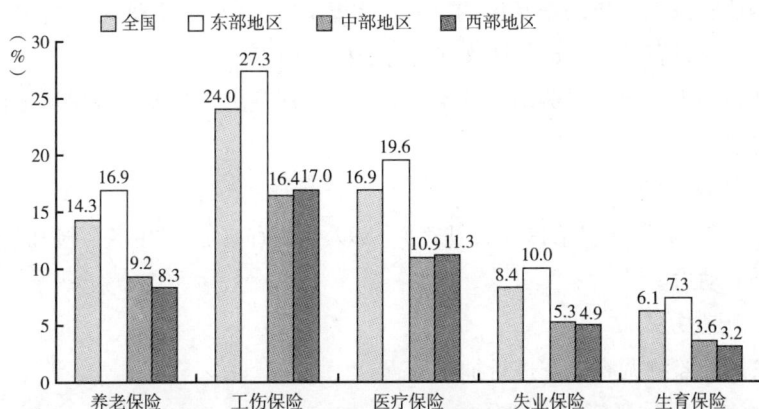

图 5　2012 年农民工在不同地区务工参加社会保障的比例

（五）不同行业农民工的社会保障水平差异较大

从外出农民工从事的主要行业看，2012 年制造业、交通运输、仓储和邮政业、批发零售业和服务业的参保情况相对较好，而建筑业、住宿餐饮业的农民工，雇主或单位为其缴纳各项保险的比例明显低于其他行业（见表 12）。2012 年制造业各项参保比例的提高快于其他各行业。

表 12　2012 年不同行业农民工参加社会保障的比例

单位：%

行业 ＼ 险种	养老保险	工伤保险	医疗保险	失业保险	生育保险
制造业	15.2	28.9	18.5	8.1	5.3
建筑业	3.8	14.0	6.0	2.2	1.5
交通运输、仓储和邮政业	24.1	30.6	26.7	15.6	11.3
批发和零售业	14.3	17.1	15.7	9.3	7.2
住宿和餐饮业	7.0	12.4	8.8	3.9	2.9
居民服务和其他服务业	12.1	16.9	13.3	6.9	5.2

附　注

1. 指标解释

外出农民工：指调查年度内，在本乡镇地域以外从业6个月及以上的农村劳动力。

本地农民工：指调查年度内，在本乡镇内从事非农活动（包括本地非农务工和非农自营活动）6个月及以上的农村劳动力。

举家外出：指农村劳动力及家人离开其原居住地，到所在乡镇区域以外的地区居住。

2. 调查范围

全国31个省（自治区、直辖市）、899个调查县、7500多个村和近20万名农村劳动力。

3. 调查方式

农民工监测调查按季进行抽样调查。

4. 东、中、西部地区划分

东部地区包括北京、天津、河北、辽宁、上海、江苏、浙江、福建、山东、广东、海南11个省（市）；中部地区包括山西、吉林、黑龙江、安徽、江西、河南、湖北、湖南8个省；西部地区包括内蒙古、广西、重庆、四川、贵州、云南、西藏、陕西、甘肃、青海、宁夏、新疆12个省（自治区、直辖市）。农民工的就业地区分布，除东部、中部和西部地区外，另有0.3%的外出农民工在港澳台地区及国外从业。

图书在版编目（CIP）数据

新市民：北京市农民工市民化研究/张英洪等著. —北京：
社会科学文献出版社，2014.5
（新型城市化和城乡一体化丛书）
ISBN 978 - 7 - 5097 - 5675 - 1

Ⅰ.①新…　Ⅱ.①张…　Ⅲ.①民工－城市化－研究－中国
Ⅳ.①D422.64

中国版本图书馆 CIP 数据核字（2014）第 035193 号

新型城市化和城乡一体化丛书
新市民
　　——北京市农民工市民化研究

著　　者／张英洪 等

出 版 人／谢寿光
出 版 者／社会科学文献出版社
地　　址／北京市西城区北三环中路甲 29 号院 3 号楼华龙大厦
邮政编码／100029

责任部门／社会政法分社（010）59367156　　　　　责任编辑／周　琼
电子信箱／shekebu@ ssap. cn　　　　　　　　　　责任校对／甄　飞
项目统筹／周　琼　　　　　　　　　　　　　　　　责任印制／岳　阳
经　　销／社会科学文献出版社市场营销中心（010）59367081　59367089
读者服务／读者服务中心（010）59367028

印　　装／三河市东方印刷有限公司
开　　本／787mm × 1092mm　1/16　　　　　　　　印　　张／15.5
版　　次／2014 年 5 月第 1 版　　　　　　　　　　字　　数／278 千字
印　　次／2014 年 5 月第 1 次印刷
书　　号／ISBN 978 - 7 - 5097 - 5675 - 1
定　　价／59.00 元

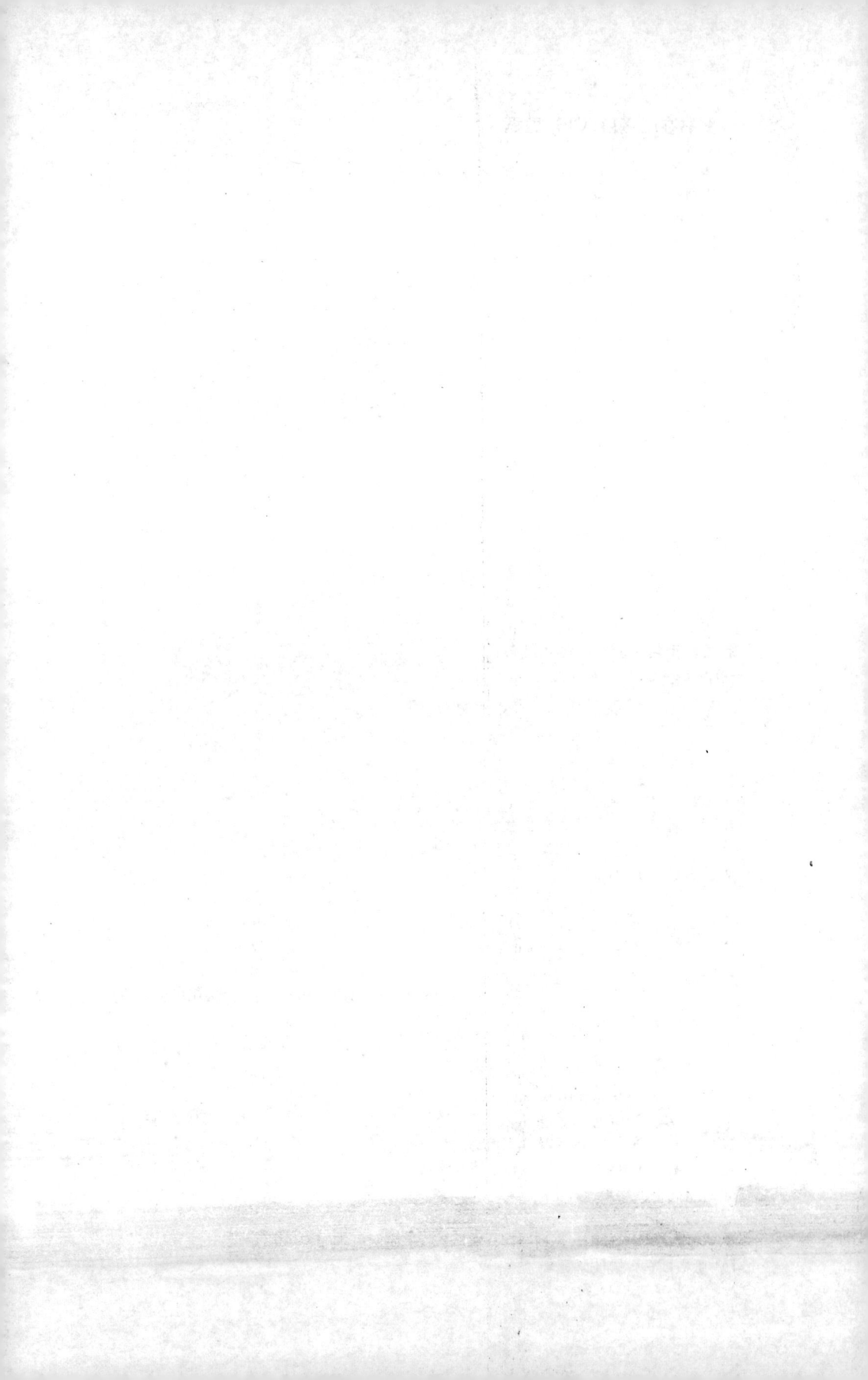